Zhou Haohui

18/4

DER
HAUPTMANN UND
DER MÖRDER

Aus dem Englischen von Julian Haefs

THRILLER

WILHELM HEYNE VERLAG
MÜNCHEN

Die Originalausgabe SI WANG TONG ZHI DAN: AN HEI ZHE erschien erstmals
2014 bei Beijing Times Chinese Press, Beijing.

Penguin Random House Verlagsgruppe FSC® N001967

Deutsche Erstausgabe 01/2022
Copyright © 2014 by Zhou Haohui
German rights authorized by
China Educational Publications Import & Export Corporation Ltd.
Copyright © 2022 der deutschsprachigen Ausgabe
by Wilhelm Heyne Verlag, München,
in der Penguin Random House Verlagsgruppe GmbH,
Neumarkter Str. 28, 81673 München
Redaktion: Sven-Eric Wehmeyer
Printed in Germany
Umschlaggestaltung: FAVORITBUERO unter Verwendung von
Shutterstock.com / matrioshka
Satz: Vornehm Mediengestaltung GmbH, München
Druck und Bindung: CPI books GmbH, Leck
ISBN: 978-3-453-43983-2

www.heyne.de

INHALTSVERZEICHNIS

DRAMATIS PERSONAE

Die Einsatzgruppe 18/4

HAUPTMANN HAN HAO – Kriminalpolizei Chengdu, Leiter der neu gebildeten Einsatzgruppe 18/4

KRIMINALKOMMISSAR YIN JIAN – Hans Assistent

HAUPTMANN PEI TAO – Kriminalpolizei Longzhou

HAUPTMANN XIONG YUAN – Spezialeinheit der Polizei (SEP) von Chengdu

KRIMINALKOMMISSAR LIU SONG – SEP Chengdu

MU JIANYUN – Psychologin, Dozentin an der Polizeiakademie von Sichuan

KRIMINALHAUPTKOMMISSAR ZENG RIHUA – Kriminalpolizei Chengdu, Leiter des digitalen Überwachungssystems

KRIMINALKOMMISSAR ZHENG HAOMING – Kriminalpolizei Chengdu, Mitglied der ursprünglichen Einsatzgruppe 18/4 von 1984

PROLOG

Erinnerst Du Dich nicht mehr an mich, Student 8102?

Sobald die Ouvertüre verklungen ist, muss der erste Akt folgen.

Die Ouvertüre ist schon viel zu lange verhallt ... aber endlich ist der Tag gekommen.

Ich kann meine Begeisterung kaum im Zaum halten, wenn ich an den wundervollen Tanz denke, der bald beginnt. Willst Du Dich mir nicht anschließen, alter Freund? Ich weiß, Du sehnst Dich schon ewig danach.

Ich sehe Dich dasitzen und diesen Brief lesen. Du zitterst vor Aufregung, nicht wahr? Dein Blut lodert auf, ein unaufhaltsamer Druck schwillt in Dir an. Mir geht es nicht anders.

Ich rieche Deine Ungeduld. Deine Wut. Sogar Deine Furcht.

Beeile Dich. Ich warte.

KAPITEL EINS

EIN DROHENDER STURM

Während der Feierlichkeiten zum Mondfest im September hatte sich die erste Kälte in die Luft geschlichen und in den folgenden Wochen umso tiefer eingenistet. In den letzten Tagen hatte es ununterbrochen geregnet, die Temperaturen waren endgültig in den Keller gefallen. Ein von Nebelschwaden durchsetzter Wind peitschte um die Hochhäuser der Stadt, heulte durch die Straßen und sättigte die Luft mit eisiger Trübsal. Es mochte in Chengdu gerade Samstagnachmittag sein, aber das finstere Wetter hatte die Provinzhauptstadt ihrer charakteristischen Tatkraft beraubt.

Zheng Haoming spurtete aus dem Taxi und vergaß den Regenschirm, der im Fußraum des Wagens lag. Er rannte über den Bürgersteig und hechtete in eine Türöffnung, über der INTERNETCAFÉ SKYLINE stand.

Anders als die verwaisten Straßen draußen war das Internetcafé brechend voll. Der Laden hatte sich immer stetiger Kundschaft erfreut, da er in fußläufiger Entfernung von mehreren Universitäten lag. Hinter dem Empfangs-

9

tisch stand der pummelige Besitzer, flankiert von zwei Mitarbeitern, beide Anfang zwanzig. Die letzte Überprüfung der Registrierkasse hatte ein Minus offenbart, und solange er nicht das gesamte Material der Überwachungskameras für den letzten Monat gesichtet hatte, war dieser Mann mit dem hochroten Kopf entschlossen, jeder Transaktion, die in seinem Geschäft vonstatten ging, persönlich beizuwohnen. Mit erhobener Augenbraue sah er Zheng zur Tür hereinstürzen. Männer mittleren Alters waren hier ein seltener Anblick.

Zheng war vollkommen durchnässt, seine Haare zottelig verknotet. Er stellte eine Tasche auf der Theke ab, fischte ein Stück Papier aus einem der Seitenfächer und reichte es dem Besitzer. In seiner rauen Stimme schwang ein Hauch von Erschöpfung mit.

»Überprüfen Sie diese Adresse«, befahl Zheng. »Sagen Sie mir, zu welchem Computer sie gehört.«

Der untersetzte Besitzer erkannte die Zahlenfolge auf dem Zettel. Sie gehörte zu einer Reihe von IP-Adressen, die das Café für seine Endgeräte benutzte. Trotzdem maß er den Zettel mit einem gleichgültigen Blick.

»Warum sollte ich?«, antwortete er mit verächtlicher Miene.

»Halten Sie den Mund und geben Sie mir die gesuchte Information!«

Der Besitzer schrak vor Zhengs wildem Blick zurück. Auch eine Netzwerkadministratorin in der Nähe wurde von dem Gefühlsausbruch des älteren Mannes aufgeschreckt; die leuchtend schwarzen Augen der jungen Frau richteten sich auf den Unruheherd. Der Besitzer spürte eine offene Wunde an der Stelle klaffen, wo einst sein Stolz gesessen hatte.

Zheng schien kurz davor, die Beherrschung zu verlieren. Er zückte einen Gegenstand, der wie eine Brieftasche aussah, klappte ihn auf und klatschte ihn auf die Theke.

»Ich bin Polizist«, zischte er.

Der Besitzer senkte den Blick und holte unwillkürlich schmatzend Luft. In der oberen Lasche steckte eine Dienstmarke in Rot, Blau und Gold. Darunter prangte hinter einer schützenden Plastikschicht eine Karte, die Lichtbild, Namen und Rang des Trägers preisgab. Er schluckte verbittert und reichte dem Mädchen an seiner Seite den Zettel weiter.

»Lin, überprüf das hier für Kommissar Zheng.«

Das Mädchen verglich die Adresse mit den anderen auf dem Kontrollmonitor des Servers. »Zweite Reihe«, verkündete sie einen Moment später. »Sechster Platz von links.«

Zheng warf einen heimlichen Blick auf den jungen Mann, der am fraglichen Computer saß. Er schien um die zwanzig, seine Haare waren rot gefärbt.

»Wie lange ist er schon hier?«

»Seit heute Mittag. Also fast fünf Stunden ohne Unterbrechung.«

Zheng holte eine Digitalkamera aus der Tasche, richtete sie auf den Kunden und drückte auf den Auslöser, bis er zehn Bilder geschossen hatte. Trotz der Lautstärke im Café war der junge Mann so tief in seiner virtuellen Welt versunken, dass er den Fremden nicht bemerkte, der ihn fotografierte.

Die Digitalkamera piepste. Der Polizist überprüfte das Gerät und sah, dass die Speicherkarte voll war.

Ein leises erleichtertes Seufzen entfuhr ihm, als habe er gerade eine wichtige Aufgabe erledigt. Im Lauf der letzten zwei Wochen hatte er sämtliche Internetcafés der Stadt abgeklappert und mehr als dreihundert Bilder von verschiedenen Kunden gemacht. Trotzdem hatte er keine Ahnung, ob seine Anstrengungen irgendetwas ändern würden. *Komm schon, geh und sprich mit ihm. Es ist achtzehn Jahre her,* dachte Zheng. *Es wird Zeit.* Er verließ das Internetcafé Skyline und stapfte den Bürgersteig entlang, ein neues Ziel vor Augen. Der Wind verbiss sich in seinen Wangen, bis er in den Kragen seiner dünnen Jacke abtauchte. Von einem nahen Wan-Tan-Büdchen ergoss sich eine würzige Dampfwolke in sein Gesicht und bot willkommene Abwechslung.

Zum ersten Mal fiel ihm deutlich auf, wie leer die Straßen der Innenstadt von Chengdu im Lauf der letzten Wochen geworden waren. Er kam sich schutzlos vor. Verletzlich. Das Gefühl war so ungewohnt wie verstörend. Ein paar kalte Regentropfen landeten in seinem Nacken. Erfolglos versuchte er, ein Schaudern zu unterdrücken.

Ich warte.

Bei dem Gedanken gefror Zheng Haoming das Blut in den Adern. Er hatte geglaubt, diesem Albtraum vor achtzehn langen Jahren entkommen zu sein. Jetzt fragte er sich, ob er überhaupt jemals aufgewacht war.

*

22 : 17 UHR

Über dem Nordeingang des Wohnblocks flackerte eine Straßenlaterne und erhellte die etwa drei Meter breite Öffnung zwischen zwei Betonwänden. Das große Metalltor stand offen. Zheng hatte es zuerst am Osteingang versucht, aber das Tor dort war durchgerostet und versperrt. Er richtete seine Taschenlampe auf die linke Wand. In den Beton waren drei Schriftzeichen eingeritzt.

»Meiyuan Cun«, murmelte Zheng.

Das *Pflaumengarten-Dorf*. Es klang sehr beschaulich, aber Zheng, der in dieser Stadt aufgewachsen war, kannte die Wohngegend unter einem anderen Namen – *Touyoupo Cao*, wie sie im lokalen Sichuan-Dialekt hieß. Das Kakerlakennest.

Nach zwei Minuten in den engen Gassen zwischen den verschachtelten Gebäudekomplexen fühlte Zheng sich wie eine Ratte im Labyrinth. Zu allen Seiten pferchten ihn halb verfallene, eingeschossige Wohnblöcke ein. Die zersprungenen Straßenlaternen sonderten ein schwaches, kränkliches Glühen ab, die Luft war erfüllt von unangenehm schwärendem Schimmelgeruch.

Es regnete noch immer. Die Pflastersteine waren von einer matschig glitzernden Schicht bedeckt. Vielleicht ungeklärte Abwässer, vielleicht Erbrochenes. Zheng gab sich Mühe, die ekelerregende Umgebung zu ignorieren, und ging auf ein gedrungenes Gebäude zu. Er überprüfte die Adresse und klopfte dreimal mit den Knöcheln an die Holztür.

»Wer ist da?« Aus der Wohnung schabte eine schwache Stimme über Zhengs Trommelfell und jagte ihm einen prickelnden Schauer über die Kopfhaut.

Kurz ging er seine Optionen durch, dann entschied er sich für den direkten Weg.

»Polizei.«

Leise Schritte erklangen. Ein paar Sekunden später öffnete sich die Holztür. Im Dämmerlicht der Wohnung stellte sich eine grausige Gestalt in den Türrahmen.

Der Polizist war auf diesen Moment vorbereitet gewesen, trotzdem fühlte er, wie sich seine Gesichtsmuskeln vor unterdrückter Abscheu verspannten. Er hatte einen menschlichen Wasserspeier vor sich. Und natürlich hatte er in einer solchen Nacht herkommen müssen. Über den kahlen Schädel des Mannes zogen sich schlammfarbene Narben. Zheng betrachtete die zerklüfteten Gesichtszüge und konnte nicht einen Flecken heiler Haut entdecken. Der Mann schielte, und seiner Nase fehlte ein großes Stück. Seine Oberlippe war in der Mitte gespalten, was ihm ein kaninchenartiges Aussehen verlieh.

Zheng holte tief Luft. »Huang Shaoping.«

Der knorrige Mann zitterte und starrte seinen Besucher an.

»Sind Sie ... Kommissar Zheng?« Die Stimme des Mannes schien durch zerfetzte Stimmbänder zu rasseln, als müsste er gleichzeitig nach Atem ringen.

Zheng hob die Augenbrauen. »Nach all den Jahren erinnern Sie sich noch an mich.«

»Wie könnte ich das vergessen?« Huang biss die Zähne zusammen. Seine Stimme rief in Zhengs Kopf das Bild einer rostigen Säge hervor, was den Polizisten allerdings nicht davon abhielt, vor Erregung zu beben.

»Ich habe Bilder, die ich Ihnen zeigen will. Neue Bilder.« Zhengs Hände zitterten so sehr, dass er um ein Haar die Kamera fallen ließ. Er stopfte das Gerät zurück in die Tasche.

»Ich habe es auch nicht vergessen, nicht eine Sekunde.«

»Kommen Sie rein.«

Huang stützte sich auf einen Gehstock. Als er sich

abwandte, um Zheng tiefer in seine Wohnung zu führen, fiel dem Polizisten auf, wie schlecht seine Wunden verheilt waren. Huangs Beine waren gekrümmt wie verbrannte Äste, die aus dem qualvoll aussehenden Buckel auf seinem Rücken nach unten wuchsen. Die Wohnung war klein, kaum zehn Quadratmeter. Direkt neben der Tür war eine winzige Kammer abgetrennt; Zheng lugte hinein und sah auf einer schmalen Küchenzeile einen Topf mit verkrusteten Essensresten stehen. Er ging einen Schritt weiter in die Wohnung und wischte sich Spinnweben aus dem Gesicht. Es gab ein Bett, einen Tisch und mehrere Stühle. Der einzige Gegenstand in dieser Wohnung, der ein wenig Leben zu verbreiten schien, war ein altertümlicher 20-Zoll-Fernseher. Er stand auf einem vergilbten Holzstoß und gab scheppernd eine Nachrichtensendung von sich.

Zheng empfand stechendes Mitleid für diesen Mann. Huang hätte niemals so enden sollen. Auch früher war sein Leben keineswegs luxuriös verlaufen, aber ohne das niederträchtige Verbrechen vor achtzehn Jahren könnte er sich zumindest noch auf die Straße trauen, ohne unablässig Blicken und Geflüster ausgesetzt zu sein.

Nachdem der humpelnde Mann seinem Gast einen Stuhl angeboten und sich auf der Bettkante niedergelassen hatte, vergeudete er keine Zeit mit weiteren Höflichkeiten.

»Ich verstehe das nicht. Es ist so lange her. Ich habe nie etwas gehört.«

»Das stimmt, aber ich habe nie aufgehört zu suchen. Und ich glaube, er ist wieder da.« Zheng zückte die Digitalkamera und rief die Bilder auf, die er früher am Abend geschossen hatte. »Da. Sagen Sie mir, ob Ihnen irgendjemand auffällt.«

»Die sind alle so jung.« Huang beugte sich vor und starrte auf das Display. Dann ließ er den Kopf hängen. »Das ist achtzehn Jahre her – die meisten dieser Kinder waren da noch nicht mal geboren.«

»Bitte, schauen Sie noch einmal ganz genau hin«, sagte Zheng mit finsterer Miene. »Ich habe Jahre auf solch eine Spur gewartet. Ich darf nichts übersehen. Selbst wenn es nicht die Person ist, die Sie vor achtzehn Jahren gesehen haben, könnte trotzdem ein Zusammenhang bestehen. Konzentrieren Sie sich. Wenn Sie auch nur einen Hauch von Zweifel haben, auf keinen Fall ignorieren.«

Der vernarbte Mann sah Zheng verwirrt an, schien sich aber wirklich zu bemühen. Sorgfältig betrachtete er die Bilder auf der Kamera und nahm sich für jedes mehrere Sekunden Zeit. Sobald er bei der letzten Aufnahme angekommen war, schüttelte er den Kopf.

»Mehr haben Sie nicht?« Vielleicht wollte er seinen Besucher nicht enttäuschen, denn er schob hinterher: »Was sind das überhaupt für Leute?«

Zheng antwortete nicht. Wenn es sich nicht einmal um dieselbe Person handelte, woher sollte Huang dann wissen, ob ein Zusammenhang bestand? Zhengs Bitte war alles andere als einfach, streng genommen sogar absurd. Er steckte die Kamera ein und seufzte missmutig. Huang wusste nichts. Er hatte in dieser achtzehn Jahre andauernden Tragödie nie mehr als die Rolle des Opfers gespielt.

Huang kicherte plötzlich, als hätte er Zhengs Gedanken erraten. Der Polizist konnte nicht einschätzen, wem das Lachen galt. Die gespaltene Lippe des Mannes wölbte sich nach oben und legte eine Reihe schneeweißer Zähne frei.

Zheng legte die Stirn in Falten. »Können Sie diesbezüglich keinen Arzt konsultieren?« Sobald die Worte seinen Mund verlassen hatten, zuckte er innerlich zusammen. »Klar, ich werde gleich mal meinen Schönheitschirurgen anrufen.« Huang schnaubte, auch wenn es eher wie ein Röcheln klang. »Sehen Sie sich doch hier um. Ich kann von Glück sagen, dass ich überhaupt bis jetzt mit ein bisschen Sozialhilfe und Schrottsammeln durchgekommen bin. Lassen Sie diesen alten Mann einfach in Frieden sterben.«

»Gut, die Bilder haben Sie ja gesehen«, sagte Zheng schroff. »Rufen Sie mich auf der Stelle an, falls Ihnen irgendetwas einfallen sollte. Vielleicht komme ich bald noch mal vorbei, um Ihnen weitere Fragen zu stellen.«

Huang stemmte sich auf seinen Gehstock und erhob sich von der Bettkante. Die Enttäuschung stand ihm deutlich ins Gesicht geschrieben. Da gab es nichts mehr zu sagen.

*

ZWEI TAGE SPÄTER: 21. OKTOBER, 10 : 52 UHR
HAUPTQUARTIER DER KRIMINALPOLIZEI VON CHENGDU

Im Büro von Hauptmann Han Hao war die Anspannung so groß, dass man daran hätte ersticken können. Han schlug mit der Faust auf den polierten Eichentisch und erhob sich aus seinem Sessel. Seine breiten Schultern wölbten sich unter dem himmelblauen Uniformhemd.

»Erzählen Sie mir alles!« Seine Tonlage lag knapp unterhalb eines Brüllens.

Ihm gegenüber saß Kriminalkommissar Yin Jian. Yin war ohnehin nicht hochgewachsen, unter Hauptmann Hans wütendem Blick kam er sich aber geradezu kleinwüchsig vor. Unwillkürlich zuckte er ein wenig zusammen.

»Wir haben gerade einen Anruf von der Nancheng-Wache erhalten«, sagte Yin. »Kriminalkommissar Zheng Haoming wurde ermordet.«

»Einzelheiten bitte!« In Hans Wange zuckte ein Muskel. Seine Worte jagten seinem Untergebenen einen Schauer über den Rücken.

»Vor zehn Minuten hat die Wache einen Anruf wegen eines Mords entgegengenommen. Fünf Minuten später waren die ersten Beamten vor Ort. Sie haben das Opfer als einen der Unseren identifiziert und uns umgehend informiert. Mehr weiß ich nicht. Sie sind immer noch dabei, weitere Details zusammenzutragen.«

»Dann los!« Han warf sich die Uniformjacke über und marschierte aus seinem Büro.

Yin rannte ihm hinterher. »Bei der Sache gibt es noch einen höchst ungewöhnlichen Aspekt. Der Mann, der den Mord gemeldet hat, ist ebenfalls Polizist.«

»Von der Nancheng-Wache?«

»Nein. Er sagt, er sei der Leiter der Polizei von Longzhou.«

»Longzhou?«

Han rümpfte die Nase. Longzhou war ein kleines Kaff, mit dem Auto mindestens zwei Stunden von Chengdu entfernt. Was hatte der Polizeichef eines abgelegenen Städtchens in seinem Revier zu schaffen?

Momentan blieb ihm allerdings nicht die Zeit, sich über ziellose Fragen den Kopf zu zerbrechen. Auf dem Weg von seinem Büro zum Parkplatz führte er mehrere Telefonate. Er trommelte den besten Forensiker, den besten Ermittler und die kompetenteste Suchmannschaft seiner Abteilung zusammen – alle wurden angewiesen, sich so schnell wie möglich am Tatort einzufinden.

Die Nachricht vom Mord an Kommissar Zheng hatte Schockwellen durch die Belegschaft der Polizei von Chengdu gejagt. Jeder Mord an einem Polizisten löste einen Schock aus, aber Zheng Haoming war eine lebende Legende gewesen.

Im Alter von achtundvierzig Jahren war Kriminalkommissar Zheng gestorben, nach einem Vierteljahrhundert Dienst bei der Polizei von Chengdu. Sein Talent für den Polizeidienst hatte sich unmittelbar zu Beginn seiner Karriere gezeigt. Obwohl ihm ein Abschluss der Polizeiakademie fehlte – was mittlerweile in seiner Abteilung vorausgesetzt wurde – und er daher nicht weiter hatte befördert werden können, war er zu einem Idol der Belegschaft geworden. In letzter Zeit hatte er mehr Zeit am Schreibtisch verbracht als früher, aber noch immer war die Abteilung voll von Beamten, die er persönlich in den aktiven Dienst eingeführt hatte. Selbst der cholerische Hauptmann Han war in seiner Gegenwart immer ein wenig sanftmütiger geworden.

Seine Ermordung war wie ein Dolch ins Herz jedes einzelnen Polizisten gefahren. Bei Han saß er besonders tief.

Sobald er den Dienstwagen bestiegen hatte, richtete Han seine Aufmerksamkeit auf den Beamten hinterm Steuer.

»Geben Sie Gas!«

Das Auto raste als blau-weiß blitzender Wirbelwind mit gellender Sirene die Straße hinunter.

Zwei Jahre zuvor war Zheng mit seiner Familie aus der alten Polizeibehausung in eine neue ruhige Wohnung gezogen, fernab vom Trubel der Innenstadt. Und um die verblühte Polizeibehausung nicht leer und ungenutzt herumstehen zu lassen, hatte er weiterhin die Nächte dort verbracht, in denen er Überstunden schob. So blieb er mit den Kollegen in engem Kontakt und musste Frau und Tochter nicht mitten in der Nacht aus dem Schlaf reißen. Er hatte die alte Wohnung als sein Zweitbüro bezeichnet.

Jetzt lag Zheng tot in seinem Zweitbüro, beinahe in Rufweite der Polizeistation. Mit dem Bleifuß seines Fahrers erreichte Hauptmann Han die Wohnung in unter zehn Minuten.

Sie lag in einem verkehrsberuhigten Viertel in einer Ansammlung kleiner, in die Jahre gekommener Häuser aus Betonziegeln. Vor dem Hauseingang stand ein junger Polizist Wache. Han öffnete die Tür und sprang heraus, noch bevor der Wagen zum Stehen gekommen war. Sekunden später joggte er schon die Treppe hinauf.

Als er den dritten Stock erreichte, sah er zwei weitere Polizisten vor dem Eingang zur Wohnung stehen. Beide erkannten den Hauptmann sofort und begrüßten ihn respektvoll.

»Wieso stehen Sie beide hier draußen?« Han bedachte sie mit ernster Miene. »Was ist los?«

Die jungen Polizisten schauten betreten drein. Einer der beiden kratzte sich am Kopf.

»Wir sind uns auch nicht sicher. Da drin ist ein Kollege, der uns nicht reinlassen will. Er hat gesagt, dass wir draußen Wache schieben müssen.«

Sie erzählten Han, dass sie in höchster Eile zur Wohnung gefahren seien und sich der Mann, der die Notrufzentrale verständigt habe, bereits im Innern befunden habe. Beide seien sie schockiert gewesen, als er mit einer Dienstmarke gewedelt und ihnen den Zutritt verweigert habe. Da hätten sie keinen anderen Weg gesehen, als das Hauptquartier zu verständigen und vor der Tür auszuharren.

Han fletschte die Zähne. Statt die Beamten weiter zu verhören, betrat er die Wohnung, um sich selbst ein Bild zu machen.

Die Unterkunft war ein Paradebeispiel für Zweckmäßigkeit. Im Wohnzimmer standen ein Sofa, ein hölzerner Beistelltisch und ein dunkler Fernseher. Er betrat die Küche zu seiner Rechten und nahm beiläufig von den leeren Instantnudelpackungen Notiz, die sich auf der Anrichte häuften. Dann traf ihn der Geruch wie ein Schlag.

Es stank bestialisch nach Blut, nicht zuletzt dank der unzureichenden Luftzirkulation im Haus. Zheng Haoming lag im Wohnzimmer auf dem Rücken. Er musste schon seit mehreren Stunden tot sein, nach der ausgedehnten Blutlache um seinen Hals zu urteilen. Neben der Leiche kniete ein Mann auf einem Bein. Er untersuchte ein Hackmesser, das ebenfalls auf dem Boden lag.

»Sie sind der Kollege aus Longzhou?«, fragte Han.

In dem Moment betrat auch Yin Jian die Wohnung und postierte sich hinter dem Hauptmann.

Der Fremde bedachte die beiden Polizisten mit einem schneidenden Blick. Er trug eine eng anliegende Windjacke und schien um die dreißig zu sein.

Er hob die Linke und streckte Han und Yin die Handfläche entgegen. Gleichzeitig zog er mit der Rechten die Dienstmarke aus seiner Brusttasche und warf sie Han zu, der sie aus der Luft fischte.

»Hauptmann Pei Tao«, sagte Han. »Kriminalpolizei Longzhou.«

Nach einem knappen Blick auf den Ausweis des Mannes reichte er die Dienstmarke an Yin weiter. »Ausweis überprüfen«, befahl er.

Pei kniff die Augen zusammen und musterte die Kollegen. »Einer von Ihnen ist der Leiter dieser Untersuchung, nehme ich an?«

Yin deutete auf seinen Vorgesetzten. »Hauptmann Han Hao, Kriminalpolizei Chengdu.«

Pei nickte. »Dann bin ich mir sicher, Sie haben schon eine Menge Tatorte wie diesen hier untersucht. Achten Sie einfach darauf, keine möglichen Spuren rings um die Leiche zu verwischen.«

Hans Miene verfinsterte sich. Mit einer wegwerfenden Handbewegung war Yin entlassen, der kopfschüttelnd die Wohnung verließ. Bei der Kriminalpolizei von Chengdu gab es eine unausgesprochene Regel: Niemand erteilte Hauptmann Han Befehle.

Han zeigte mit dem Finger auf den jüngeren Beamten. »Hauptmann Pei, was genau machen Sie hier?«

Pei erstarrte. Sein Gesichtsausdruck machte deutlich, dass ihm soeben aufgegangen war, wie Han seine bisherigen Bemerkungen aufgefasst haben musste. Sofort stand er auf.

»Ich bin hergekommen, um mich in einer Privatangelegenheit mit dem Kommissar zu treffen. Ich hatte keine Ahnung, dass er ...«

»Da Sie aus persönlichen Gründen hergekommen sind«, unterbrach Han ihn kalt, »werden Sie den Tatort auf der Stelle verlassen. Melden Sie sich draußen bei Kommissar Yin. Er wird Ihre Zeugenaussage aufnehmen.«

Pei heftete seinen Blick an den großen, athletischen Polizeihauptmann. Han starrte eiskalt zurück. Auf dem Gang wurden Stimmen laut; kurz darauf ergossen sich Forensiker und weitere Ermittler in einem Strudel aus Uniformen und Ausrüstung in die Wohnung.

»Los jetzt«, sagte Han. »Ich will nicht, dass Sie uns bei der Arbeit dazwischenfunken.«

Pei nickte knapp, entfernte sich von der Leiche und blieb direkt vor Han stehen.

»Ich habe bereits ein paar Hinweise gesammelt. Vielleicht sollten wir unsere Theorien bezüglich des Mordmotivs austauschen.«

»Täuschen Sie sich nur nicht, Hauptmann Pei. Als Zeuge und als derjenige, der dieses Verbrechen gemeldet hat, sind Sie gesetzlich dazu verpflichtet, im Zuge der Ermittlung mit uns zu kooperieren. Aber das wissen Sie sicher. Sie haben ja bestimmt schon viele Tatorte wie diesen untersucht.« Die fernen Ausläufer eines Grinsens stahlen sich in Hans Gesicht.

Yin steckte den Kopf zur Tür herein. »Bitte hier entlang, Hauptmann Pei.« Sein Verhalten kontrastierte angenehm mit dem seines Vorgesetzten. Pei sah seine Chance, sich aus dieser unschönen Situation zu befreien, nickte und verließ die Wohnung. Han begann mit seiner Untersuchung des Tatorts.

*

Yin begab sich mit Pei in einen ruhigeren Abschnitt des Hausflurs. Sein Blick blieb an einem faustgroßen Blutfleck hängen, der Peis linkes Hosenbein verklebte.

»Das gehört alles zum normalen Betriebsablauf. Zunächst hätte ich gerne Ihren genauen Bericht über das, was passiert ist, angefangen bei Ihrer Ankunft am Tatort.«

Yin holte Stift und Notizblock hervor.

Durch die Fenster kroch das Heulen nahender Sirenen, dann sahen die beiden Männer mehrere Einsatzwagen vor dem Gebäude halten. Hans Verstärkung war eingetroffen.

Pei bedachte Yin mit einer wegwerfenden Geste. »Wir haben später alle Zeit der Welt, um zu diskutieren, was passiert ist. Im Moment gibt es etwas Wichtigeres zu sortieren. Haben Sie Befehlsgewalt über die Kollegen, die gerade eingetroffen sind?«

Yin schüttelte den Kopf. »Hauptmann Han ist drüben in der Wohnung. Warum sollten sie auf mich hören statt auf ihn?«

»Wenn das so ist, teilen Sie dem Hauptmann bitte mit, dass er auf der Stelle eine stadtweite Fahndung nach unserem Mörder in die Wege leiten muss. Er ist männlich, schlank und um die eins fünfundsechzig groß. Er könnte an einer Hand eine Verletzung von einem Messer davongetragen haben. Und er war irgendwann zwischen elf Uhr gestern Abend und zwei Uhr heute Morgen in dieser Gegend.« Seine Augen funkelten, während er die Details herunterleierte.

Yin wand sich unruhig. »Ausgeschlossen, dass der Hauptmann dem einfach so zustimmt.«

»Sie wissen, dass ich recht habe.« Pei klang entschlossen und selbstbewusst, das war nicht zu bestreiten.

Yin rang sich ein Lächeln ab. »Nein, ich fürchte, Sie verstehen nicht. Ob ich Ihnen glaube oder nicht, spielt keine Rolle. Sie müssen tun, was der Hauptmann sagt, nicht andersrum.«

Erschöpfung stahl sich in Peis Gesichtszüge.

»Von mir aus. Dann halten Sie genau fest, was ich jetzt sage. Mein Besuch hier war privater Natur. Heute Morgen um 9:52 Uhr habe ich Kommissar Zheng in seinem Büro angerufen. Er hob nicht ab. Ich bin mit einem Ihrer Kollegen verbunden worden, der mir Zhengs Handynummer gab. Abermals keine Reaktion. Schließlich habe ich eine seiner Tanten erreicht, die mir sagte, er übernachte oft in dieser Wohnung, wenn er länger arbeiten muss. Um 10:37 Uhr bin ich hier angekommen.

Ich habe geklopft. Wieder keine Reaktion, aber ein starker Geruch hatte sich bis auf den Gang ausgebreitet. Die Tür war nicht abgeschlossen. Ich habe sie geöffnet, die Leiche gesehen und sofort die Kollegen verständigt. Dann habe ich eine erste Untersuchung des Tatorts vorgenommen. Die Kollegen von der zuständigen Wache trafen um 10:49 Uhr ein – zwölf Minuten nach meinem Anruf. Um den Tatort ungestört zu belassen, habe ich ihnen verboten, die Wohnung zu betreten. Um fünf nach elf sind Sie dann mit dem Hauptmann eingetroffen.«

Pei rezitierte seine Informationen fließend wie ein Schauspieler, der seinen Text auswendig gelernt hat.

»9:52 Uhr. Ihre Zeitangaben sind überaus ... präzise«, sagte Yin mit merklichem Zweifel.

Der Mann aus Longzhou sah ihn grimmig an. »Die Zeitangaben stimmen – verlassen Sie sich drauf. Meine Uhr geht immer genau.«

Nachdem er alles, was er niedergeschrieben hatte, noch einmal durchgegangen war, hob Yin den Kopf und sah Pei an.

»Kannten Sie Kommissar Zheng?«

Zu Yins Verblüffung schüttelte Pei den Kopf.»Nein.«

»Was hatten Sie dann Persönliches mit ihm zu regeln?«

Pei zögerte. »Es ging um Einzelheiten in einem ganz anderen Fall. Einem Fall, für den Kommissar Zheng zuständig war.«

»Ein Fall?« Yin kratzte sich die Nasenspitze. Diese Antwort verwirrte ihn nur noch mehr. »Wäre es dann nicht doch eine offizielle Angelegenheit?«

Pei schwieg eine ganze Weile. Dann antwortete er wesentlich bedächtiger als zuvor. »Der Fall liegt achtzehn Jahre zurück. Ich war eine der involvierten Personen – vor meiner Zeit als Polizist.«

»Also alles Schnee von vorgestern. Was hat Sie dazu gebracht, diese Angelegenheit all die Jahre später wieder aufzurollen?« Yin schürzte die Lippen. »Aber bleiben wir bei der Sache. Beschreiben Sie bitte möglichst exakt, wie Sie den Tatort vorgefunden haben.«

Pei sah ihn entgeistert an. Sein Tonfall wurde frostig.

»Ich würde nicht sagen, dass die beiden Fälle nichts miteinander zu tun haben.«

Yin wand sich unter Peis starrem Blick. »Von welchem Fall reden wir denn hier, bitte?«

Pei begriff, dass sein Kollege nervös und unberechenbar war. Er zwang sich, einmal tief durchzuatmen, und fragte dann so ruhig wie möglich: »Wie lange sind Sie schon bei der Polizei?«

»Knapp zwei Jahre«, antwortete sein Gegenüber wahrheitsgemäß.

»Mit Abschluss der Polizeiakademie von Sichuan?«, fragte Pei. Es war die renommierteste Polizeischule der Provinz.

»So ist es. Master in Strafrechtliche Ermittlungen.«

»Dann sind wir mehr oder weniger Klassenkameraden.«
Pei lächelte Yin an, seine Augen blitzten fröhlich. »Ich habe
dort 84 meinen Abschluss gemacht. Gleicher Master wie
Sie. Unterrichtet Wei immer noch?«

»Absolut!« Der junge Beamte nickte begeistert. »Ich
hatte bei ihm eine Vorlesung über Beweisfindung.«

»Wei und ich waren zusammen auf der Akademie«, sagte
Pei und klopfte Yin auf die Schulter. »Sie können sämtliche
alten Ausbilder in unserer Abteilung fragen, die erinnern
sich bestimmt alle noch an mich.«

»Was sagt man dazu!« Yin gab sich keine Mühe, sein
Gefühl frisch erwachter Kameradschaft zu verbergen.

Peis Gesichtszüge verhärteten sich wieder. »Ich hoffe,
ich habe deutlich gemacht, wie ernst es mir ist. Gehe ich
recht in der Annahme, dass ich Ihnen vertrauen kann? Ich
brauche nämlich Ihre Hilfe.«

Yin nickte ohne Zögern. Peis Ausstrahlung war ansteckend. Er hatte die Zweifel des jungen Beamten mit beinahe brüderlicher Zärtlichkeit zerstreut.

»Ausgezeichnet.« Pei rieb sich zufrieden das Kinn. Seine
Lippen verzogen sich zu einem verhaltenen Lächeln. »Sie
brauchen mir über diesen alten Fall nicht allzu viele Fragen zu stellen. Zumindest jetzt nicht. Erst habe ich selbst
ein paar Fragen. Hat sich Kommissar Zheng in den letzten
Tagen irgendwie komisch benommen? Hat er irgendetwas
Ungewöhnliches gesagt oder getan?«

Yins Brauen zerfurchten sich vor Konzentration, während er seine Schuhe betrachtete. »Etwas Ungewöhnliches? Er hat die letzten Tage größtenteils im Außendienst
verbracht und war kaum auf der Wache, aber das ist nicht

ungewöhnlich. Ich bin mir sicher, Sie verbringen auch viel Zeit im Einsatz.«

»An wie vielen Fällen hat er gleichzeitig gearbeitet?«

Yin schüttelte den Kopf.

»An keinem. Na ja, Zheng war eindeutig kein junger Hüpfer mehr. Die Abteilung hat ihn schon seit einiger Zeit nicht mehr mit der Leitung neuer Fälle betraut. Seine Arbeit drehte sich hauptsächlich um Analyse und Überwachung. Trotzdem war er ständig beschäftigt. Selbst wenn er keine festen Aufgaben zugeteilt bekommen hat, war er meist draußen unterwegs. Wollte ›den Puls der Stadt fühlen‹«, sagte Yin. Plötzlich leuchteten seine Augen auf. »Da fällt mir etwas ein! Ich glaube, seine Arbeit in den letzten paar Tagen hatte hauptsächlich mit irgendeiner vorläufigen Überwachung zu tun.«

Pei lupfte eine Braue. »Woher wissen Sie das? Hat er mit Ihnen über seine Arbeit gesprochen?«

»Nein, der Kommissar war immer recht zugeknöpft. Kein besonders geselliger Mensch. Ich gehe aber davon aus, dass er irgendwen observiert hat, weil er jeden Tag eine Digitalkamera dabeihatte.«

»Eine silberne Nikon?«, fragte Pei sofort.

»Ja, genau. Unsere Kameras sind alle das gleiche Modell. Woher wissen Sie das?«

»In der Wohnung liegt so eine Nikon. Auf dem Beistelltisch im Wohnzimmer.«

Pei schaute an Yin vorbei. Zwei der Neuankömmlinge bewachten mit ernster Miene die Tür. Peis Chancen darauf, die Wohnung noch einmal zu betreten, standen gleich null. Die einzige Aussicht auf Erfolg bestand darin, sich der Hilfe seines neuen Kameraden zu versichern.

»Ich muss so schnell wie möglich sehen, was sich auf der Kamera befindet«, flüsterte er. »Glauben Sie, Sie könnten sie mir besorgen?«

Yin zögerte. »Na gut ... ich werd's versuchen. Aber der Hauptmann hat das letzte Wort.«

Pei nickte. Das schmeckte ihm zwar gar nicht, aber er wusste, dass Yin die Hände gebunden waren. Der Beamte war schließlich Hans Untergebener.

Zum Glück enttäuschte Yin ihn nicht. Kurze Zeit später trat er wieder aus der Wohnung und hielt eine mattsilberne Kamera in den frisch angelegten Latexhandschuhen.

»Ich kann Ihnen die Fotos auf der Speicherkarte zeigen, aber Sie dürfen die Kamera nicht selbst berühren. Befehl des Hauptmanns.«

Pei verfolgte aufmerksam, wie Yin die Bilder durchging, die Zheng in letzter Zeit geknipst hatte. Sein Blick klebte am Display. Hin und wieder verzog er das Gesicht und bat Yin, auf einem bestimmten Bild zu verharren. In jedem dieser Fälle zückte er Stift und Notizblock, um hastig ein paar Stichworte niederzuschreiben. Eine halbe Stunde später war Yin endlich beim letzten der dreihundert Bilder auf der Speicherkarte angekommen.

Pei stieß einen langen Atemzug aus. »Alles klar. Diese Bilder folgen einem festen Muster. Allerdings gibt es ein paar verdächtige Details, die man sich merken sollte. Das Wichtigste ist aber, dass wir jetzt eine vielversprechende Spur in der Hand halten.«

»Ich will versuchen, das Muster zu begreifen, von dem Sie reden. Die Bilder wurden in verschiedenen Internetcafés gemacht. Zheng hat jeweils aus einer versteckten Position geknipst, will sagen, die Zielpersonen haben nicht bemerkt, dass sie fotografiert wurden. Ich habe insgesamt siebenundfünfzig Personen gezählt, in erster Linie Teenager und junge Erwachsene. Allerdings scheinen sie abgesehen vom Alter nichts gemeinsam zu haben. Ich frage mich also, was Zheng damit bezwecken wollte, diese Leute zu fotografieren.« Yin hatte ein eifriges Funkeln in den Augen. »Habe ich irgendwas vergessen?«

Ohne es zu merken, hatte er Pei die Zügel ihrer Unterhaltung übergeben.

»Ihre Zählung lag um eins daneben. Wenn Sie die Bilder noch mal durchgehen, werden Sie feststellen, dass Zheng insgesamt achtundfünfzig Personen abgelichtet hat.« Pei ließ seinen Kugelschreiber zwischen den Fingern zwirbeln.

»Soll das heißen, ich habe mich verzählt?« Yin sah Pei verdutzt an.

»Nein, Sie haben richtig gezählt. Auf den Bildern sind siebenundfünfzig verschiedene Personen zu sehen. Ist Ihnen aufgefallen, dass jedes Bild einzeln benannt ist?«

Yin fummelte an der Kamera herum. »Stimmt. Sie sind durchnummeriert.«

»Die Bilder werden automatisch der Reihe nach benannt«, sagte Pei. »Der springende Punkt ist aber – die sechs Bilder, die mit 280 bis 285 benannt sein sollten, fehlen.«

»Tatsache«, sagte Yin. Auf einmal schien er zu verstehen. »Da kann es sich kaum um ein Fehler handeln. Auf diesen Bildern könnte eine achtundfünfzigste Person zu sehen gewesen sein.«

»Aber wer hat sie gelöscht? Und weshalb?«, murmelte Pei. »Die Sache ist nicht so einfach, wie sie aussieht.«

»Sie meinen, es hat etwas mit dem Mord an Zheng zu

tun?«, fragte Yin. »Ob der Kommissar versucht hat, diese achtundfünfzigste Person ausfindig zu machen? Und sind wir in dem Fall nicht ein bisschen spät dran? Der Täter hat unseren wichtigsten Hinweis bereits vernichtet. Ich wette, die restlichen Leute auf diesen Bildern haben absolut nichts mit dem Fall zu tun.«

»Wir haben trotzdem noch ein paar andere Hinweise. Wir können zumindest versuchen herauszufinden, wonach der Kommissar überhaupt gesucht hat.«

»Wie sollen wir das anstellen?«, fragte Yin mit unverhohlener Neugier.

Pei deutete auf eine der Notizen, die er sich während der Sichtung der Bilder gemacht hatte: *Internetcafé Skyline, 19. Oktober, 15:47 Uhr.*

»Auf den letzten paar Bildern«, sagte Pei, »sind hinter der Zielperson die Scheiben des Cafés zu erkennen. Auf dem Aufkleber steht eindeutig ›Internetcafé Skyline‹. Und laut Zeitstempel der Dateien sind die Bilder vor zwei Tagen am Nachmittag geschossen worden.«

»Das leite ich sofort an den Hauptmann weiter«, sagte Yin mit Bewunderung.

»Falls der zuhören will. Jetzt muss ich erst mal einem eigenen Hinweis nachgehen.« Pei riss eine Seite aus seinem Notizblock und kritzelte eine Telefonnummer darauf. »Bitte melden Sie sich bei mir, sobald irgendwas passiert.«

Pei gab Yin noch einen freundschaftlichen Klaps auf die Schulter, dann verschwand er die Treppe hinab.

*

Zwei Stunden später fand sich die Kriminalpolizei von Chengdu zu einer Einsatzbesprechung ein. Die ranghöchsten Offiziere jeder Wache und Nebenstelle auf Stadtgebiet waren vertreten. Die Stimmung im Raum war beinahe feierlich. Alle Blicke ruhten auf Hauptmann Han. Der Mann war aschfahl.

»Wie Ihnen sicher allen bekannt ist, gab es heute Morgen einen brutalen Mord.« Hans Stimme versagte, während er sich verzweifelt bemühte, die Trauer und die Wut zu zügeln, die in seinem Herzen kochten. »Auf die Identität des Opfers muss nicht weiter eingegangen werden. So, nun zum Tatort.«

Neben Han stand sein Assistent Yin, der auf ein Zeichen des Hauptmanns den unter der Decke montierten Projektor einschaltete. Die breite Leinwand füllte sich mit Fotografien des Tatorts.

»Die Leiche weist drei große Messerverletzungen auf: eine Stichwunde im Bauch, einen Einschnitt im rechten Oberarm und eine tiefe Schnittwunde in der Kehle. Letztere war die Todesuhrsache. Die Klinge hat die Halsschlagader durchtrennt und zu massivem Blutverlust geführt, dem er kurz darauf erlegen ist. Laut der gerichtsmedizinischen Untersuchung ist der Tod zwischen Mitternacht und zwei Uhr morgens eingetreten.«

Eine Reihe von Detailaufnahmen erschien auf der Leinwand, um Hans Ausführungen zu untermalen. Die Menschen in diesem Raum waren mit Gewalt wohlvertraut, trotzdem ließen die Fotos von dunklem Blut um den Leichnam eines gefallenen altgedienten Kameraden niemanden kalt.

Zheng Haoming hatte die Augen geschlossen, sein Mund

jedoch war aufgerissen, als hatte er schreien wollen. Eine Nahaufnahme der brutalen Schnittwunde in seinem Hals. Darunter ein Lineal, das die Länge der Wunde präzise mit sechs Komma neun Zentimeter bemaß.

»Ausgehend von diesen Wunden hat der Mörder eine kleine, rasiermesserartige Waffe benutzt. Des Weiteren wurde ein Hackmesser am Tatort zurückgelassen. Die Nachforschungen unserer Techniker haben ergeben, dass die Fingerabdrücke an Griff und Klinge zum Opfer gehören. Es scheint also, als habe das Opfer versucht, sich damit zu verteidigen. Anhand dieses Befunds und weiterer Hinweise können wir mit Sicherheit sagen, dass das Opfer vor seinem Tod in eine gewalttätige Auseinandersetzung mit dem Mörder verstrickt war.«

Han gab Yin ein Zeichen. Bilder aus anderen Bereichen von Zhengs Wohnung blitzten über die Leinwand.

»Diese Kerbe in der Platte des Beistelltischs im Wohnzimmer ist erst vor Kurzem entstanden. Sie lässt auf den Aufprall eines scharfkantigen Objekts schließen. Möglicherweise Zhengs Hackmesser. Die Gegenstände in der Vitrine waren vollkommen durcheinander, offenbar ist die Vitrine also ebenfalls getroffen worden. Hier finden sich eine Menge Blutspritzer. Wie es aussieht, hat das Opfer seine tödliche Wunde in unmittelbarer Nähe erlitten ...«

Das Publikum lauschte schweigend. Während Han seine Beschreibung des Tatorts fortsetzte, malten sich die anderen den Kampf zwischen Zheng und seinem Mörder aus.

Eine Nahaufnahme der Holzdielen füllte die Leinwand aus. Um ein Haar zuckte Han zusammen, als er das Bild betrachtete.

»Diese Aufnahme wurde neben den Füßen des Opfers

gemacht. Hier sehen wir mehrere ringförmige Blutstropfen auf dem Fußboden. Das Blut muss also aus einer entsprechenden Höhe gefallen sein. Da das Opfer einen langärmligen Schlafanzug trug, hätte seine Bekleidung das Blut aus den Wunden am Oberarm und im Bauch aufgesogen. Auch das Blut aus der großen Wunde am Hals hätte keine solchen Spritzer verursacht. Wir können also mit ziemlicher Sicherheit davon ausgehen, dass dieses Blut vom Mörder stammt.«

Er wandte sich an seinen Assistenten.

»Yin, gehen Sie noch mal zurück zu den Aufnahmen des Hackmessers, die Sie uns eben gezeigt haben. Alles klar. Beachten Sie bitte alle die Blutflecken an der Klinge.«

»Das heißt, der Mörder wurde verwundet?«, fragte einer der Beamten.

Leise ergoss sich aufgeregtes Tuscheln durch den Raum. Wenn der Mörder tatsächlich Blut oder andere körpereigene Spuren am Tatort hinterlassen hatte, würde ihnen das eine Identifikation und Verfolgung deutlich erleichtern.

»Ich kann Ihnen mit hundertprozentiger Sicherheit bestätigen, dass genau das der Fall ist.« Die anderen Beamten verstummten, als Han seinen stechenden Blick durch die Menge schweifen ließ. Er wedelte mit einem Bericht und hielt die Blätter hoch, damit alle sie sehen konnten. »Hier sind die Ergebnisse der Laboruntersuchung. Die Blutspritzer am Hackmesser und hier auf dem Boden sind Blutgruppe B, das Opfer hat aber eine andere. Es gibt keinen Zweifel. Das ist das Blut des Mörders. So, werfen wir einen Blick auf die Fotos aus der Küche.«

Das nächste Bild an der Leinwand zeigte ein kleines Fenster mit Holzgitter, typisch für ältere Gebäude der Gegend.

»Dieses Fenster geht auf einen kleinen Park im Zentrum von Zhengs Wohnblock raus. Als wir vor Ort ankamen, war es nach außen geöffnet. Am unteren Rand des Gitters war die Scheibe eingeschlagen.« Er gab Yin das nächste Zeichen. Sofort tauchte ein neues Bild auf. »Das ist der Küchenschrank. Auch hier haben wir Messerspuren gefunden.« Er machte eine Pause, um den Kollegen Zeit zu geben, die neuen Details aufzunehmen.

»Offenbar ist der Mörder an der Regenrinne bis in den zweiten Stock geklettert, dann weiter über das rückwärtige Fenster in den dritten. Er hat die Scheibe eingeschlagen, das Küchenfenster geöffnet und ist in die Wohnung eingedrungen. Der Lärm hat Zheng geweckt, der in die Küche gekommen ist, um nachzusehen. Hier sind die beiden aufeinandergetroffen und haben sich eine körperliche Auseinandersetzung geliefert. Zheng hat sich das Hackmesser gegriffen, um sich zur Wehr zu setzen. Er wurde zurückgetrieben und ist seinem Gegner schließlich im Wohnzimmer erlegen.«

»Sind Finger- oder Fußabdrücke des Angreifers am Tatort gefunden worden?«, fragte ein Beamter.

Han schüttelte den Kopf. »Nein. Gut möglich, dass der Täter Handschuhe und Schuhüberzieher getragen hat. Anscheinend hat dieser Mensch eine gute Vorstellung davon, wie wir unsere Untersuchungen durchführen.« Er kniff die Augen zusammen. »Trotzdem haben wir ein umfassendes Bild mit mehreren Hinweisen. Sehen Sie sich unsere Prognose zum Aussehen des Mörders an. Er ist höchstwahrscheinlich ein Mann jungen oder mittleren Alters mit schlankem Körperbau, zwischen eins sechzig und eins siebzig groß, mit einer frischen Stichwunde in einer Hand.«

Alles kramte lautstark nach Papier und Stift, dann notierten sich die versammelten Kollegen die verkündeten Details. Kurz darauf durchbrach leises Raunen die Stille, die sich über den Raum gesenkt hatte.

»Hauptmann?«

Alle Blicke richteten sich auf den Sprecher. Es war Yin.

»Möchten Sie irgendetwas klarstellen?«, fragte Han mit finsterer Miene.

»Nein, Sir«, sagte Yin und schüttelte vehement den Kopf. »Ich musste nur gerade an den Kollegen denken, den wir heute Morgen in der Wohnung angetroffen haben. Es scheint fast so, als hätte er unsere Gedanken gelesen.«

»Pei Tao, meinen Sie?«

»Er hat mir heute Morgen gesagt, dass wir sofort die Suche nach einem männlichen Verdächtigen einleiten sollen – schlank, etwa eins fünfundsechzig groß und mit einer Wunde an der Hand.«

Han machte vor Verwunderung große Augen. Selbst in die knappe Beschreibung des Aussehens, die er soeben verkündet hatte, waren viele Arbeitsstunden eines ganzen Teams von Fachleuten geflossen.

Sobald man wusste, dass der Mörder still und heimlich über drei Stockwerke an der Fassade hochgeklettert war und sich dann durch ein schmales Fenster gezwängt hatte, lag auf der Hand, dass die fragliche Person schlank und gelenkig sein musste. Die Körpergröße so genau einzuordnen war allerdings deutlich schwieriger.

Den Ermittlern war aufgefallen, dass die Auseinandersetzung zwischen Zheng und seinem Mörder eine Menge

Messerspuren an den Holzschränken in Küche und Wohnzimmer hinterlassen hatte. Alles deutete darauf hin, dass der Mörder eine scharfe Klingenwaffe benutzt hatte; er musste immer wieder mit großer Kraft zugestochen haben, und dafür würde er sich in eine Körperhaltung begeben haben, aus der heraus er am meisten Druck ausüben konnte. Anhand dieser Hypothese konnten sie die Anordnung, den Winkel und die Tiefe der Messerstiche auswerten, um auf die voraussichtliche Größe des Angreifers zu schließen. Nur musste all das sorgfältig berechnet werden, und Han konnte sich nur schwer vorstellen, dass man mit Hirnschmalz und bloßem Hingucken so schnell zum gleichen Ergebnis kam.

Der Mörder hatte am Tatort Blutspritzer auf dem Fußboden hinterlassen. Die Blutspurenanalyse war eine ganz eigene Kunstform – je höher der Austrittspunkt des Bluts, desto größer das resultierende Muster beim Auftreffen auf dem Boden. So konnte man verlässliche Rückschlüsse auf die Fallhöhe des Bluts ziehen, indem man die vorgefundenen Spuren mit vor Ort durchgeführten Simulationen abglich. Das Endergebnis der Tests, die seine Abteilung durchgeführt hatte, ließ auf eine Fallhöhe zwischen vierundsiebzig und einundneunzig Zentimetern schließen. Bezog man die warme und dickere Kleidung mit ein, die Menschen um diese Jahreszeit für gewöhnlich trugen, waren Hände und Gesicht üblicherweise die einzigen Körperteile, von denen Blut bei einer Verwundung frei herabtropfen würde. Somit hatten sich Hans Analytiker nach Berechnung der Fallhöhe darauf festgelegt, die Wunde müsse sich an einer der beiden Hände des Mörders befinden.

Han hielt die Vorstellung für vollkommen abwegig, Pei

könnte all diese Einzelheiten in so kurzer Zeit durchschaut haben. Trotzdem hatte er seine Verblüffung so schnell wieder unter Kontrolle, als habe er sie unter eine Maske aus Frost verbannt.

»Pei Taos Motive sind noch ungeklärt. Er ist einer der Hauptverdächtigen dieser Ermittlung. Yin, Statusbericht der Überwachung, die ich angeordnet habe?«

»Ich habe Jin Youfeng angewiesen, ihn zu beschatten. Er hat sich noch nicht gemeldet, aber ich will versuchen, ihn zu erreichen.« Yin zückte sein Handy und gab die Nummer ein. Nach längerem Klingeln wurde abgehoben. »Kommissar Jin?«

Je länger Yin zuhörte, desto mehr verspannten sich seine Gesichtszüge. Er grunzte ein paar unbehagliche Antworten, dann kam er auf Han zu und reichte ihm das Telefon.

»Das sollten Sie selber hören, Hauptmann.«

Han sah seinen Assistenten verwundert an und nahm das Handy entgegen.

»Han hier.«

Ein satter Bariton antwortete ihm. »Bitte um Vergebung, Herr Hauptmann. Pei Tao am Apparat.«

»Pei Tao?« Han schien genauso verdattert wie Yin. »Wo steckt mein Untergebener?«

»Wir hatten eine kleine Meinungsverschiedenheit. Ich ging gerade einer Spur nach, als ich bemerkte, dass mir jemand folgt. Ich habe eine Gelegenheit gesehen, meinen Verfolger unschädlich zu machen, und sie ergriffen. Als er sich gewehrt hat, bin ich meinem Instinkt gefolgt. Das ist übrigens gerade eben erst passiert. Im Moment des Anrufs habe ich seine Dienstmarke entdeckt. Ihr Beamter sollte bald wieder aufwachen. Ich bitte hiermit um Verzeihung und versichere Ihnen, dass es ein reines Missverständnis war.«

Peis aufrichtige Worte reichten nicht aus, um den Nebel des Zorns in Hans Kopf zu lichten. Der Hauptmann hatte größte Mühe, sich nicht zu vergessen. »Wir sind hier in Chengdu, Herr Kollege. Nicht in Longzhou!«, brüllte er. Speichelfetzen stoben von seinen Lippen. »Sie hatten absolut kein Recht, das zu tun.«

»Ich kann Ihren Gemütszustand durchaus nachvollziehen. Meine Reaktion gerade eben war viel zu voreilig, keine Frage.« Peis Stimme nahm einen düsteren Tonfall an. »Aber wenn Sie nur wüssten, mit was für einem Gegner wir es hier zu tun haben, würden Sie mich verstehen.«

»Sie haben neue Anhaltspunkte?«, fragte Han.

»So ist es. Und ich hoffe, diesmal hören Sie mir auch zu.«

Han biss sich auf die Zähne. »Ich erwarte Sie in einer halben Stunde in der Zentrale. Kommen Sie sofort in mein Büro.«

»Bin unterwegs.« Poi stockte. »Ah, gute Neuigkeiten. Ihr Beamter ist aufgewacht.«

Ein paar Sekunden später hörte Han Jin Youfengs Stimme. »Hauptmann, ich …«

»Und so jemand bekommt eine Dienstmarke«, fauchte Han, stach auf die Tasten des Handys ein und unterbrach die Verbindung.

*

Sobald Pei Hans Büro betrat, umhüllte ihn der bittere Geschmack von Nostalgie. Der makellose Raum mit den glatten Wänden und dem hochmodernen Computer war exakt die Sorte Büro, die er sich einst für die eigene Zukunft ausgemalt hatte. Leider hatte sich das Leben anders entschieden. Pei schob solche Gedanken beiseite. Hauptmann Han saß hinter seinem Schreibtisch und betrachtete ihn erwartungsvoll.

»Sind Sie in der Zwischenzeit weitergekommen?«, platzte Pei heraus.

»Ich bin nicht verpflichtet, unsere Ergebnisse mit Ihnen zu teilen.«

Pei schürzte die Lippen. Die Antwort des Hauptmanns hatte weder freundlich noch feindselig geklungen. Man brauchte keine Erfahrung im Polizeidienst, um zu merken, dass er sich hier auf dünnem Eis bewegte. Angesichts seiner bisherigen Interaktion mit dem Hauptmann war es wohl das Beste, erst einmal klein beizugeben. Er rang sich ein betretenes Lachen ab. »Da haben Sie wohl recht, Sir.«

Diese kleine Geste der Bescheidenheit schien Hans Laune etwas zu heben.

»Wir haben das wahrscheinliche Aussehen des Verdächtigen bestimmt«, teilte er Pei mit. »Außerdem führen wir an strategischen Bus- und Bahnhaltestellen in der Stadt Kontrollen durch. Und wir gehen auf allen Ebenen die Archive durch, um festzustellen, ob der Verdächtige in einen von Zhengs alten Fällen verwickelt gewesen sein könnte.«

»Schlüssige Argumentation«, antwortete Pei sofort. »Sie glauben, jemand wollte sich an dem Kommissar rächen.«

»Es gab am Tatort keine Hinweise darauf, dass etwas gestohlen wurde. Der Verdächtige hat sich gewaltsam Zutritt zum Gebäude verschafft und hatte ein Messer dabei. Der Mord war eindeutig geplant. Oder sehen Sie das anders?«

Anstatt zu antworten, wechselte Pei das Thema. »Wissen Sie, warum ich in Zhengs Wohnung war?«

»Zufälligerweise würde ich genau das gerne erfahren.« Han starrte ihn an. »Inwiefern haben Sie mit ihm in Verbindung gestanden?«

Pei zog einen gefalteten Zettel hervor und reichte ihn dem Hauptmann. Han faltete die Seite auseinander und las:

Erinnerst Du Dich nicht mehr an mich, Student 8102?
Sobald die Ouvertüre verklungen ist, muss der erste Akt folgen.
Die Ouvertüre ist schon viel zu lange verhallt ...
Aber endlich ist der Tag gekommen.

Je weiter er las, desto höher wölbten sich seine Brauen vor Verwunderung.

»Ich habe diesen Brief vor zwei Tagen bekommen«, sagte Pei. »Er wurde irgendwo innerhalb der Stadt abgeschickt. 8102 war ...«

»Ihre Dienstnummer auf der Polizeiakademie von Sichuan«, unterbrach ihn Han. »Sie waren ab 1981 eingeschrieben und haben 84 Ihren Abschluss gemacht. Mit durchgehend beeindruckenden Noten. Klassenbester. Mit anderen Worten, Sie waren einer der hervorragendsten Studenten, die die Akademie je besucht haben.

Aber kurz vor der Abschlussprüfung ist irgendetwas vorgefallen. Ein Fehltritt, der dazu geführt hat, dass man Sie in ein drittklassiges Städtchen wie Longzhou versetzt und so all Ihre Hoffnungen zunichtegemacht hat, in einer wichtigen Stadt wie ...« Han legte eine Pause ein, und Pei glaubte, ein schemenhaftes Lächeln zu erahnen, »dieser hier zu arbeiten. Sie haben Ihren Dienst auf einer Wache in der Vorstadt angetreten und sind ein einfacher Polizeibeamter geworden.«

Peis Wangenknochen mahlten. Machte Han sich über ihn lustig? Oder wollte er sich sein Vertrauen erarbeiten, indem er so gut informiert war?

»Trotzdem sind Sie schnell aufgestiegen«, fuhr Han fort. »Innerhalb von acht Jahren haben Sie es zum Leiter der Wache gebracht. Um dann schließlich zur örtlichen Kriminalpolizei versetzt zu werden.« Han lächelte und tippte mit dem Finger gegen eine Akte auf seinem Schreibtisch. »Ich habe Ihren Hintergrund sorgfältig prüfen lassen.«

Mit einem Mal fühlte Pei sich unwohl. Er brauchte ein paar Sekunden, bevor er antwortete.

»Wie haben Sie es genannt? Einen Fehltritt?« Pei lachte gepresst. »Lassen wir die Euphemismen weg, Hauptmann. Es war eine Katastrophe durch und durch.«

Peis plötzliche Ehrlichkeit traf Han unvorbereitet. Bisher hatte er das Verhalten des Kollegen als Arroganz abgestempelt. Jetzt allerdings sah er es in einem neuen Licht – als Ausdruck entwaffnender Aufrichtigkeit. Es war eine Schande, dass einem so außergewöhnlichen Beamten nur wegen ein paar Fehlern eine vielversprechende Karriere verwehrt worden war. Überraschend ertappte er sich dabei, wie er Pei gut zuredete.

»Nennen Sie es, wie Sie wollen, das ist alles lange vorbei. Manche Dinge muss man früher oder später einfach loslassen.«

»Nein«, sagte Pei mit schmerzverzerrtem Gesicht und schüttelte den Kopf. Er hatte die Augen so weit aufgerissen, dass Han die pulsierenden Äderchen am Rand erkennen konnte. »Ich kann nicht loslassen«, sagte Pei eisig, »weil es nie aufgehört hat. Er ist zurückgekommen – er ist immer noch da!«

Peis seltsamer Gefühlsausbruch erinnerte Han an etwas. Erneut nahm er den Brief zur Hand. »Wer hat den geschrieben? Was hat das mit dem Mord an Zheng zu tun?«

Pei massierte sich mit beiden Händen die Schläfen. Langsam gewann er die Kontrolle über sich zurück. »Wann sind Sie zur Kriminalpolizei von Chengdu gestoßen?«

»Vor zehn Jahren. Direkt nachdem ich meinen Master in Strafverfolgung an der Nationalen Polizeiuniversität der Volksrepublik gemacht habe.« Der Name von Chinas ehrwürdiger Kaderschmiede floss stolz über seine Zunge.

»Dann sagt Ihnen das wahrscheinlich nichts.« Pei seufzte. »Nachdem ich heute Morgen Zhengs Wohnung verlassen habe, bin ich zu einem Internetcafé namens Skyline gefahren. Vor zwei Tagen hat Zheng dort um 15.47 Uhr nachmittags einen Kunden fotografiert. Ich habe die Netzwerkadministratorin gebeten, mir die Browserchronik des Kunden zu zeigen. Und da habe ich diese Seite entdeckt.«

Peis Gemüt hatte sich wieder beruhigt, und er händigte Han den Ausdruck einer Webseite aus.

Trotz seiner spärlichen Erfahrung auf dem Gebiet erkannte Han sofort, dass es sich um einen Beitrag in einem Forum handelte. Der Benutzername des Verfassers lautete *Eumenides* – und zwar in lateinischen, nicht in chinesischen Schriftzeichen. Die Betreffzeile des Beitrags bestand aus vier Wörtern in fetten Großbuchstaben:

43

EIN AUFRUF ZU GERECHTIGKEIT

Diese Welt wird von befleckten Seelen bewohnt. Die Polizei sollte das Werkzeug sein, mit dem die Gesellschaft gereinigt wird, aber die Polizei ist schwach. Menschen begehen Verbrechen, die aber viel zu oft nicht in den Zuständigkeitsbereich der Polizei fallen. Oder die Polizei ist nicht in der Lage, ausreichend Beweise für eine Verurteilung zu finden. Zu häufig sind Missetäter in der Lage, sich ihrer gerechten Strafe durch Bestechung zu entziehen.

Die Gesellschaft braucht eine andere Art von Gerechtigkeit.

Ich werde Gerechtigkeit herstellen.

Ich werde die Welt vom Bösen befreien.

Nur ist die Liste der Missetäter noch nicht geschrieben.

Ihr habt die Chance, sie zu schreiben.

Sagt mir, wer es verdient hat, auf dieser Liste zu stehen.

Sagt mir, wer es nicht verdient hat, länger auf dieser Erde zu leben.

Sagt mir, wer sich dem Einfluss der Polizei entzogen hat.

Nennt mir ihre Namen.

Erzählt mir, was sie getan haben.

Ich werde über sie richten.

Euch bleiben zwei Wochen, dann werde ich die endgültige Fassung meiner Liste veröffentlichen.

»Es könnte sich schlicht um einen blöden Streich handeln.«
Han schüttelte unentschlossen den Kopf. »Solche Sachen
liest man im Internet doch ständig.«

»Einen Streich?« Pei stieß ein bitteres Lachen aus und
beugte sich sichtlich empört über Hans Schreibtisch. »Das
ist doch ungeheuerlich! Zheng hat wegen dieser Sache sein
Leben verloren. Und er war auch nicht der Erste, der deswegen gestorben ist. Vor achtzehn Jahren ...«

Han hakte sofort nach: »Was ist vor achtzehn Jahren passiert?«

Pei richtete sich auf und schüttelte den Kopf. »Ich kann
nicht.«

Han schlug mit der flachen Hand auf seinen Schreibtisch
und starrte Pei an.

»Das ist alles unter Verschluss«, sagte Pei mit ernster
Miene.

»Sie können mir wirklich gar nichts darüber sagen?«

»Vor achtzehn Jahren gab es hier in Chengdu eine Ermittlung. Die Hintergründe dieses Falls waren derart verstörend, dass man ihn auf höchster Ebene zur Geheimsache
erklärt hat, um keine Panik zu verbreiten.

Alle Ermittlungen in diesem Fall sind im Geheimen
durchgeführt worden, und zwar von einer Sondereinsatzgruppe, die genau für diesen speziellen Fall zusammen-
gestellt wurde. Nur haben sie die Ermittlungen nie abgeschlossen.« Pei maß Han mit einem widerwilligen Blick.
»Tut mir leid, aber mehr kann ich darüber im Moment
nicht sagen.«

»Der Fall ist unter Verschluss, aber trotzdem scheinen
Ihnen sämtliche Details vorzuliegen.«

In Peis Augenwinkel zuckte es. Die Aussage schien einen

Nerv getroffen zu haben. Seine Stimme klang jetzt fast wie ein Knurren.

»Ist das so schwer zu begreifen? Ich war ... involviert. Dieser Fall war der Grund dafür, dass meine Karriere in die Brüche gegangen ist. Ich wurde von einem der Mitglieder dieser Einsatzgruppe verhört. Von Kommissar Zheng.«

Der Hauptmann riss die Augen auf. Endlich fügten sich die Fakten zu einem schlüssigen Bild. Ursache und Wirkung.

Pei Tao war von Anfang an in diesen Fall verstrickt gewesen. Achtzehn Jahre nach der ursprünglichen Untersuchung hatte er einen seltsamen Brief bekommen und war nach Chengdu zurückgekehrt. Dann hatte man Zheng ermordet. Ein neues Kapitel der alten Tragödie hatte begonnen.

Aber was genau hatte Zheng vor so vielen Jahren untersucht?

Als Han Pei endlich wieder ansah, war sein Gesichtsausdruck unergründlich. Er gab sich Mühe, so gelassen wie möglich zu wirken. »Wenn Sie mir nichts darüber verraten können, warum sind Sie dann hier?«

Pei starrte dem Hauptmann fest in die Augen und wählte seine Worte mit Bedacht. »Um Sie dringend darum zu bitten, auf der Stelle ein Gesuch an Ihre Vorgesetzten zu stellen. Ich bin hergekommen, damit Sie den Fall freigeben lassen und die Einsatzgruppe 18/4 wieder ins Leben rufen!«

KAPITEL ZWEI

EINE ACHTZEHN JAHRE ALTE TRAGÖDIE

21. OKTOBER, 16 : 00 UHR
HAUPTQUARTIER DER KRIMINALPOLIZEI VON CHENGDU,
KONFERENZZIMMER

Mit einem schweren Seufzer stützte Hauptmann Han die Hände auf den dicken Aktenstapel, der vor ihm auf dem Konferenztisch lag. Vor zwei Stunden hatte er sich ins Archiv seiner Abteilung begeben, mit dem einzigen Ziel, eine Freigabe für die achtzehn Jahre alten Dokumente zu erwirken. Erst nachdem er die Akten quergelesen und sich mit der Geschichte des Falls vertraut gemacht hatte, war ihm endgültig klar, mit was für einem unbarmherzigen und furchterregenden Gegner er es hier zu tun hatte.

Zum Glück würde er sich diesem Kontrahenten nicht allein stellen müssen. Rings um den langen Konferenztisch in Eichenoptik saßen die frisch erwählten Mitglieder der Einsatzgruppe, die nach fast zwei Jahrzehnten neu gebildet worden war.

Am gegenüberliegenden Kopfende saß Pei Tao. Nachdem sein Blick lange auf diesen Akten geruht hatte, wirkten seine Augen jetzt glasig, als könnte er sich nicht entscheiden, welche Gefühlsregung die richtige sei ... Schuld, Wut oder Angst.

Er würde nie vergessen, was vor achtzehn Jahren passiert war. Die einzige Chance, der Vergangenheit zu entkommen, bestand darin, diesen blutrünstigen Irren zu schnappen und den Zyklus des Todes zu durchbrechen.

Neben Han saß sein Assistent Yin Jian. Yin betrachtete Pei mit unverhohlener Neugier. Den Neuankömmling aus Longzhou schien eine geheimnisvolle Aura zu umgeben, die Yin zutiefst faszinierte. Seine Gedanken wurden von Fragen durchlöchert: Wer genau war dieser Pei Tao? Was war ihm vor all den Jahren zugestoßen? Warum war er jetzt nach Chengdu zurückgekommen?

Am Tisch saß noch ein anderer junger Mann, dessen Gesichtsausdruck die exakte Antithese zu dem Yins bildete. Er sah viel jünger aus als die restlichen Kollegen und war dürr, fast ausgemergelt. Er trug eine Brille und hielt den Kopf in eine Hand gestützt. Seine Aufmerksamkeit, falls man davon überhaupt sprechen konnte, schien gänzlich auf den Kugelschreiber gerichtet zu sein, den er gekonnt zwischen seinen Fingern tanzen ließ. Die übrigen Anwesenden im Raum schienen ihn nicht zu interessieren, er hatte nur ein paar Male kurz den Kopf gehoben und einen Blick in die Runde geworfen. In diesen wenigen Sekunden aber blitzte entfesselter Scharfsinn in seinen Augen auf. Ohne seine himmelblaue Uniform wäre der Rest der Belegschaft nie darauf gekommen, dass es sich um einen Polizisten und Kollegen handelte.

Neben dem jungen Mann saß ein dunkelhäutiger, stämmiger Beamter. Er sah aus wie Mitte dreißig, hatte eine

Körperhaltung wie ein Stahlträger, sein Blick verströmte Autorität. Er schaute auf die Armbanduhr und verkündete in ausdruckslosem Tonfall:»Es ist so weit, Hauptmann. Fangen wir an.«

Han tippte ungeduldig mit dem Finger auf die Akten.»Es fehlt immer noch eine Person.«

Der Platz zwischen Pei und dem jungen Mann mit dem wirbelnden Stift war in der Tat leer.

»In so einer Situation sollte Disziplin oberste Priorität haben«, gab der stämmige Beamte hörbar irritiert zurück. Er sah Han direkt an und erhob die Stimme.»Wie sollen wir diesem Mörder das Handwerk legen, wenn wir nicht konsequent an einem Strang ziehen?«

»Wir fangen erst an, wenn die Gruppe hier vollzählig sitzt.« Han sprach leise, aber sein Tonfall duldete keinen Widerspruch. Der muskulöse Beamte wandte den Blick ab und schwieg.

»Es gibt keinen Grund zu warten«, sagte jemand von draußen.»Ich bin schon seit einer Weile hier.«

Eine schlanke Frau marschierte zur Tür herein und bot auf der Stelle einen herben Kontrast zu der geballten Männlichkeit, die wie eine Wolke im Raum hing. Selbst Pei riss sich von seinen Gedanken los und hob überrascht den Kopf.

Sie war eine echte Schönheit aus dem Süden, mit großen Augen, elegant geschwungenen Lippen und feiner Nase. Das pechschwarz glänzende Haar hob sich beeindruckend von ihrer blassen Haut ab. Und obwohl die zarten Gesichtszüge nur schwer auf ihr Alter schließen ließen, strahlte sie aufrichtige, professionelle Intelligenz aus.

Han kniff die Augen zusammen.»Sie sind wohl Frau Mu?«

Die Dame nickte. »Ganz recht.« Ihre Lippen öffneten sich zu einem Lächeln, dann wandte sie sich an die übrigen Anwesenden. »Ich heiße Mu Jianyun und bin Dozentin für Kriminalpsychologie an der Provinzakademie.«

Han grinste spöttisch – *Mu Jianyun*. Als seine Vorgesetzten im Provinzhauptquartier einen Experten für Kriminalpsychologie vorgeschlagen hatten, hätte er sich nicht träumen lassen, sie könnten ihm eine Frau schicken.

»Warum sind Sie jetzt erst reingekommen?«, fragte der muskulöse Beamte, der sowohl gereizt als auch verblüfft klang.

»Ich habe Sie von da drüben aus beobachtet«, gab Mu zurück und zeigte auf ein Fenster, das hoch oben in eine Wand des Konferenzzimmers eingelassen war. »Als der Hauptmann erwähnt hat, ein Mitglied des Teams sei noch nicht eingetroffen, haben Sie alle auf unterschiedliche – und sehr bezeichnende – Weise reagiert.«

Der Beamte atmete langsam durch die Nase aus. Die Vorstellung, beobachtet worden zu sein, war ihm offenkundig unangenehm.

Mu setzte sich auf den leeren Stuhl zwischen Pei und dem jungen Mann mit der Brille. Letzterer starrte sie noch immer an; er hatte sie nicht aus den Augen gelassen, seit sie den Raum betreten hatte. Er räusperte sich. »Wollen Sie uns dann nicht an dem teilhaben lassen, was Sie über uns herausgefunden haben, Frau Mu?«, fragte er und schmunzelte.

»Man muss kein Profi sein«, sagte Mu und wandte sich direkt an ihn, »um zu erkennen, dass Sie von allen Anwesenden am wenigsten begeistert von Ihrer Arbeit sind. Aber da Sie jeden Tag damit verbringen, mit einem endlosen

Strom aus Nullen und Einsen zu kommunizieren, ist es vollkommen verständlich, dass Sie ein gewisses Maß an Langeweile verspüren. Die Einsamkeit in einem Job wie Ihrem kann von Zeit zu Zeit erdrückend werden. Sie mag sogar Auswirkungen auf die Persönlichkeit haben. Zum Beispiel könnte Ihnen die Begegnung mit einer Frau, die Sie noch nicht kennen, einen gewissen Nervenkitzel verpassen, weil es ein solches Novum darstellt. Ich hoffe inständig, dass Sie dieses Gefühl dazu veranlassen wird, Ihre Arbeit mit dem nötigen Einsatz und der gebotenen Professionalität anzugehen. Eine Sache möchte ich allerdings nachdrücklich klarstellen – und das gilt für Sie alle: Unsere Beziehung hier ist rein professioneller Natur und wird das auch bleiben. Selbst wenn Sie dank Ihrer Fähigkeiten im Umgang mit Computern so etwas wie eine Legende in Polizeikreisen geworden sind, Zeng Rihua.«

Der junge Mann verzog verlegen das Gesicht. »Ich fühle mich schlicht geehrt, dass mein Ruf bis ins Ohr einer so schönen Frau vorgedrungen ist.«

Mu lächelte. Statt die kleine Debatte mit Zeng fortzusetzen, richtete sie ihre Aufmerksamkeit auf den muskulösen Beamten, der ihr gegenübersaß. Obwohl keine Feindseligkeit von ihr ausging, wand sich der Mann unter ihrem Blick. Er betrachtete die Tischplatte.

»Xiong Yuan, Hauptmann der Spezialeinheit SEP, nehme ich an?« Mu machte eine Pause. Der Mann reagierte nicht.

»Sie brillieren im Ausführen von Befehlen und haben einen überaus beruhigenden Einfluss auf die Menschen, mit denen Sie zusammenarbeiten.«

Xiong hob den Kopf. Sein Gesicht nahm einen versöhnlichen Ausdruck an.

»Und was Sie angeht, Hauptmann Han ...« Mu sah ihn an und schien sich die passenden Worte zurechtzulegen. »Sie sind äußerst entschlussfreudig – ein notwendiger Charakterzug für eine Führungskraft. Sobald Sie eine Entscheidung gefällt haben, lassen Sie sich nur selten von anderer Leute Vorschlägen beeinflussen. Das hat seine Vor- und Nachteile.« Sie bedachte Yin mit einem knappen Blick. »Trotzdem ist Ihr Assistent voller Neugier und Forscherdrang. Er kann Sie mit einer breiten Palette zusätzlicher Informationen versorgen. In dieser Hinsicht ergänzt er Sie hervorragend.«

Han grunzte unverbindlich. Mus Analyse eines bestimmten Anwesenden interessierte ihn weit mehr als der Rest. »Drei erledigt, fehlt noch einer, Frau Mu«, erinnerte er die Dozentin.

»Hauptmann Pei?« Mu lächelte. »Ihn scheint etwas Bestimmtes zu stören. Etwas, das mit den Akten zu tun hat, die Sie vor sich liegen haben. Ich lese Trauer aus seinem Blick. Vermischt mit Wut und, entschuldigen Sie meine Direktheit, unbändiger Furcht.«

Neugier bemächtigte sich der Anwesenden, alle Blicke richteten sich auf den Hauptmann aus Longzhou.

Pei gelang es nicht, seine Überraschung zu verbergen. Zugegeben, Mus Analyse der restlichen Teammitglieder war präzise ausgefallen, allerdings auch gestützt auf die Beobachtung ihrer Worte und Taten. Beeindruckend, aber nicht tiefgründig. Bei ihm aber hatte sie die tiefsten Gefühle nur an seinem Gesichtsausdruck abgelesen.

Pei hielt seinen Blick geradeaus gerichtet und blinzelte nicht. Er starrte Mu aufmerksam an, bis sie sich grazil abwandte.

»Das reicht«, sagte Xiong Yuan laut.»Kommen wir endlich zur Sache.«

Han nickte.»Hiermit ist die Besprechung offiziell eröffnet. Sie alle sind hier, weil Sie entsprechende Anweisungen von Ihren Vorgesetzten bekommen haben, also will ich keine Zeit mit hohlem Gerede vertrödeln. Die Einsatzgruppe 18/4 ist neu gebildet worden. Sie setzt sich ausschließlich aus den Anwesenden in diesem Raum zusammen. Meine Aufgabe besteht in der Leitung dieser Einsatzgruppe. Bis hierhin irgendwelche Fragen?«

Zeng zog sich den Kugelschreiber durch die struppigen Haare und blinzelte mit gekünstelter Überraschung den überdimensionalen Kalender an, der die halbe Wand ausfüllte.»Sollte es nicht Einsatzgruppe 21/10 heißen?«

Xiong und Mu rümpften ihre Nasen in Richtung Han. Beide sahen verwirrt aus.

»Neu gebildet?«, murmelte Xiong.

Han hob die Hand, woraufhin vollkommenes Schweigen herrschte.

»Wir alle wurden aufgefordert, den Mord an Kommissar Zheng zu untersuchen. Vor Kurzem sind allerdings bedenkliche Informationen ans Licht gekommen. Es ist nämlich nicht das erste Mal, dass ein Polizeibeamter dieser Stadt auf diese Weise umgebracht wurde.«

Han sprach leise und bedachte Yin mit einem knappen Blick zur Seite. Yin drückte eine Taste auf seinem Laptop.

Der Projektor unter der Decke blitzte auf und warf die Vergrößerung eines alten Fotos auf die Leinwand. Ein ausnehmend hässlich möbliertes Zimmer war zu sehen, und obwohl Tapete und Sofa offenbar mit der Zeit verblasst waren, ließ der Anblick der scharlachroten Blutlachen

Mu leise schaudern. Ein männlicher Körper lag mit dem Gesicht nach unten auf dem Boden.

»Dieser Mord ist am achtzehnten April 1984 begangen worden«, fuhr Han fort. »Das Opfer hieß Xue Dalin. Männlich, einundvierzig Jahre alt. Außerdem war er zu der Zeit stellvertretender Polizeichef von Chengdu.«

Mu betrachtete ihn aufmerksam, aber Peis Gesichtsausdruck blieb völlig ausdruckslos. Alle anderen wirkten schockiert. Was sie ihnen schwer verübeln konnte, ging es ihr doch genauso. Obwohl sie ihr ganzes Leben in Sichuan verbracht hatte, hörte sie das erste Mal von diesem Mord. Hatte die Stadtverwaltung tatsächlich den Tod eines ihrer ranghöchsten Polizeibeamten vertuscht?

»Hier sehen Sie den Tatort. Das Opfer wurde im eigenen Wohnzimmer getötet. Mehrere Messerstiche an verschiedenen Stellen des Körpers. Todesursache war diese Wunde hier. Seine Halsschlagader wurde aufgeschlitzt. Kurz darauf ist er verblutet. Die Ehefrau des Opfers war an dem Tag geschäftlich verreist. Das einzige Kind, eine Tochter, wohnte im Internat. Das Opfer war also allein. Am Tatort wurden weder Finger- noch Fußabdrücke gefunden. Die damalige Untersuchung konnte nur einen einzigen Hinweis auftun: dieses Stück Papier.«

Während seiner Ausführungen wanderten weitere Bilder vom Tatort über die Leinwand, zuletzt das Foto eines Notizzettels. Das ganze Team starrte die akribisch saubere Handschrift an, in der geschrieben stand:

TODESANZEIGE

DER ANGEKLAGTE: Xue Dalin
VERBRECHEN: Pflichtvernachlässigung, Entgegen-
nahme von Bestechungsgeldern, geheime Absprachen
mit kriminellen Organisationen
DATUM DER URTEILSVOLLSTRECKUNG: 18. April
HENKER: Eumenides

Jedes Schriftzeichen war ein Musterstück professioneller Kalligrafie. Auf den ersten Blick war die Handschrift nicht von gedrucktem Text zu unterscheiden.

»Ist das ...« Mu stockte eine halbe Sekunde. »Ist das vom Mörder hinterlassen worden?«

Han reagierte nicht, sondern verlas weitere Details aus den vorliegenden Akten. »Die Beamten, die als Erste am Tatort eintrafen, haben diesen Zettel auf dem Schreibtisch des Opfers gefunden. Er war an eine Postkarte mit anonymem Absender geheftet, die zwei Tage vor dem Mord zugestellt wurde.«

»Der achtzehnte April«, raunte Zeng. »Das erklärt offenkundig den Namen unserer Einsatzgruppe. Wie kann es sein, dass ich noch nie etwas von diesem Fall gehört habe?« Er sah die Kollegen der Reihe nach an. Alle wirkten genauso verwundert wie er – bis auf Pei, der verbittert den Kopf schüttelte.

»Ich habe auch gerade eben das erste Mal davon gehört«, sagte Han. »Sämtliche Informationen über diesen Fall sind nach dem Mord an Xue fast augenblicklich als geheim eingestuft worden. Der Bürgermeister und der Polizeichef hatten Angst, die Nachricht von der Ermordung des stellvertretenden Polizeichefs könnte eine Panik verursachen. Also hat die damalige Einsatzgruppe verdeckt ermittelt. Und ein Mitglied dieser Einsatzgruppe war Kommissar Zheng Haoming.«

Wieder fiel Mu auf, dass Peis Reaktion das komplette Gegenteil zur Reaktion der anderen darstellte. Der Rest des Teams wirkte sichtlich beunruhigt, als die Verbindung zwischen den beiden Polizistenmorden trotz der achtzehn Jahre, die dazwischen lagen, ans Licht kam. Pei hingegen blieb vollkommen reglos.

»Sie haben den Fall nie aufgeklärt? Das hat man dann davon, wenn man unbedingt verdeckt ermitteln will.« Zeng schnaubte verächtlich. »Wieso war die Abteilung dermaßen paranoid?«

Han sah ihn finster an und holte tief Luft. »So einfach ist das nicht«, sagte der Hauptmann leise. »Es gab noch weitere Opfer. Yin, bitte.«

Ein neues Foto erschien auf der Leinwand. Zu sehen war ein großes, heruntergekommenes Gebäude, das augenscheinlich halb ausgebrannt war. Der zerstörte Bereich war geschwärzt und verkohlt. Pei, der die ganze Besprechung über Ruhe bewahrt hatte, zuckte plötzlich zusammen, als hätte er einen Stromschlag abbekommen.

»Wo ist das?«, fragte Zeng, redselig wie immer. »Und wo sind die erwähnten Opfer, Hauptmann?«

»Die Opfer? Hier, und hier.« Han markierte mit dem Laserpointer verschiedene Gebäudeteile. »Und hier drüben.«

Pei ballte die Fäuste, bis sich die Adern deutlich von seinen Handrücken abhoben. Die anderen betrachteten das Foto, aber es war zu schlecht ausgeleuchtet, als dass man viele Einzelheiten hätte erkennen können.

»Kommen wir zu den Nahaufnahmen«, sagte Han zu Yin. Yin nickte und drückte eine Taste der kleinen Fernbedienung in seiner Hand. Die Nahaufnahmen der Gebäudeteile, die Han eben markiert hatte, erschienen auf der Leinwand. Sofort wurde es still im Raum. Selbst Zeng hielt den Atem an. Endlich konnte das Team die sterblichen Überreste der Opfer einwandfrei erkennen.

»Überreste« trifft es aber eigentlich nicht, dachte Zeng entsetzt. *»Hackfleisch« wäre eine wesentlich passendere Beschreibung. Angebranntes, um genau zu sein.* Er konnte im Prinzip nur raten, welcher verkohlte Körperteil ein Bein oder Arm oder ein Stück vom Schädel sein sollte.

Es war ein grauenvolles Gemetzel. Han wandte den Blick ab und ertappte sich dabei, wie er Pei beobachtete und sich fragte, was für Erinnerungen ihn wohl gerade heimsuchen mochten.

Hauptmann Pei aber hielt den Blick starr auf die schrecklichen Bilder gerichtet. Er war wie gebannt. Die eisige Trauer in seiner Brust taute langsam auf, verwandelte sich in lodernden Zorn.

Schließlich brach Han das Schweigen.

»Was Sie hier sehen, ist ein weiterer Tatort aus demselben Fall von 1984. Damals war es die leer stehende Lagerhalle einer Chemiefabrik am Stadtrand. Am Nachmittag des achtzehnten April – kurz nach dem Mord am stellvertretenden Polizeichef Xue – kam es in dieser Lagerhalle zu einer Explosion. Die unverarbeiteten Chemikalien, die hier gelagert wurden, haben sich entzündet und zwei Menschen das Leben gekostet, ein dritter hat schwerste Verbrennungen davongetragen. Die nachfolgende Untersuchung ergab, dass die beiden Todesopfer Studenten der Polizeiakademie von Sichuan waren. Bei dem Schwerverletzten handelte es sich um einen obdachlosen Schrottsammler.«

Yin nestelte an der Fernbedienung herum, dann erfüllte die Halbnahaufnahme eines stattlichen jungen Mannes die Leinwand. Mu erkannte das makellos himmelblaue Hemd der Studenten ihrer Akademie und an der Brust etwas, das aussah wie die Medaille für den Jahrgangsbesten, auch wenn das Design etwas klobiger wirkte als das, was mittlerweile benutzt wurde. Der junge Mann lächelte fröhlich und machte einen selbstbewussten Eindruck.

»Yuan Zhibang, eins der beiden Todesopfer. Er war Teil der Abschlussklasse von 84, kurz vor seinem Master in Strafrechtliche Ermittlung.« Han wandte sich jetzt direkt an Pei. Die anderen, die alle einen kurzen Einblick in Peis Vorgeschichte bekommen hatten, folgten seinem Blick.

Pei holte tief Luft. »Ich habe mit ihm in einem Zimmer gewohnt«, sagte er heiser. »Er war mein bester Freund.«

»Das steht so auch hier in den Akten«, sagte Han. Er winkte Yin, der das nächste Foto aufrief.

Es zeigte eine attraktive junge Frau in Akademieuniform. Ihre langen Haare waren zu einem strengen Pferdeschwanz zurückgebunden. Selbst auf diesem alten Foto leuchteten ihre Augen hell.

Pei spürte ein Kribbeln im Rachen, als stecke dort etwas fest. Mit leerem Blick starrte er das Abbild der jungen Frau an.

»Meng Yun, das zweite Opfer der Explosion. Master in Kriminalpsychologie und ebenfalls Teil der Abschlussklasse von 84. Den vorliegenden Informationen zufolge war ihre Beziehung zu Hauptmann Pei alles andere als platonisch.« Han legte eine kurze Pause ein. »Um es unverblümt zu formulieren: Die Verstorbene unterhielt zum Zeitpunkt ihres Todes eine Beziehung mit Hauptmann Pei.«

Die Worte trafen Pei mitten ins Herz. Er schloss die Augen, als könnte ihn das von den schmerzvollen Erinnerungen abschirmen.

Die Luft im Konferenzzimmer schien auf einmal wie elektrisiert.

Xiong vermied es offenbar aus Anstand, dem Neuankömmling aus Longzhou in die Augen zu schauen, Zeng hingegen starrte ihn mit unverfrorener Neugier an. Mu warf ihm nur einen schnellen Blick zu, ehe sie sich wieder auf die Leinwand konzentrierte. Sie schien sich sehr für diese junge Frau zu interessieren, die man in der Blüte ihrer Jugend aus dem Leben gerissen hatte.

Zeng wurde ungeduldig und wandte sich Han zu.

»Und? Was hat die Explosion verursacht?«

»Wir haben dazu ein paar Informationen«, sagte der Hauptmann, »aber der Großteil davon stammt aus Angaben von Hauptmann Pei. Statt sie also vorzulesen, würde ich lieber ihren Verfasser bitten, uns von dem Vorfall zu berichten. Das sollte uns einen besseren Überblick verschaffen als meine persönlichen Vermutungen. Würden Sie dem zustimmen, Hauptmann?«

Hans letzter Satz mochte als Frage formuliert gewesen sein, stellte aber unmissverständlich eine Anweisung dar.

Pei verschränkte die Finger, bedeckte die Augen und massierte sich mit langsamen, kräftigen Bewegungen die Schläfen. Achtzehn lange Jahre hatte es gedauert, aber endlich saß er wieder der zuständigen Einsatzgruppe gegenüber. Diesmal allerdings nicht bloß als Zeuge. Er war endlich Teil der Ermittlung.

Selbst nach all den Jahren erinnerte er sich, als wäre es gestern gewesen. Als er die Hände sinken ließ, war ein lebhaftes Funkeln in seinen Blick zurückgekehrt. Er war bereit, seine Geschichte zu erzählen.

»Im Frühjahr 1984 stand ich kurz davor, die Polizeiakademie ein paar Wochen später mit einem Master in Strafrechtliche Ermittlungen zu verlassen. Zu dem Zeitpunkt hatten alle in unserer Klasse schon angefangen, mit der Polizei hier in Chengdu zu trainieren. Wir waren begeistert von der Aussicht, bald richtige Polizeiarbeit erledigen zu dürfen, und viele von uns waren begierig festzustellen, welche beruflichen Möglichkeiten uns der Abschluss der Akademie eröffnen würde.« Pei legte eine Pause ein, um Atem zu schöpfen.

»Der achtzehnte April war ein Mittwoch. Ich war an diesem Nachmittag auf der örtlichen Wache, um ein paar zusätzliche Trainingseinheiten zu absolvieren. Mein Mitbewohner Yuan hatte den Campus schon morgens verlassen – er sagte, er habe ein Date mit einer Brieffreundin. Die ganze Nummer klang recht drollig, aber ich wusste, wie weit Yuan manchmal ging, um sich ein Rendezvous zu organisieren. Außerdem war ich im Kopf eher mit dem Abendessen beschäftigt, das Meng und ich für diesen Tag ausgemacht hatten. Sie hatte einen Schlüssel für unser Zimmer im Wohnheim, wollte vor mir da sein und auf mich warten. Als ich gegen drei Uhr zurückkehrte, war die Tür aufgeschlossen und Meng nicht da. Sie hatte ganz in der Nähe vom Eingang einen Zettel hinterlassen, wo ich ihn nicht übersehen würde.«

»Diesen Zettel?« Han hielt einen kleinen Asservatenbeutel hoch, in dem sich ein Stück Papier befand. Als Pei nickte, las der Hauptmann laut vor:»Meld dich so schnell wie möglich über Funk bei mir.«

»Telefone waren damals noch nicht so verbreitet wie heute, von Pagern und Handys ganz zu schweigen«, fuhr Pei fort. »Mit Funkgeräten kannte ich mich aber ganz gut aus. Ich hatte einen Sendeempfänger eingerichtet und zwei Geräte damit verbunden. Das Signal hatte eine Reichweite von etwas unter zehn Kilometern, also konnten Meng und ich sie normalerweise als eine Art Walkie-Talkie benutzen, um in Verbindung zu bleiben. Ich hatte meins aber nicht zur Wache mitgenommen und machte mir jetzt Sorgen, es könnte einen Notfall geben, weshalb Meng mich so dringend sprechen wollte. Ohne eine Sekunde zu verlieren, schnappte ich mir mein Funkgerät und ging auf unsere Frequenz. Aber ich konnte sie nicht erreichen.«

»Wieso nicht?«, fragte Han.

Pei schüttelte langsam den Kopf. »Das ganze Zeug war ziemlich antik und das Signal oft nicht besonders verlässlich. Es gab immer wieder Probleme – Verbindungsabbrüche oder Störgeräusche oder andere Leute auf der gleichen Frequenz. Ich hatte keine große Wahl, also setzte ich mich hin und wollte warten, bis sie sich meldete. In dem Moment habe ich einen zweiten Brief entdeckt, der auf dem Schreibtisch lag. Irgendwer hatte ihn bereits aufgemacht.«

Yin drückte einen Knopf. Eine Großaufnahme des Briefs füllte die Leinwand aus.

»Ja, das ist er.«

Die Schriftzeichen waren allen im Raum bekannt. Wie der Brief, den man gestern in Zhengs Wohnung gefunden hatte, bestand auch dieser aus mehreren Zeilen in makelloser Handschrift.

»Noch eine Todesanzeige?«, murmelte Zeng ungläubig.

»Wie haben Sie auf den Fund dieses Briefs reagiert?«, fragte Han. »Wussten Sie da schon, dass der stellvertretende Polizeichef Xue Dalin am selben Morgen ermordet worden war?«

»Nein. Von dem Mord wusste ich nichts«, sagte Pei und stockte. »Aber dieser Drohbrief und Mengs unerwartete Abwesenheit haben eine unheilvolle Vorahnung ausgelöst.«

»Trotzdem haben Sie nichts unternommen«, bemerkte Han, während er in den Akten blätterte. »Sie haben in Ihrem Zimmer gesessen und darauf gewartet, Meng erreichen zu können. Diesem Bericht zufolge haben sie eine halbe Stunde gewartet.«

Pei nickte zögerlich.

»Dreißig Minuten, in denen Sie sich nicht mit der Polizei in Verbindung gesetzt haben. Dreißig Minuten, trotz Ihrer angeblichen ›unheilvollen Vorahnung‹.«

»Ich hielt es nicht für wichtig genug, um die Polizei zu verständigen.«

Pei hatte nicht unrecht, dachte Mu. Wenn er von dem Mord an Xue nichts gewusst hatte, war ihm der anonyme

Brief wahrscheinlich wie ein dummer Scherz vorgekommen. Ein finsterer zweifellos, aber trotzdem ein Scherz.

»Verstehe«, sagte Han. »Erzählen Sie uns, was passiert ist, nachdem Sie den Brief gefunden haben.«

»Ich habe das Funkgerät eingeschaltet gelassen und gewartet. Nach einer knappen halben Stunde war die Verbindung wieder da. Ich habe ihre Stimme gehört.«

»Was hat Meng Yun gesagt?«

Pei schloss die Augen und legte die Stirn in Falten. Einen Moment lang blieb er stumm. »Sie klang verängstigt. Sie hat gesagt, sie sei bei Yuan, der in einem verlassenen Lagerhaus gefangen sitze. Jemand habe ihn mit Handschellen an den Fußboden gefesselt und ihm eine Zeitbombe am Brustkorb befestigt.«

Mu unterbrach ihn. »Wieso war sie bei ihm?«

»Ich glaube, Meng ist in mein Zimmer gekommen und hat die anonyme Todesanzeige gefunden. Sie hat sich Sorgen gemacht und ist los, um ihm zu helfen.«

»Sie glauben?« Seine Antwort schien Mu nicht auszureichen. »Hat Meng Ihnen das so gesagt, oder vermuten Sie das?«

»Ich vermute es.«

»In was für einer Beziehung standen Meng und Yuan?«, hakte sie nach.

Pei antwortete nicht.

»Lassen Sie mich das genauer formulieren. Wer stand Yuan näher: Sie oder Meng?«

»Ich natürlich. Yuan war mein bester Freund. Meng kannte ihn nur über mich.«

»Warum ist sie dann losgezogen, um nach ihm zu suchen? Sie haben beide denselben Brief gelesen, aber Sie –

Yuans bester Freund, wie Sie gerade noch einmal betont haben – sind in Ihrem Zimmer geblieben. Das kommt mir seltsam vor.«

Mu sah Pei fest in die Augen und wartete auf seine Erklärung. Pei starrte sie mit leerem Blick an, als hätte ihn die Frage unvorbereitet getroffen.

»Ich ... ich weiß es nicht. Vielleicht war es Intuition – vielleicht hat sie unterbewusst gespürt, dass ihm tatsächlich Gefahr droht.«

Mu verzog das Gesicht. »Warum hat sie dann nicht die Polizei verständigt?«

»Weiß ich nicht«, sagte Pei, vermied es aber, ihr in die Augen zu schauen.

»Und wie hat sie Yuan gefunden?«

Pei schüttelte den Kopf. Ein trauriges, widerstrebendes Lächeln huschte über sein Gesicht, ehe er abermals die gleiche Antwort gab. »Ich weiß es nicht.«

»Sie haben sie nicht gefragt? Das sind alles sehr naheliegende Fragen.«

»Gut möglich, dass Hauptmann Pei nicht genug Zeit hatte, um sie zu stellen«, brach Han sein Schweigen. »Laut diesem Bericht hier stand der Timer der Zeitbombe auf drei Minuten, als Meng endlich mit Pei Kontakt aufgenommen hat. Stimmt das?«

»Ja«, sagte Pei leise. »Wir hatten nur noch Zeit zu diskutieren, wie die Bombe vielleicht entschärft werden kann.«

»Was für eine Bombe war das?«, fragte Xiong. Seine große Erfahrung als Sprengmeister war in der Abteilung wohlbekannt.

»Ich habe sie nicht gesehen«, sagte Pei, »aber ich vermute, Hauptmann Hans Aktenstapel enthält ausreichend detaillierte Angaben, um Ihnen die Frage zu beantworten.«

Han blätterte eine Zeit lang, zog schließlich eine dünne Dokumententasche hervor und reichte sie dem SEP-Hauptmann. Xiong entnahm mehrere Seiten und begann, konzentriert zu lesen.

»Ich habe aus dem kurzen Gespräch mit Meng nur einen vagen Eindruck von der Situation bekommen«, fuhr Pei fort. »Yuan saß in der Lagerhalle und war mit Handschellen an ein Eisenrohr gefesselt. Die Bombe war auf irgendeine Weise mit den Handschellen verdrahtet. Sie konnte ihn also weder von den Handschellen noch von der Bombe befreien, ohne eine Explosion zu riskieren.«

»Also blieb ihnen nichts anderes übrig, als zu versuchen, die Bombe zu entschärfen«, sagte Xiong und nickte. »Hatten Meng oder Yuan irgendwelche Vorkenntnisse in Bombenräumung?«

»Yuan und ich hatten beide einen entsprechenden Kurs belegt. Als Meng mich endlich per Walkie-Talkie anrief, hatte Yuan ihr schon gezeigt, wie die Verschalung der Bombe zu lösen war. Sie musste nur noch den Auslösedraht entfernen, der mit dem Timer verbunden war.«

Xiong runzelte die Stirn. »Hier steht, die Bombe hatte zusätzlich einen Blinddraht installiert?«

»So ist es. Meng hat gesagt, dass da zwei Drähte sind. Ein roter und ein blauer, ineinander verdreht, die beide in einen verschweißten Schaltkasten führten.«

»Meng und Yuan hatten keine Möglichkeit, den echten Auslöser vom falschen zu unterscheiden«, sagte Xiong.

»Mannomann, warum nicht gleich alle Regenbogenfarben benutzen?« Zengs Kichern wollte so gar nicht zur trübseligen Atmosphäre im Raum passen. »Trotzdem ein faszinierendes Dilemma. Wie Binärcode. Eins oder Null. Leben oder Tod. Eine unmögliche Wahl. Ich persönlich hätte mich ja für Rot entschieden. Das ist meine Lieblingsfarbe. Wer noch?«

Der Rest des Teams sah den jungen Offizier mit vereinter Entgeisterung an. Han schien innerlich zu kochen. Pei starrte ausdruckslos geradeaus. Einmal mehr waren seine Ohren von dem unvergesslichen statischen Rauschen erfüllt.

*

Es klang fast, als würde jemand sein Trommelfell mit einer Metallfeile bearbeiten. Durch Lärm und Chaos verebbte ihre Stimme, schwoll wieder an. Dieser Augenblick würde sich für immer in sein Gedächtnis brennen.

Meng. Sie war der tapferste Mensch, den er je kennengelernt hatte. Trotzdem klang ihre Stimme in diesem entsetzlichen Moment grotesk und halb erstickt vom Schluchzen, vor nackter Panik zu einer heiseren, weinerlichen Parodie ihrer selbst verkümmert.

»Bitte, sag schon, Pei! Welcher Draht? Rot oder Blau? Sag es mir doch endlich!«

»Ich weiß es nicht ...«, sagte Pei verzagt.

»Wir haben keine Zeit mehr!«

»Es bringt nichts, ihn zu fragen!« Yuans Stimme verwob sich mit dem Rauschen, angespannt und doch hilflos. »Deine Chancen stehen so oder so fünfzig-fünfzig!«

»Pei, nur noch eine Minute!«

»Meng«, schrie Yuan dazwischen, »lass mich hier sitzen! Renn endlich, solange du noch kannst!«

»Nein, ich laufe nicht weg.« *Ein stählerner Unterton fand seinen Weg zurück in ihre Stimme. Alles klang verschwommen, als drücke sie sich das Walkie-Talkie direkt an die Lippen.*

»Es ist mir egal, ob du weißt, welcher Draht der richtige ist, oder nicht, Pei. Gib mir einfach eine Antwort.«

Pei klang jetzt fast so heiser wie Meng. »Ich kann nicht.«

Meng stieß ein Geräusch aus, das wie ein gequältes Lachen klang, dann begann sie zu zählen. »Acht ... sieben ...« *Ihre Atemzüge wurden abgehackt und mühevoll.*

»Meng, es tut mir leid«, *sagte Yuan.*

Jeder Atemzug, den sie in den Lautsprecher ausstieß, trieb Pei einen Stromschlag in die Eingeweide. Sein Schädel dröhnte. Endlich schrie er: »Rot – zieh den roten Draht!«

Er wartete. Seine Gedanken blieben unvermittelt stehen. Sein Kopf war leerer als ein schneebedecktes Feld.

Endlose Stunden schienen zu verstreichen. Dann drang ein flüsterndes Geräusch an seine Ohren – schnell und plötzlich wie ein fernes Huston.

Er hatte die Verbindung verloren.

*

»Hauptmann Pei? Hauptmann Pei?« Han wurde mit jeder Wiederholung lauter, bekam aber keine Reaktion.

»Pei Tao!«, sagte Mu, legte dem Hauptmann eine Hand auf die Schulter und drückte zu.

Pei schüttelte den Kopf und schreckte wieder in der Gegenwart auf. Er rang sich ein Lächeln ab. »Bitte um Verzeihung allerseits.«

Han bedachte Peis Geistesabwesenheit mit finsterer

Miene. Dann überflog er die Dokumente in seiner Hand. »Unseren Berichten zufolge haben Sie das Funkgerät benutzt, um Meng Anweisungen zu geben, wie die Bombe zu entschärfen sei. Auf Ihre Aufforderung hin hat sie den roten Draht entfernt und dadurch den Zündmechanismus aktiviert. Sind diese Angaben korrekt?«

Pei schloss die Augen, verzog das Gesicht und nickte.

»Was für Gründe hatten Sie für die Annahme, den roten Draht zu entfernen würde die Bombe entschärfen?«, fragte Han.

Pei erstarrte. »Gar keine. Es war ... geraten.«

Mu lupfte ihre Augenbrauen.

Xiong schüttelte mit ernster Miene den Kopf. »Eine absolut albtraumhafte Situation. Hauptmann Pei war gezwungen, sich rein auf eine Ahnung zu verlassen, um eine Entscheidung über Leben und Tod zu treffen. Was hätte er in so einer verzweifelten Lage für eine andere Wahl gehabt?«

Zeng sah Pei von der Seite an. Sein Gesichtsausdruck changierte zwischen großspurig und mitleidig. »Nehmen wir zu Protokoll, dass männliche Intuition ein großer Haufen Scheiße ist.«

»Wieso haben Sie Meng diese Anweisung gegeben«, fragte Han und starrte Pei unverwandt an, »wenn es eine reine Mutmaßung war? Hätten Sie sie die Entscheidung alleine treffen lassen, hätte sie vielleicht den richtigen Draht gewählt.«

»Glauben Sie wirklich, es wäre so gekommen?«

»Sie hatte eine fünfzigprozentige Chance, die richtige Wahl zu treffen. Die gleiche Chance wie Sie. Und Meng war vor Ort. Sie hingegen hatten nur ihre Beschreibung der Umstände. Selbst wenn wir rein von Intuition reden, hätten Sie sich auf ihre verlassen sollen! Warum haben Sie ihr gesagt, welchen Draht sie nehmen soll?«

Pei wich dem wütenden Blick des Hauptmanns aus. In seinem Kopf hatte sich eine Panik breitgemacht, die ihm nur allzu vertraut war. Für welchen Draht hätte Meng sich entschieden, wenn sie die Wahl selbst getroffen hätte? Seit achtzehn Jahren wälzte er diese aussichtslose Ungewissheit im Herzen.

»Lassen Sie uns das Ganze aus psychologischer Sicht betrachten«, sagte Mu, die Pei mit stummer Intensität beobachtet hatte. »Hauptmann Peis Handeln ließe sich durchaus als Kampf-oder-Flucht-Reaktion einordnen. Was bewegt einen dazu, in einer derart dringenden und nervenaufreibenden Situation eine Entscheidung zu treffen? Weder Logik noch Vernunft, sondern der Instinkt. Eine solche Reaktion wird maßgeblich von der eigenen Persönlichkeit bestimmt.«

Der Sturm in Peis Kopf begann allmählich abzuflauen. Der Hauptmann sah sie dankbar an, sie erwiderte seinen Blick. Ein unheimlicher Gedanke durchfuhr ihn – ihr konzentrierter Blick schien scharf genug, um selbst den tiefsten Winkeln seines Geistes sämtliche Geheimnisse zu entlocken.

Han nickte. »Alles klar. Bleiben wir erst mal bei den Details, die der Akte zu entnehmen sind. Nach den Aussagen der nächsten Anwohner der Lagerhalle hat sich die Explosion um genau 16:13 Uhr ereignet. Die resultierende Druckwelle hatte einen Radius von knapp zweihundert Metern und hat verheerende Schäden auf einem nahen Wochenmarkt verursacht. Diesem Bericht zufolge konnte man die Explosion sogar noch in einem Krankenhaus hören, das mehr als acht Kilometer entfernt liegt. Die Lagerhalle enthielt in erster Linie Chemikalien zur Herstellung von Kosmetikprodukten. Alles extrem flüchtige Substanzen, das folgende Feuer war dementsprechend gewaltig. Meng Yun und Yuan Zhibang müssen auf der Stelle tot gewesen sein. Außerdem trug eine dritte – unbeteiligte – Person schwerste Verbrennungen davon.«

»Die dritte Person haben Sie vorhin schon mal erwähnt«, sagte Pei.

»Huang Shaoping, Mitte zwanzig und Schrottsammler. Er hatte zum Zeitpunkt der Explosion sein Lager nahe der Halle aufgeschlagen. Nach seiner Genesung ist er mehrfach eingehend vernommen worden, hatte aber keinerlei Informationen, die sachdienlich für die Untersuchung gewesen wären. Sieht ganz so aus, als wäre er einfach zur falschen Zeit am falschen Ort gewesen.«

Han rieb sich den Nasenrücken. »Kehren wir in die Gegenwart zurück. Yin wird Ihnen allen Kopien der relevanten Unterlagen aushändigen, damit Sie sich nach dieser Besprechung mit den Einzelheiten vertraut machen können.«

Er musterte den Technologieexperten der Runde von der Seite. »Zeng, teilen Sie uns bitte mit, was Sie über die derzeitige Lage wissen.«

Zeng grinste und schob sich die Brille auf der Nase zurecht. »Manche von Ihnen kennen mich vielleicht noch nicht. Deshalb will ich mich kurz vorstellen. Ich heiße Zeng Rihua und bin Technischer Leiter der Abteilung für digitale Überwachung hier im Provinzhauptquartier.«

Pei verbarg seine Verblüffung. Dieser sarkastische Bursche war der letzte Mensch, dem er eine so wichtige Führungsposition überantwortet hätte.

»Vor einer Woche, am vierzehnten Oktober, ist Kommissar Zheng zu mir gekommen und hat mich gebeten, ihm bei einer Observierung zu helfen. Zur gleichen Zeit waren im Netz mehrere seltsame Foreneinträge aufgetaucht, und Zheng hing der Hoffnung an, ich könnte ein paar Informationen über den Verfasser ausgraben.«

An der Leinwand blitzte der Screenshot einer Seite aus einem Internetforum auf. Es war genau jener Eumenides-Eintrag, den Pei in das Internetcafé zurückverfolgt hatte.

Ein Aufruf zu Gerechtigkeit.

»Was haben Sie herausgefunden?«, fragte Pei unruhig.

»Der ursprüngliche Eintrag ist am fünften Oktober um 14:11 Uhr auf einem Computer hier in Chengdu verfasst worden, in einem Internetcafé namens Qianghui«, spulte Zeng mit mechanischer Präzision ab. »Er wurde in Chengdus größtem Onlineforum hochgeladen. Als Zheng dann damit zu mir kam, war der Eintrag bereits 25.220-mal gelesen worden und hatte 1.525 Antworten von insgesamt 1.330 Nutzern.«

Zeng schaute in die Runde. Ein Heer leerer Gesichter starrte zurück. Er kam sich vor wie ein Lehrer, der einer Grundschulklasse Infinitesimalrechnung beibringen sollte.

»Das bedeutet, eine Menge Leute hat ihn gelesen«, sagte er.

Yin drückte eine Taste auf seinem Laptop. Eine Vielzahl ausgewählter Antworten tauchte auf der Leinwand auf. Manche Nutzer machten sich über den Verfasser lustig, bezeichneten ihn als »verblendet« oder »gestört«. Andere fragten, ob es sich um elaborierten Schabernack handele. Einige hatten tatsächlich Namen gepostet in der Hoffnung, sie könnten der einzigartigen »Gerechtigkeit« des Verfassers zum Opfer fallen. Die in diesen Beiträgen erwähnten Verbrechen reichten von Gelegenheitsdiebstahl bis hin zu Mord.

Nachdem er den Kollegen einen Moment Zeit gegeben hatte, die Antworten zu lesen, fuhr Zeng fort:»Dieses Individuum namens ›Eumenides‹ hat den Eintrag in einem Internetcafé verfasst. Offensichtlich wollte er seine Identität verschleiern. Die Netzwerkadministration hier in Chengdu ist in etwa so luftdicht wie ein geöffnetes Fenster. Wenn man rausfinden will, wer vor zehn Tagen oder so einen bestimmten Computer benutzt hat, kann man sich auch gleich von Tür zu Tür durchfragen. Also habe ich auf Kommissar Zhengs Bitte hin ein Onlineüberwachungsprogramm eingerichtet. Es sollte automatisch die IP-Adressen aller Nutzer speichern, die diesen Eintrag und die dazugehörige Diskussion, also den ganzen Thread, lesen. Sollte eine dieser IP-Adressen zu einem Café hier in Chengdu gehören, würde ich Zheng umgehend informieren; er würde sich vor Ort begeben und mögliche Beweise fotografieren.«

»Zheng hatte den richtigen Riecher«, murmelte Pei. »Eumenides muss das Forum regelmäßig auf neue Antworten überprüft haben. Wir reden hier von einem vorsichtigen Menschen – er würde es nicht riskieren, das Forum von einem Privatrechner aus zu besuchen.«

»Exakt. Nur hat Zheng mir nichts über den Fall von vor achtzehn Jahren verraten. Ich hatte keine Ahnung, dass sein Plan derart tragische Konsequenzen haben würde«, sagte Zeng.

Angesichts dieser neuen Informationen richtete Mu ihre nächste Frage an ihn.

»Könnte das der Grund sein, aus dem Zheng ermordet

wurde? Sollte er zum Schweigen gebracht werden, nachdem er ein Foto von Eumenides gemacht hatte?«

»Die Kamera des Kommissars wurde am Tatort gefunden«, sagte Han bedächtig. »Mehrere Bilder sind von der Speicherkarte gelöscht worden. Wir haben Grund zu der Annahme, dass es dem Mörder in erster Linie genau darum ging, zusätzlich zu dem Mord an Zheng.« Er warf Pei Tao demonstrativ einen Blick zu. Pei war schon in Zhengs Wohnung zu präzise diesem Schluss gekommen.

»Können wir die gelöschten Fotos irgendwie wiederherstellen?«, fragte Xiong.

»Dieser Kerl mag ein Profi sein, wenn es um Mord und Sprengstoff geht«, sagte Zeng und kicherte, »aber mit digitaler Technologie kennt er sich nicht die Bohne aus. Solange der Platz, den die Dateien ursprünglich eingenommen haben, leer bleibt, kann man gelöschte Bilder absolut wiederherstellen. Natürlich braucht man dafür einen Hightech-Experten.«

»Haben wir dafür die nötige Ausrüstung?«, fragte Pei.

»Meine Leute sind schon dran. Morgen früh sollten uns die Daten vorliegen.« Zeng machte dem unbekannten Gegner eine lange Nase. »Dann können wir einen ersten Blick auf unseren Übeltäter werfen.«

Pei klopfte mit den Fingerknöcheln auf die Tischplatte. »Hervorragend!« Sofort schraubte er seinen Enthusiasmus wieder zurück und fuhr in ernsterem Tonfall fort: »Wir müssen entsprechende Vorbereitungen treffen. Vor allem brauchen wir ausreichend Personal für die anstehende Ermittlung. Wir haben es hier nicht mit einem gewöhnlichen Kontrahenten zu tun. Wir müssen bereit sein, jeden Moment zielgerichtet loszuschlagen.«

»Machen Sie sich da mal keine Sorgen.« Hans Tonfall klang seltsam angestrengt. »Hauptmann Xiong und ich werden diese Ermittlung leiten. Meine Leute kümmern sich um die Suche nach dem Verdächtigen. Die SEP wird sich auf alle besonderen Umstände vorbereiten.« Xiong nickte und hatte sofort verstanden. Vor achtzehn Jahren waren Fehler begangen worden – Fehler, die sich keinesfalls wiederholen durften.

»Wie kann ich helfen?«, fragte Pei.

Han sah ihm mehrere Sekunden lang in die Augen, bevor er antwortete.

»Hauptmann Pei, Sie sind sehr weit weg von Longzhou. Streng genommen gibt es keinen Grund für Sie, sich eingehender mit dem Fall zu befassen. Wir haben Sie nur aufgrund Ihrer einzigartigen Perspektive und persönlichen Vorgeschichte darum gebeten, sich dieser Einsatzgruppe anzuschließen. Daher erwarte ich von Ihnen, dass Sie sehr genau über Ihre Erinnerungen an die Morde von 1984 nachdenken und über den Tellerrand unserer Hauptermittlung hinausblicken. Vielleicht können Sie ein paar neue Spuren auftun. Ich möchte allerdings betonen, dass Sie in dieser Einsatzgruppe nur eine untergeordnete Rolle spielen.«

Pei nickte widerstrebend. »Ich verstehe.«

Hans formeller Tonfall kaschierte noch eine zweite Botschaft, die Pei trotzdem deutlich heraushörte: Han traute ihm nicht, hatte allerdings auch nicht die Möglichkeit, ihn außen vor zu lassen.

»Wenn ich richtig informiert bin, waren Sie es persönlich, der um meine Anwesenheit hier gebeten hat, Hauptmann Han«, warf Mu in geschäftsmäßigem Tonfall ein. »Worin besteht meine Aufgabe bei dieser Ermittlung?«

»Sie werden mit Hauptmann Pei zusammenarbeiten. Sie sind schließlich eine begabte Psychologin. Helfen Sie ihm dabei, sein Gedächtnis nach jedwedem Hinweis zu durchforsten, den wir eventuell übersehen haben könnten, und erstellen Sie ein Persönlichkeitsprofil dieses Wahnsinnigen.« Han legte eine kurze Pause ein. »Verstanden?«

»Jawohl, Sir«, sagte Mu, deren Blick aber bereits wieder auf Pei ruhte.

KAPITEL DREI

ERSTE SCHACHZÜGE

Es war bereits dunkel, als Pei hinaus auf den belebten Bürgersteig vor dem Polizeihauptquartier trat. Viele kleine Stände versuchten noch immer, ihren Vorrat der obligatorischen Köstlichkeit zum Mondfest an den Mann zu bringen – den Mondkuchen, ein rundes Gebäck, gefüllt mit roter Bohnenpaste, Lotussamenpaste und Eidotter. Pei spürte die Trägheit und die Ruhe, die nach dem Feiertag von den Passanten ausging, und fragte sich, wie sie reagieren würden, hätten sie gewusst, dass sich ein ruchloser Mörder mitten unter ihnen verbarg.

Mit schnellen Schritten begab er sich zum Gästehaus in der Nähe des Hauptquartiers. Das mittelgroße Gebäude keine zwei Gehminuten entfernt war der Ort, an dem die Mitglieder der Einsatzgruppe auf absehbare Zukunft wohnen würden. Die jüngeren Teammitglieder hielten sich über ihr Privatleben äußerst bedeckt, Xiong hingegen hatte nach der Besprechung sofort zum Telefon gegriffen. Pei hatte gehört, wie der Hauptmann der SEP immer wieder die gleichen Aussagen wiederholt und dabei versucht hatte,

Ruhe zu bewahren: »Es ist nur vorübergehend!« – »Du weißt doch, was diese Arbeit mit sich bringt!«

Peis Unterbringung bot ihm alle Annehmlichkeiten, die er von zu Hause gewöhnt war – was ehrlich gesagt nicht viel bedeutete. Er ging ins Badezimmer, wusch sich das Gesicht, setzte sich an den Schreibtisch und machte sich daran, die Fallakten zu sichten.

Ursprünglich war er in diesem Fall selbst als Verdächtiger geführt worden, trotzdem wusste er fast nichts über die Details der Untersuchung. Er hatte damals zwei schwerwiegende Fehler gemacht. Erstens hatte er es vermieden, sofort die Polizei zu verständigen, nachdem ihm aufging, Meng könnte etwas zugestoßen sein. Zweitens hatte er ihr blind Anweisungen erteilt, als sie versuchte, die Bombe zu entschärfen. Seitdem hatte er sich Dutzende von Szenarien ausgemalt, wie alles hätte kommen können, hätte er anders gehandelt und seinen Verdacht auf der Stelle kundgetan. Vielleicht wäre die Polizei rechtzeitig beim Lagerhaus eingetroffen. Vielleicht hätten sie Meng gefunden, noch bevor sie selbst dort angekommen wäre. Er hätte sie retten können.

Hätte er ihr nur geraten, den anderen Draht zu nehmen ...

Nie würde er ihren panischen Tonfall vergessen, der sich durch das Funkgerät in sein Ohr bohrte.

Seit jenem Tag war Reue sein ständiger Begleiter gewesen, wie ein Schatten, der ihm unausweichlich folgte. Nie würde er sich selbst als etwas anderes als einen Versager sehen können.

Die Fehler, die er an diesem Nachmittag begangen hatte, hatten sein Leben für immer verändert. Seine vielversprechende Karriere war im Keim erstickt worden, und er hatte in seine Heimat Longzhou zurückkehren müssen, ein gemütliches Städtchen, wo nie viel passierte. Ohne es wirklich zu bemerken, hatte er achtzehn Jahre seines Lebens im Leerlauf vergeudet.

Fast genauso schlimm wie die Tatsache, dass ihm die beiden Menschen, die ihm am nächsten gestanden hatten, in einem Streich genommen worden waren, war die bittere Erkenntnis, dass er nie die Chance gehabt hatte, den Verantwortlichen zu finden und sie zu rächen.

Bis jetzt.

Er arbeitete sich durch Zheng Haomings Tagebuch, das man in der Wohnung des ermordeten Kollegen gefunden hatte, und wurde unwillkürlich in eine Zeit zurückgeworfen, die er nie wirklich hinter sich gelassen hatte.

18. APRIL 1984
Eine derartige Mordserie hat es im modernen China so gut wie noch nie gegeben.

Heute Morgen wurde Xue Dalin, der stellvertretende Polizeichef, in seiner Wohnung ermordet. Später am Nachmittag gab es in einem östlichen Vorort von Chengdu eine Explosion in einer alten Lagerhalle mit Chemikalien, die zwei Studenten der Polizeiakademie auf der Stelle tötete.

Dank dieser schrecklichen Vorkommnisse hat sich die Stadt dazu entschlossen, alle Einzelheiten des Falls unter Verschluss zu halten. Stattdessen wurde insgeheim eine Einsatzgruppe gebildet, die aus den besten Polizeibeamten von ganz Sichuan besteht. Ich habe die große Ehre, mich zu diesem erlesenen Kreis zählen zu dürfen.

Der Mörder ist mit den Verfahren einer polizeilichen Untersuchung eindeutig bestens vertraut. Auf den anony-

men Schreiben wurden keinerlei Fingerabdrücke gefunden. Diese Todesanzeigen mit den makellosen, fast wie gedruckt erscheinenden Schriftzeichen haben all unseren Bemühungen standgehalten, ihren Verfasser zu identifizieren. Wir waren darüber hinaus nicht in der Lage, am Tatort von Xues Ermordung irgendwelche Finger- oder Fußabdrücke sicherzustellen. Man kann also davon ausgehen, dass der Mörder alle Spuren nach der Tat säuberlich entfernt hat. Aus psychologischer Sicht haben wir es also mit einer vorsichtigen und besonnenen Person zu tun.

Das Feuer im Lagerhaus hat sämtliche möglichen Spuren vernichtet. Unsere Spezialisten haben allein Stunden gebraucht, um nur die Überreste der beiden Opfer zusammenzusuchen. Es war uns vollkommen unmöglich festzustellen, welche Teile zu wem gehören.

Bis jetzt war uns nur eine einzige vielversprechende Entdeckung vergönnt: Ein Überlebender wurde vor Ort gefunden. Er hat allerdings eine Vielzahl an Knochenbrüchen erlitten und sich am ganzen Leib schwere Verbrennungen zugezogen. Er wurde zur Notversorgung ins örtliche Volkskrankenhaus gebracht. Seine Überlebenschancen sind noch nicht einzuschätzen.

19. APRIL 1984
Heute Morgen habe ich den Studenten Pei Tao von der Polizeiakademie abermals vernommen. Er stand eindeutig unter Schock. Oder, um es umgangssprachlich zu formulieren: Er war völlig am Ende. Ehrlich gesagt habe ich Mitleid mit ihm. Nach allem, was seine Kommilitonen und Ausbilder gesagt haben, ist dieser Pei ein wirklich außergewöhnlicher und zielstrebiger Student. Er hat es

*unzweifelhaft auf sich genommen, eine gewisse Mitschuld
für die Zündung der Bombe tragen zu müssen.*

*Am Nachmittag habe ich mich ins örtliche Volkskran-
kenhaus begeben. Der einzige Überlebende der Explosion
war noch immer bewusstlos. Sein Zustand ist äußerst
kritisch. Im Interesse unserer Untersuchung hoffe ich,
dass er so bald wie möglich wieder ansprechbar ist. Aus
menschlicher Sicht muss ich aber sagen, dass der Tod für
ihn sicherlich das angenehmere Schicksal wäre.*

20. APRIL 1984

*Wir nehmen unsere Untersuchung aus mehreren Richtun-
gen in Angriff. Ich persönlich bin für den Mann zuständig,
der die Explosion überlebt hat.*

*Er ist noch immer ohne Bewusstsein. Ich muss seine
Identität feststellen, aber sein Gesicht ... Nicht mal die
eigene Mutter würde ihn jetzt noch wiedererkennen.*

*Er trug weder eine Geldbörse noch irgendwelche Aus-
weispapiere bei sich, aber die Ärzte haben kurz vor der
Operation ein Stück aufgerollten Kupferdraht unter seinen
wenigen Habseligkeiten entdeckt. Vielleicht kann der uns
helfen, ihn zu identifizieren.*

*Der Kupferdraht ist ziemlich verknotet, misst ausgerollt
aber knapp zwei Meter. Es scheint sich um ein abisoliertes
Stromkabel zu handeln.*

21. APRIL 1984

Heute habe ich mehrere wichtige Entdeckungen gemacht.

*Etwa neunzig Meter südlich der Lagerhalle befindet
sich ein verlassener Tunnelabschnitt aus Beton. Der Tunnel war mindestens zwei Komma eins Meter breit. Im*

*Innern lagen ein Haufen Krimskrams und eine Unmenge
gesammelter Schrott. Wie es aussieht, hat dort jemand
längere Zeit gewohnt.*

*In diesem Müllhaufen habe ich unter anderem die
leere Isolierung eines Stromkabels gefunden. Die Länge
des Stücks legt nahe, dass es zu dem Kupferkabel gehört,
das in der Jackentasche des Überlebenden gefunden
wurde.*

*Wer ist dieser Mann? Ein obdachloser Schrottsamm-
ler? Mir bleibt nichts anderes übrig, als zu warten, vorher
bekomme ich keine Antwort.*

*Die Ärzte sagen, sein Zustand stabilisiere sich allmäh-
lich.*

25. APRIL 1984

Heute gab es gute Nachrichten.

*Der Mann ist endlich zu Bewusstsein gekommen. Er
konnte sich an kaum etwas erinnern. Nicht mal an seinen
Namen. Die Ärzte sagen, diese Form von Gedächtnisver-
lust sei typisch nach derart schweren Verletzungen. Ich
muss einen Weg finden, sein Gedächtnis wieder in Gang
zu bringen.*

*Ich bin noch mal zurück zu dem Tunnelstück gegangen,
um ein paar Bilder zu machen, muss aber mindestens bis
morgen früh warten, um sie entwickeln zu lassen.*

26. APRIL 1984

*Ich habe dem Mann die Fotos aus dem Tunnel gezeigt. Er
schien verwirrt. Nur verständlich. Dann habe ich ihm
das Kupferkabel gezeigt und erklärt, wir hätten es in
seiner Tasche gefunden. Ich habe ihn ermutigt, er müsse*

sich Mühe geben, sich daran zu erinnern, was geschehen ist.

Er verzog das Gesicht und schien sich an etwas zu erinnern. Er hatte offensichtlich größte Mühe, versuchte aber, etwas zu sagen. Ich beugte mich vor, bis kein Haar mehr zwischen mein Ohr und seine Lippen gepasst hätte.

»Ich wohne ... in dem Tunnel.«

Ich war überglücklich, endlich einen Augenzeugenbericht zu bekommen. Dann erzählte er mir noch mehr.

Huang Shaoping ist in der Provinz Anhui auf dem Land aufgewachsen, mehr als tausend Kilometer östlich von hier. Nachdem beide Eltern gestorben sind, ist er in der Hoffnung auf Arbeit nach Chengdu gekommen. Er fand aber keinen Job und war schließlich gezwungen, zumindest für eine Weile in diesem Tunnel zu hausen. Er hat Schrott gesammelt und verkauft und sich so halbwegs über Wasser gehalten. Für die meisten Leute hier muss Huang nur ein weiterer namenloser Wanderarbeiter gewesen sein.

Am Ende habe ich ihn noch mal gefragt, was am Tag der Explosion genau passiert ist, aber er schüttelte stumm den Kopf. Seine Erinnerung scheint sich noch nicht ans Licht zu wagen.

Morgen bringe ich ihm Fotos von der Zerstörung durch die Explosion mit.

27. APRIL 1984

Ich habe Huang die Bilder aus dem Lagerhaus gezeigt. Er wirkte ehrlich entsetzt, als ich ihm erzählte, ein Mann und eine Frau seien bei der Explosion ums Leben gekommen, die ihn so schwer verletzt hat. Endlich kehrte seine Erinnerung zurück.

Am Nachmittag des Achtzehnten ruhte Huang sich in seinem Tunnelstück aus. Er gab an, gesehen zu haben, dass drei Menschen das Lagerhaus innerhalb einer Stunde betraten. Es sind fast hundert Meter, aber vom Tunneleingang aus hat man freie Sicht auf das Tor zum Lagerhaus. Er hat beobachtet, wie ein unbekannter Mann das Lagerhaus um 15 Uhr betrat, gefolgt von einem zweiten Mann etwa dreißig Minuten danach. Ein paar Minuten später kam einer der Männer wieder heraus. Eine halbe Stunde später tauchte eine dritte Person auf, eine Frau. Bei ihrem Anblick konnte Huang seine Neugier nicht länger im Zaum halten und schlich sich näher heran. Der Mann und die Frau schrien einander an. Bevor er aber verstehen konnte, was genau vor sich ging, traf ihn die Detonation.

Als ich ihn befragte, war Huang sich ganz sicher, dass es der erste Mann war, der das Lagerhaus etwa eine halbe Stunde vor Eintreffen der Frau wieder verlassen hat. Falls das stimmt, müssen wir diese erste Person unbedingt finden. Huang saß in seinem Tunnel zwar ein gutes Stück entfernt, hat aber geschworen, dass er den Mann wiedererkennt.

Pei musste eine Pause einlegen. Seine linke Hand war zur Faust geballt. Wenn Huang Shaoping den Verdächtigen gesehen hatte, warum hatte die Einsatzgruppe dann kein Phantombild anfertigen lassen?

Laut der späteren Einträge in Zhengs Tagebuch schleppte sich die Einsatzgruppe ohne wirklichen Fortschritt oder neue Hinweise weiter. Die zeitlichen Lücken zwischen den Einträgen wurden immer länger, und in die Beschreibungen des Kommissars mischte sich ein frustrierter Unterton. Nach zwei Jahren war die Untersuchung vollkommen festgefahren. Die Einsatzgruppe wurde aufgelöst, die Untersuchung zu den Akten gelegt.

Am heutigen Morgen hatten die Ermittler allerdings ein aktuelles Tagebuch in Zhengs Arbeitszimmer gefunden. Es enthielt die letzten Einträge aus den Tagen vor seiner Ermordung. Pei kramte in dem Stapel der Dokumente, die er mit aufs Zimmer genommen hatte, bis er einen kleinen schwarzen Spiralblock fand. Voller Erwartung klappte er ihn auf.

13. OKTOBER 2002
Ich habe so lange geglaubt, es wäre vorbei. Dass all die Erinnerungen für immer weggesperrt bleiben würden, genau wie die dazugehörigen Akten. Vielleicht habe ich mich geirrt.

Heute Morgen habe ich einen Umschlag unter der Tür entdeckt. Darin befanden sich zwei Dinge: ein anonymer handschriftlicher Brief und ein Stück Papier mit einer Internetadresse. Das Herz schlug mir bis zum Hals, als ich den Inhalt auf den Schreibtisch ausleerte.

Diese Handschrift – ich hätte sie überall erkannt! Diese makellose Kalligrafie. Diese absolut ebenmäßigen Zeichen. Jede einzelne Linie schnitt sich wie eine Narbe in mein Gedächtnis. Es war genau die Handschrift, die ich vor achtzehn Jahren Hunderte Male genauestens untersucht habe.

Ich gab die Internetadresse ein. Was ich da sah, hat

mich zutiefst schockiert. Ist er zurück? Nein, so etwas
sollte ich nicht einmal denken. Was, wenn jemand dahin-
tersteckt, der damals mit dem Fall zu tun hatte? Ein böser
Streich?
   Ich habe Umschlag und Inhalt sorgfältig überprüft.
Keine Fingerabdrücke, kein loses Haar, nichts. Als wären
Brief und Zettel aus dem Nichts erschienen, hätten sich
selbstständig in den Umschlag gelegt und ihn von innen
zugeklebt.
   Die Einsatzgruppe 18/4 ist vor langer Zeit aufgelöst wor-
den. Gut möglich, dass ich das einzige Mitglied bin, dem
die Sache noch etwas bedeutet. Was soll ich tun? Es an
die Provinzabteilung melden und die alte Untersuchung
wieder aufnehmen? Das scheint mir zu unüberlegt ...
wenn ich mich von so einem Beweisfetzen derart aus der
Ruhe bringen lasse, riskiere ich nicht nur meinen Job, son-
dern auch meinen Ruf. Ich darf Han und seine Leute da
nicht mit reinziehen. Noch nicht. Erst mal den Ball flach
halten.

14. OKTOBER 2002
Ich habe mich mit einem Computercrack namens Zeng
Rihua im Provinzhauptquartier in Verbindung gesetzt. Er
hat sich bereit erklärt, ein bisschen Onlineüberwachung
für mich zu organisieren. Ich habe eine unserer Digital-
kameras entliehen. Mit Zengs Hilfe habe ich schon meh-
rere Fotos von möglichen Verdächtigen geschossen. Weil
der Fall damals geheim gehalten wurde, kann ich nieman-
dem verraten, was ich tue, und auch niemanden sonst
um Hilfe bitten. Ich hoffe nur, ich verschwende hier nicht
meine Zeit.

19. OKTOBER 2002
Heute eine Menge Fotos gemacht. Danach am Abend
Huang besucht. Er konnte auf den Bildern niemanden
identifizieren.
    Eine Menge Leute haben diesen Forumsbeitrag schon
gesehen und kommentiert. Der Verfasser hat sich aller-
dings seitdem bedeckt gehalten. Vielleicht ist es wirklich
nur ein widerlicher Scherz.
    Zeng sagt, dass die große Mehrheit der Benutzer von
Onlineforen Teenager und junge Erwachsene sind. Von
denen lässt sich wohl kaum einer mit einem Fall von 1984
in Verbindung bringen. Trotzdem sollte ich mir ein paar
dieser Kids vielleicht genauer anschauen. Zeng sagt, er
hat in letzter Zeit ein paar seltsame Ungereimtheiten
in der Computerdatenbank des Provinzhauptquartiers
entdeckt. Falls er recht hat, könnte das erklären, wie der
eventuelle Witzbold an Informationen über diesen alten
Fall gekommen ist.

Das war der letzte Eintrag in Zhengs Tagebuch, vom Tag
vor seiner Ermordung.

Hättest du das nur rechtzeitig an die Kollegen weitergege-
ben ... Pei seufzte lautlos. So absurd es auch war, er konnte
sich fast vorstellen, wie Zheng ihm aus dem Jenseits zuhörte.
»Als du mit deinem Mörder gerungen hast«, sagte Pei laut,
»musst du begriffen haben, dass es sich doch nicht um einen
Scherz handelt. Aber da war es schon zu spät, nicht wahr?«

Ein dreifaches Klopfen an der Zimmertür riss Pei aus seinen Gedanken. Er ordnete die Dokumente wieder in mehreren säuberlichen Stapeln und stand auf. Vor seiner Tür
stand Mu Jianyun.

»Guten Abend, Herr Hauptmann.«

»Sie sind wegen des Falls hier?« Pei gab sich große Mühe, freundlich zu klingen. »Bitte, kommen Sie rein und fühlen Sie sich wie zu Hause.«

Er setzte sich wieder an den Schreibtisch, Mu nahm gegenüber auf dem Sofa Platz. Sie bedachte die Akten auf dem Tisch mit einem knappen Blick.

»Ich bin auch gerade damit fertig geworden, sie durchzuschauen. Würden Sie mir Ihren Sachverstand leihen, um ein paar Fragen zu beantworten?«

Pei lächelte. »Kein Grund, so höflich zu sein. Und als Sachverständigen würde ich mich beileibe nicht bezeichnen. Was haben Sie auf dem Herzen?«

»Da ich aus der Psychologie komme, nehme ich einen Fall normalerweise in Angriff, indem ich die möglichen Motive und den Geisteszustand des Verdächtigen analysiere. Anhand dessen kann ich Rückschlüsse auf soziale Herkunft, Lebenserfahrung und Charakterzüge ziehen, um ein psychologisches Persönlichkeitsprofil zu erstellen. Eine Sache, die in unserem Fall hervorsticht, ist das Pseudonym, das sowohl in den früheren anonymen Briefen als auch in dem kürzlich veröffentlichten Forumsbeitrag auftaucht.«

Mu zückte einen Stift und schrieb *Eumenides* auf einen Notizblock. »Wissen Sie, was dieser Name bedeutet?«

Pei antwortete nicht.

»Es ist ein anderer Name für die Furien in der griechischen Mythologie. Die Rachegöttinnen. Der Legende nach haben die Eumeniden all jene zur Strecke gebracht, die schwere Verbrechen begingen. Wohin sich die Verbrecher auch flüchten mochten, die Eumeniden folgten ihnen und überfluteten ihr Gewissen mit Qual und Reue. Am Ende ließen sie sie alle für ihre Verbrechen bezahlen.«

»Also hat unser Mörder ein Faible für klassische westliche Literatur. Die Göttinnen der Rache ...«

»Bei den Morden von 1984 haben zwei der Opfer anonyme Briefe erhalten. Beides Todesanzeigen, unterzeichnet mit Eumenides. Offenbar wollte der Mörder die beiden Opfer also bestrafen, wenn auch aus einem verzerrten Gerechtigkeitssinn heraus. Was mich zu meiner Frage bringt: Haben die beiden Opfer, Xue Dalin und Yuan Zhibang, die Verbrechen begangen, die in den Schreiben aufgelistet waren?«

»Hat der stellvertretende Polizeichef seine Pflichten vernachlässigt, Bestechungsgelder angenommen und mit dem organisierten Verbrechen kooperiert? Keine Ahnung. Ich war damals noch Student an der Akademie. Aber Yuan ...« Pei stockte. »Man kann wohl sagen, dass die ›Verbrechen‹, die ihm vorgeworfen wurden, plausibel waren.«

»Hauptmann Pei – ich weiß, Yuan war Ihr bester Freund, aber wenn es um die Details dieses Falls geht, hoffe ich doch, dass Sie mir präzise und verbindlich antworten.«

»Schon verstanden«, sagte Pei widerwillig. »Yuan war ein hervorragender Student. Ehrlich gesagt habe ich ihn in vielerlei Hinsicht bewundert, aber er hatte eine Schwäche für Frauen.«

Mu beäugte abermals die Akten auf seinem Schreibtisch. Auf einem der Stapel lag ein großformatiges Foto von Yuan. Er war in der Tat ein stattlicher Mann gewesen.

»Seine Beziehungen haben nie lange gehalten«, sagte Pei. »Ungefähr ein halbes Jahr vor der Explosion hat er was mit einem Mädchen aus der Akademie angefangen, das einen

Master in Verwaltungsarbeit absolvierte. Sie war bildhübsch, und Yuan hatte auf jeden Fall Gefühle für sie. Damals war ich wirklich überzeugt davon, er würde für sie zur Ruhe kommen.« Pei schüttelte den Kopf und seufzte leise. »Aber ein paar Monate später waren sie schon wieder auseinander.«

»Warum?«

»Vielleicht lag es einfach an Yuans Art. Was auch immer der Grund gewesen sein mag, er war es, der die Beziehung beendet hat. Am gleichen Tag ist das Mädchen nachmittags zu uns ins Wohnheim gekommen. Ihre Augen waren gerötet. Yuan hat mich dazu gebracht, ihr zu sagen, ich wisse nicht, wo er steckt. Natürlich fand ich das unschön, aber ich hätte nie damit gerechnet, es könnte sie so schwer treffen. Was ich zu dem Zeitpunkt nicht wusste, war, dass sie seinetwegen eine Abtreibung vorgenommen hatte. Kurz danach ist sie in einen Fluss gesprungen und hat sich umgebracht.« Pei starrte zu Boden und ließ vor Scham den Kopf hängen.

»Manche Männer sind der letzte Dreck«, fauchte Mu. Sie starrte Pei an. »Und Yuan? Hat er danach Reue gezeigt? Irgendwelche Gewissensbisse?«

Pei schüttelte den Kopf. »Er hatte fast sofort ein neues Mädchen, durch ein Brieffreundeprogramm von einer Lokalzeitung. Nachdem sie einige Male hin und her geschrieben hatten, wollten sie sich richtig kennenlernen. Sie haben Ort und Zeit für ihr erstes Date vereinbart. Am achtzehnten April.«

Mu nickte stumm.

»Dann war Yuans Brieffreundin einer der letzten Menschen, die ihn vor der Explosion gesehen haben, richtig?«

Pei zuckte kraftlos mit den Schultern. »Ich weiß, was Sie denken, aber die Antwort wird Ihnen nicht gefallen.

Nach der Explosion ist die ursprüngliche Einsatzgruppe 18/4 zu uns ins Wohnheim gekommen und hat sämtliche Korrespondenz zwischen Yuan und ihr mitgenommen. Sie haben die Adresse auf den Briefumschlägen zur Absenderin zurückverfolgt, die sich als Mädchen von einer anderen Uni hier in Chengdu entpuppte. Das Mädchen hatte noch nie etwas von einem Yuan gehört, geschweige denn ein Treffen mit ihm vereinbart. Ihre Kommilitonen haben ihre Aussagen samt und sonders bekräftigt – sie war den ganzen Tag auf dem Campus gewesen.«

»Hätte der tatsächliche Absender Yuan einen falschen Namen und eine falsche Adresse nennen können?«

»Das ist es ja gerade. Wenn man sich die Beweisstücke sorgfältig anschaut, erkennt man eindeutig, dass ihre Briefe in der gleichen perfekten Handschrift verfasst wurden wie die Todesanzeigen.«

»Yuan hat auf dem Campus im Wohnheim gelebt«, sagte Mu, die jetzt eifrig die richtigen Schlüsse zog. »An so einem belebten Ort ließe sich ein Mord fast unmöglich bewerkstelligen. Also hat der Mörder Yuan mit einem Trick dazu gebracht, in einen Vorort zu fahren, wo eine einzige Bombe ausreicht, um alle Beweise zu vernichten.«

Pei nickte.

»Was für ein aufmerksamer Mistkerl«, sagte Mu. Sie rümpfte die Nase und sah zu Pei auf. »So widerwärtig seine Methoden auch gewesen sein mögen, ich kann verstehen, warum sich dieser Mensch Yuan als Opfer ausgesucht hat. Als Weiberheld ein Mädchen zu schwängern, sie dann abzuservieren und in den Selbstmord zu treiben ... Sie können mir nicht erzählen, dass Sie solches Verhalten tatsächlich gutheißen, Hauptmann?«

Pei wich ihrem Blick aus. »Natürlich nicht. Aber er hat es nicht verdient, mit einer Bombe am Leib in einer verlassenen Lagerhalle zu sterben. Yuan war mein Freund. Und so widerlich er sich auch benommen hat, ich glaube trotzdem, dass er im Herzen ein anständiger Kerl war.«

»Verstehe. Vielen Dank für Ihre Hilfe, Hauptmann Pei. Mein Persönlichkeitsprofil des Täters ist schon wesentlich konkreter geworden.« Sie bedachte Pei mit einem versöhnlichen Lächeln. »Was haben Sie als Nächstes vor?«

»Ich werde Huang Shaoping, unserem einzigen Überlebenden, einen Besuch abstatten.« Pei fischte ein Stück Papier aus dem Stapel der Fotokopien. »Zheng hat uns seine Adresse hinterlassen.«

»Hervorragend. Ich würde auch gern mit ihm reden. Warum besuchen wir ihn nicht morgen gemeinsam? Han will sowieso, dass wir ihm nicht in die Quere kommen.«

Das gilt nur für einen von uns, korrigierte Pei lautlos.

*

22. OKTOBER, 07 : 12 UHR

Normalerweise wäre die Skyline um diese Uhrzeit schon von der Morgensonne umspült worden, heute jedoch hatte das trübe herbstliche Nieselwetter einen mattgrauen Schleier über die Stadt geworfen.

Huang Shaoping wurde von Schmerzen aus dem Schlaf gerissen. Die alten Verbrennungen waren lange verheilt, aber wann immer es regnete, schien jeder Zentimeter seiner Haut aufs Neue in Flammen zu stehen. Zischend atmete er mit zusammengebissenen Zähnen und ließ sich von der Qual achtzehn Jahre in die Vergangenheit schleifen.

An diese fünf Sekunden konnte er sich besser erinnern als an jeden anderen Moment in seinem Leben. Sie riss einen Draht aus der Bombe. Sofort wurden sie und der Mann neben ihr von einem Feuerball verschlungen. Ehe er reagieren konnte, raste die todbringende Flammenwand auf ihn zu und stürzte ihn in endlose Furcht und Verzweiflung. Sekunden später verlor er das Bewusstsein.

Und doch hatte er überlebt. Angesichts seiner vielen Knochenbrüche und der Verbrennungen dritten Grades, die mehr als 75 Prozent seines Körpers bedeckten, war es fast ein Wunder.

Trotzdem hatte dieser eine Moment sein Leben gänzlich verändert. Er hatte sich aus der Hölle zurückgekämpft, nur um als bemitleidenswertes Wrack zum Vorschein zu kommen. Der Rest der Welt betrachtete ihn als Monster.

Die Explosion hatte sein Leben in Stücke gerissen. Die Menschen hatten Angst vor seinem Anblick, und er hatte Angst, von ihnen gesehen zu werden. Er lebte als Einzelgänger, wie ein einsamer Baum in einer weiten Wüste. Niemand außer ihm hätte begreifen können, wie qualvoll diese achtzehn Jahre wirklich gewesen waren.

Huang rollte sich auf dem Bett zusammen. Regenwasser tropfte aus einem Riss in der Hauswand. Eine Spinne eilte die Zimmerdecke entlang. Seine Ohren zuckten. Er hielt die Luft an, wartete.

Die chronischen Schmerzen hatten seine Sinne geschärft. Er hörte Schritte näher kommen. Kurz darauf ein Klopfen an der Tür.

»Wer ist da?« Röchelnd presste Huang die Frage zwischen den Zähnen hervor.

»Polizei.«

Es war immer die Polizei. Wer sonst hätte ihn in diesem Loch besuchen sollen? Huang mühte sich aus dem Bett und humpelte auf Krücken zur Tür. Draußen standen ein Mann und eine Frau in Zivil. Sie starrten ihn mit beinahe identisch fassungslosem Blick an.

Huang kannte diesen Blick nur allzu gut. Es war beeindruckend genug, dass keiner der beiden bei seinem Anblick auf dem Absatz kehrtgemacht hatte. Trotzdem wählte er einen argwöhnischen Tonfall. »Sie sind beide Polizisten. Was ist mit Kommissar Zheng passiert?«

»Ich heiße Pei Tao, von der Polizei Longzhou«, sagte der Mann und hielt seine Dienstmarke hoch. »Das ist Mu Jianyun, Dozentin an der Polizeiakademie von Sichuan.« Die Frau an seiner Seite lächelte matt.

»Pei Tao ... Pei Tao ...«, murmelte Huang vor sich hin, während er die Dienstmarke des Mannes betrachtete. Dann richtete er seine trüben Augen wieder auf die beiden unangekündigten Besucher.

Die Brandnarben im Gesicht strafften Huangs Züge und gingen nahtlos ins Weiß seiner Augäpfel über. Als der Mann ihn anstarrte, spürte Pei eine Gänsehaut wachsen. Zum Glück machte Huang bald darauf kehrt und zog sich in die Wohnung zurück.

»Kommen Sie rein«, sagte er leise.

Pei und Mu wurden von einem modrigen Geruch empfangen. Pei hatte in seiner Zeit als Polizist in Longzhou eine Menge ärmlicher Behausungen gesehen, aber diese hier war wirklich elend. Mu hustete gedämpft in ihren Ärmel.

»Machen Sie die Tür hinter sich zu. Sonst pfeift die Zugluft hier durch.«

Pei fiel auf, dass Huang keine Jacke trug. Der Mann humpelte zum Bett und wickelte sich in die versiffte Decke, die zerknautscht auf der Matratze lag.

Mu zog die Holztür mit sanftem Ruck zu. Das Zimmer versank in Dunkelheit. Beiden erschien das Atmen plötzlich beschwerlicher.

»Wir sind hier, um Sie nach einem Fall von vor achtzehn Jahren zu fragen«, sagte Pei. »Es geht um die Explosion.« Er wollte kein Blatt vor den Mund nehmen und nicht länger bleiben als unbedingt nötig.

Huang verdrehte die Augen und lachte herb. »Für was anderes bin ich auch nicht gut. Was ist jetzt mit Kommissar Zheng? Warum ist er dieses Mal nicht gekommen?«

»Weil er tot ist«, sagte Pei leise. »Zheng ist vor zwei Tagen ermordet worden. Wir gehen davon aus, dass sein Tod mit der Explosion im Lagerhaus zusammenhängt. Uns wurde aufgetragen, den Schuldigen zu identifizieren. Den Mann, der Sie verbrannt hat. Und wir werden ihn finden. Deswegen sind wir gekommen.«

»Was ... was ist passiert? Zheng war vor ein paar Tagen noch hier!«

»Er hat Sie darum gebeten, sich eine Reihe von Fotos anzuschauen, richtig? Haben Sie irgendwen darauf erkannt?«

»Diese Bilder ...« Huang redete langsam, als habe er Mühe, sich daran zu erinnern. Dann schüttelte er den Kopf. »Nein, der war auf keinem davon.«

»Ganz sicher?«, fragte Pei ernst. »Kommissar Zheng wurde ermordet beim gezielten Versuch, diese Fotos zu löschen.«

Huang nickte. »Ganz sicher. Die Leute auf diesen Bildern waren allesamt Jugendliche. Die meisten von ihnen waren damals noch nicht auf der Welt.«

Pei grunzte eine Bestätigung und entschied sich, es mit einem anderen Ansatz zu versuchen.

»Lassen wir die Fotos beiseite. Können Sie mir bitte ganz genau beschreiben, was Sie am Tag der Explosion wirklich gesehen haben?«

Huang runzelte die Stirn. »Das habe ich schon tausendmal getan.«

»Ich weiß, ich habe die Aufzeichnungen gelesen. Ich will es aber persönlich hören.« Peis Tonfall ließ wenig Spielraum für eine Verweigerung.

»Von mir aus.« Huang sah ihn widerwillig an, leckte sich über die Lippen und legte los. »Vor achtzehn Jahren war ich gerade erst vom Land hier in die Stadt gekommen. Ich habe Schrott gesammelt, um irgendwie über die Runden zu kommen. Die meisten Nächte habe ich in einem alten Zugangsstollen verbracht, dessen Öffnung genau auf das Lagerhaus zeigt. Am Nachmittag des achtzehnten April war mir nicht nach einem Streifzug zumute. Ich habe mich zusammengerollt und versucht, ein bisschen zu schlafen. Kurz danach bin ich aufgewacht und habe gesehen, wie drei Leute nacheinander das Lagerhaus betreten haben. Erst habe ich mir nicht viel dabei gedacht, aber als dann eine Frau auftauchte, wollte ich doch mal nachgucken, was da los ist.«

Pei zog eine Braue hoch. »Wieso das?«

Huang stieß ein lustloses Lachen aus. »Das war ein verlassenes Lagerhaus. Ich habe eine Frau reingehen sehen, nachdem schon ein Mann drin war. Was soll ich mir da denken?« Er lachte abermals. »Meine Libido hätte mich fast das Leben gekostet. Nicht auszudenken.«

Pei schärfte seinen Blick, bis er damit Diamanten hätte schneiden können. Huangs Gelächter erstarb beinahe unwillkürlich.

»Sie sollten Ihre Worte mit Bedacht wählen«, sagte Mu warnend. »Eine der beiden war Hauptmann Peis Geliebte. Der andere war sein bester Freund.«

Ein Ausdruck nackter Angst huschte über Huangs Gesichtszüge. Er musterte Pei mit sichtlichem Unbehagen.

»Haben Sie nicht wissen können«, sagte Pei etwas sanfter. »Vergessen wir das. Sie sagten, Sie haben drei Leute in das Lagerhaus gehen sehen?«

»So ist es. Drei Leute. Zwei Männer und eine Frau. Der erste Mann hat das Lager wieder verlassen, bevor die Frau angekommen ist.«

»Können Sie mir ganz genau sagen, wann die jeweiligen Personen das Lagerhaus betreten und verlassen haben?«

»Ich hatte keine Uhr.« Huang zuckte mit den Schultern. »Ich kann nur sagen, dass der zweite Mann ungefähr eine halbe Stunde nach dem ersten gekommen ist. Kurz danach ist der erste gegangen. Die Frau kam dann etwas später.«

Pei und Mu sahen einander an. Sie dachten beide das Gleiche – der erste Mann hatte Yuan aufgelauert, ihn überwältigt, ihm die Bombe umgeschnallt und war verschwunden, bevor Meng eintraf.

»In den Akten steht, dass Sie gesehen haben, wie der erste Mann aussah«, sagte Pei. »Warum haben Sie der Polizei keine Beschreibung gegeben?«

»Ich habe ihn nur aus der Ferne gesehen. Ich konnte keine Einzelheiten erkennen.«

Mu legte den Kopf ein wenig schief. »Haben Sie nicht angegeben, dass Sie ihn wiedererkennen würden, wenn Sie ihn noch mal sähen?«

Huang verzog die Lippen zu einem Grinsen und entblößte zwei Reihen funkelnder Zähne. »Wissen Sie, die Polizei hat mir nach dem Unglück viel Gutes getan. Sie haben meine Operationen bezahlt. Sie haben mich mietfrei in dieser wundervollen Behausung untergebracht. Da wollte ich wirklich kein Spielverderber sein.«

»Aber Sie haben gesagt ...«

»Ich habe nur gesagt, ich könnte ihn *möglicherweise* wiedererkennen. Außerdem galt das damals. Es ist fast zwei Jahrzehnte her.«

Mu schüttelte den Kopf, die schwungvollen Brauen vor Enttäuschung gewölbt.

Diese Befragung führt uns nirgendwo hin, dachte Pei. *Wir brauchen eine andere Strategie.*

»Was haben Sie gesehen, nachdem Sie der Frau ins Lagerhaus gefolgt sind?«, fragte er.

»Das war ein großes Gebäude. Jede Menge verstaubte Container und schweres Gerät, um Waren umzuschichten. Ich habe mich in der Nähe des Eingangs hinter einer kaputten Maschine versteckt, um nicht gesehen zu werden. Ein Mann saß auf dem Boden. Sein Arm war in einem Winkel erhoben, der ziemlich ungemütlich aussah. Die Frau hockte neben ihm und fummelte an etwas herum. Er hat sie immer wieder angeschrien, sie solle verschwinden. Ich konnte nicht erkennen, was genau sie da taten. Ich konnte aber auch nicht wegschauen. Die Frau schrie in eine Art Funkgerät und sagte ›Roter Draht, blauer Draht‹. Mehr konnte ich nicht verstehen. Roter Draht, blauer

Draht. Dann war da noch die Stimme eines anderen Mannes …«

»Das reicht!«, fauchte Pei. Seine Augen waren gerötet. »Ich … über den Teil weiß ich bereits Bescheid.«

»Was wollen Sie dann wissen?«, fragte Huang unruhig.

Pei holte tief Luft. »Sagen Sie uns, was am Ende passiert ist.«

»Der Mann im Funkgerät hat ›roter Draht‹ gesagt.« Huangs Wangenmuskeln zuckten. »Dann kam die Explosion.«

»Wie hat sie ausgesehen?«, flüsterte Pei. »Ihr Gesichtsausdruck, ihre Bewegungen. Sie haben sie nicht aus den Augen gelassen, oder?«

»Nein. Ich habe sie die ganze Zeit angesehen. Wo Sie jetzt fragen, das war schon komisch. Sie war die ganze Zeit sehr nervös. Aber ganz am Ende war sie plötzlich seltsam ruhig. Ich glaube, sie hat sogar gelächelt. Sie war so schön in diesen letzten Sekunden …«

Peis Fingernägel bohrten sich in seine Handteller. Sobald sein Atem wieder etwas gleichmäßiger ging, stand er auf.

»Ich ersticke hier noch.«

Mu lief zur Tür und riss sie auf. Ein Schwall frischer Luft wusch durchs Zimmer, und Peis Lunge frohlockte. Als er gerade die Wohnung verlassen wollte, rief Huang ihm hinterher.

»Einen Moment noch, Hauptmann.«

Pei sah sich um. »Was denn?«

Huang grinste durch seine rissigen Lippen. »Der Wind ist eisig. Ich muss meine lange Unterhose anziehen. Könnten Sie mir helfen? Sie sehen ja, meine Hände sind nicht mehr so beweglich wie früher. Die Unterhose liegt in der Truhe neben dem Bett.«

Pei öffnete die Truhe und wurde von einem Gestank getroffen, der ihm Tränen in die Augen trieb. Schimmel, Essig und Schweiß auf einmal. Er hielt die Luft an und fischte die wollige Unterhose heraus. Mu wandte sich ab und verließ die Wohnung. Huang fing an, sich die Hose auszuziehen. Plötzlich packte er Peis Schulter.

»Sie sind nicht beide hier, um mich zu verhören«, zischte er dem Beamten ins Ohr.

Pei sah den Mann verdattert an. »Natürlich sind wir das. Wir gehören beide zur Einsatzgruppe.«

Huang mühte sich mit der Wollhose ab und sprach ganz leise weiter. »Die Frau hat mich die ganze Zeit über keine Sekunde beachtet. Sie hat Sie beobachtet, all Ihre Bewegungen und Gesten studiert. Ich hatte nach der Explosion mit vielen Polizisten zu tun. Ich weiß, wie sie arbeiten. Diese Frau ist nicht wegen mir hergekommen. Sondern wegen Ihnen.«

Pei spürte, wie sich seine Brust zusammenschnürte, aber seine Miene blieb neutral. Er half Huang in die Kleidung. »Warum erzählen Sie mir das?«, fragte er sachte.

Huang kicherte gepresst.

»Die meisten Leute ertragen es nicht mal, mich anzugucken, ohne zusammenzuzucken, geschweige denn mir in die Hose zu helfen.«

Wieder betrachtete Pei die entstellten Gesichtszüge des Mannes, diesmal voller Mitleid. »Danke, dass Sie sich Zeit für uns genommen haben«, sagte er, verließ die Wohnung und zog die Tür hinter sich zu.

Draußen wurde er von Schneeregen empfangen. Hauchdünne Tropfen, die sich eisig auf seinem Gesicht niederließen. Mu hatte schon eine Weile gewartet. Ihr wachsamer Blick huschte die Straße entlang, von einer verrosteten

Wohnungstür zur nächsten, als könnten sie jeden Moment aufgerissen werden. Sobald Pei aus der Wohnung trat, sah sie ihn an.

»Wenn Sie die Wahl gehabt hätten, mit Meng Plätze zu tauschen, hätten Sie in diesen letzten paar Sekunden auf Ihr Urteilsvermögen vertraut? Oder hätten Sie sich lieber auf Mengs Rat verlassen?«

Pei schwieg einen Moment. »Ich würde selbst entscheiden.«

»Wieso hat Meng dann auf Sie gehört? Woher kam dieses blinde Vertrauen? Da fällt mir ein, woher wollen Sie überhaupt wissen, dass sie Ihnen zugehört und tatsächlich den roten Draht genommen hat?«

Der Ansturm ihrer Fragen traf Pei vollkommen unvorbereitet. Er rang sich ein betretenes Lächeln ab und seufzte leise. »Jetzt weiß ich, warum Zheng geschrieben hat, der Tod wäre für diesen Mann gnädiger gewesen.«

Mu lächelte ebenfalls. »Da muss ich tatsächlich widersprechen. Haben Sie den Kalender an seiner Wand gesehen?«

»Ja«, sagte Pei nach einer kurzen Pause. »Direkt neben der Tür an einem Nagel.«

»Das war einer dieser Tageskalender. Bei dem man jeden Tag die alte Seite abreißt. Ich habe einen Blick auf die aktuelle Seite geworfen – es war die von heute.«

»Was Ihrer Meinung nach bedeuten muss, dass er noch etwas hat, wofür es sich zu leben lohnt. Bisschen weit hergeholt, finden Sie nicht?«

Mu schüttelte den Kopf. »Sein Leben ist längst nicht so hoffnungslos, wie Sie vielleicht glauben.«

*

Nachdem er zweimal an die geöffnete Tür geklopft hatte, spazierte Zeng in Hans Büro und reichte ihm eine Notiz. Die Handschrift war derart unleserlich, dass Han sich fragte, ob vielleicht die viele Computerarbeit des jungen Beamten schuld daran war.

»›Ort: Dongming-Gärten, Gebäude Zwölf, Tür 404. Name: Sun Chunfeng‹«, las Han leise und sah Zeng an. »Was soll mir das sagen?«

»Das ist der Kerl, den wir suchen, und der Ort, an dem wir ihn finden können.«

Zeng grinste und warf mehrere Fotos auf den Schreibtisch. Sie zeigten einen jungen Mann mit blondierten Haaren, aufgenommen in einem Internetcafé.

»Sie haben die gelöschten Fotos wiederhergestellt?«

Zeng kratzte sich am Ohr und nickte lässig. »Sie wurden am Morgen des achtzehnten Oktober zwischen 10 : 25 Uhr und 10 : 30 Uhr geschossen.«

Han nahm die Fotos zur Hand und betrachtete sie nacheinander. »Woher haben Sie die Informationen auf dem Zettel?«

»Wie gestern schon gesagt – Kommissar Zheng hatte die Internetcafés anhand der Informationen gefunden, die ich ihm gegeben habe. Ich habe das Datum der Fotos mit den Aufzeichnungen meines IP-Suchers verglichen und festgestellt, dass sie im Café Qianghui geschossen wurden, drüben neben der Normaluniversität. Ich bin also ins Café und habe ihre Unterlagen durchgeschaut. Der fragliche Junge hat den ganzen Morgen an diesem Computer verbracht.

Ich habe mir die Betriebsdaten der Festplatte aus diesem Zeitfenster kopiert. Jetzt kenne ich seine Instant-Messenger-Nummer, zwei seiner E-Mail-Adressen und die Log-in-Daten für vier verschiedene Onlinebenutzerkonten«, sagte Zeng und kicherte. Dann riss er den Mund zu einem gewaltigen Gähnen auf. Trotz seiner Erschöpfung schien er sehr zufrieden mit sich zu sein.

»Also haben Sie die Adresse zurückverfolgt, die mit seinen Onlineeinkäufen verbunden ist?«, fragte Han ungeduldig.

»Bingo«, sagte Zeng und grinste schon wieder. »Seine Standard-Postadresse ist diese Wohnung in den Dongming-Gärten. Ich habe mich mit der örtlichen Polizeiwache in Verbindung gesetzt. Sie haben mir die Telefonnummer seines Vermieters gegeben, und der hat mir bestätigt, dass jemand namens Sun Chunfeng vor etwa einem halben Jahr da eingezogen ist. Das hervorstechendste Merkmal dieses neuen Mieters? Blondierte Haare.«

Han lächelte. »Gute Arbeit. Trotzdem ist Ihnen hoffentlich klar, dass Sie mir einfach hätten Bescheid sagen können, nachdem Sie die Adresse hatten. Meine Leute hätten die ganze Zuarbeit erledigt.«

Zeng kicherte und schüttelte den Kopf. »Himmel, Hauptmann, ich dachte, wir wären jetzt im gleichen Team.«

»Stimmt«, sagte Han, »und das heißt, Sie befolgen jetzt meine Anweisungen. Behalten Sie das im Kopf, falls Sie das nächste Mal die Versuchung verspüren, Ihren IT-Leuten Anweisungen zu erteilen.«

»Jawohl, Sir. Ich komme Ihnen auch nicht mehr in die Quere, während Sie dieser Spur nachgehen. Meine Güte, ich war echt die ganze Nacht wach! Ich muss dringend ins Bett.«

Zeng rekelte sich, stand auf und verließ das Büro. Han schaute ihm hinterher. Der Junge war zu locker und zu widerborstig, um je einen guten Polizisten abzugeben, aber seine investigativen Fähigkeiten waren nicht zu verachten. Der Hauptmann dachte über seine nächsten Schritte nach. Er konnte es sich nicht leisten, die Fehler zu wiederholen, die seinen Vorgängern vor achtzehn Jahren unterlaufen waren.

Er gab eine Nummer in sein Tischtelefon ein.

Wie üblich ging Yin nach dem ersten Klingeln dran. Han verlor keine Zeit.

»Rufen Sie Hauptmann Xiong an – ich will Sie beide auf der Stelle in meinem Büro sehen!«

*

22. OKTOBER, 08 : 31 UHR
DONGMING-GÄRTEN

Die Dongming-Gärten waren eins der kleinen erhaltenen Stadtviertel des alten Chengdu. Die Straßen zwischen den Ziegelbauten waren breit genug für zwei Autos nebeneinander, auch wenn Han auf dem Weg zur Wohnung nur einer Handvoll Fahrzeugen begegnete. Um eine lange Parkbank hatte sich eine Gruppe Männer zwischen siebzig und achtzig versammelt, ein paar andere alte Männer und Frauen machten Übungen an den wasserfesten Sportgeräten, die zwischen den Häusern standen. Han entdeckte einige jüngere Anwohner, die in großer Eile ihre Wohnungen verließen, kleine Windstöße aus blütenweißen Hemden, Aktenkoffern und dunklen Röcken. Die älteren Anwohner beäugten die Polizeiwagen in ihrer Nachbarschaft neugierig, die jungen in ihren feinen Outfits schienen für so etwas keine Zeit zu haben.

Vor Gebäude Zwölf, das zurückhaltende sechs Stockwerke maß, hatten sich ein paar unbekannte Gesichter eingefunden. In Zivilkleidung hatten sie das Gebäude unauffällig umstellt. Trotz ihres ungezwungenen Auftretens behielten sie sämtliche Straßen und Gässchen in der Umgebung genau im Auge. Es waren erstklassige Beamte der Kriminalpolizei und die gesamte SEP, die man in großer Eile für diesen verdeckten Zugriff zusammengezogen hatte.

Eine andere Gruppe von Polizeibeamten betrat das Gebäude selbst. Hin und wieder löste sich jemand aus der Gruppe, um an verschiedenen Stellen Position zu beziehen. In jedem Stockwerk gab es vier Wohnungen, die neben gewöhnlichen Holztüren zusätzlich mit einem Metallgitter gesichert waren. Die Mitglieder des Kernteams arbeiteten sich durchs enge Treppenhaus nach oben vor, bis sie vor Tür Nummer 404 ankamen.

Sobald sich Han und Xiongs SEP-Beamte außer Sichtweite an die Wand des Hausflurs gedrückt hatten, wurde der Vermieter, ein nervöser alter Mann, angewiesen, sich der Tür zu nähern. Er klingelte, rief Sun Chunfeng beim Namen und brüllte, er sei gekommen, um die Monatsmiete zu kassieren. Aber auch nach längerem, angespanntem Warten blieb eine Reaktion aus.

Han gab Yin ein Zeichen, der den Vermieter außer Gefahr brachte. Sofort trat ein vierschrötiger SEP-Beamter hinter Xiong hervor und schlich zur Tür.

Die Spezialeinheit der Polizei von Chengdu hatte Spezialisten für fast alle Einsatzbereiche. Liu Song kannte sich besser mit Schlössern aus als jeder Einbrecher der Stadt. Er zog an der metallischen Gittertür, die widerstandslos zur Seite schwang. Liu Song lächelte, ließ einen feingliedrigen Dietrich ins Schloss der Holztür gleiten, und bald war von innen ein sanftes Klicken zu hören. Er hob die linke Hand und signalisierte, die Tür sei offen. Mit gezückten Waffen warteten Han und die anderen Beamten auf ihren Einsatz.

Xiong wiederholte Lius Handzeichen. Liu nickte und drückte sachte mit beiden Händen gegen die Tür, die lautlos aufging. Die Polizisten stürmten hinein.

Sie standen in einer alten Einzimmerwohnung. Abgesehen von einem Kunstledersofa und einem kleinen Fernseher war der düstere, beengte Wohnraum völlig leer. Die Beamten verteilten sich im Raum, einer hob die Hand und bat um Ruhe. Sie lauschten. Jenseits der Tür, die wahrscheinlich zum Schlafzimmer führte, war ein leises Rascheln zu hören.

Hauptmann Han drängte sich an den Kollegen vorbei und riss die Tür auf. Das Licht aus dem Türrahmen traf ein leeres Bett. Han ließ den Kegel seiner Taschenlampe durchs Zimmer gleiten. Als er die Gestalt entdeckte, die sich unterhalb des Fensters wand, hob er die Waffe.

»Keine Bewegung!«, brüllte er.

Xiong und die anderen rannten zu ihm.

Unter dem Fenster saß ein Mann mit blondierten Haaren an die Wand gelehnt. Seine Augen waren mit einem schwarzen Tuch verbunden, das breite Klebeband über dem Mund dämpfte die Geräusche, die er auszustoßen versuchte.

Han stockte. Irgendetwas stimmte hier ganz und gar nicht. Er steckte die Waffe weg und löste das Tuch von Suns

Gesicht. Der junge Mann starrte ihn an und wand sich in wilder Panik. Er war mit Handschellen an den Heizkörper gefesselt.

»Nicht bewegen! Wir sind die Polizei!«, rief Han.

Das Entsetzen in Suns Augen wich einem Hoffnungsschimmer. Er rief etwas in das Klebeband über seinem Mund.

Han beugte sich vor und fing an, das Klebeband zu entfernen. Hinter ihm näherte sich Liu mit gezücktem Dietrich, um sein Talent an den Handschellen zu erproben, die den jungen Mann an die Heizung fesselten.

»Nein! Nicht anfassen!«, schrie Sun, sobald sein Mund vom Klebeband befreit war. »Bombe! Da ist eine Bombe!«

Xiong reagierte sofort. Er zog Liu entschlossen zurück, ging selbst in die Knie und sah sich die Handschellen an. Wie er befürchtet hatte, liefen zwei dünne Drähte aus dem Schlüsselloch und verschwanden auf Bauchhöhe vorne unter Suns Hemd.

Nachdem er Han und den anderen bedeutet hatte, sich zurückzuziehen, lupfte er vorsichtig den Rand des Hemds. Die Drähte endeten in einer eckigen Plastikschachtel, die an Suns Taille befestigt war.

»Das ist die Bombe!« Bodenlose Furcht hatte Suns Schreie in hysterisches Schluchzen verwandelt. »Sie wurde aktiviert, als ihr die Tür aufgemacht habt. Die Uhr war auf zehn Minuten eingestellt!«

Xiong entdeckte das kleine Display an der Seite der Schachtel. Die roten Ziffern ließen sein Blut gefrieren. Ihnen blieben weniger als acht Minuten.

Über die Schulter sah er Han an. »Evakuieren Sie das Gebäude.«

Ohne zu antworten, scheuchte Han seine Leute aus der Wohnung. Sofort hallte energisches Geschrei durch die engen Hausflure.

»Eine Bombe im vierten Stock!«

»Alle Bewohner sofort evakuieren!«

Xiong wandte sich an Liu. »Los, helfen Sie bei der Evakuierung. Hier können Sie nichts ausrichten.«

Liu starrte seinen Vorgesetzten an, eine Mischung aus Entsetzen und Scham in den Augen. Hätte er das Schloss berührt ... aber er hatte seine Befehle. Hauptmann Xiong musste sich ganz auf die Untersuchung der Bombe konzentrieren.

Von draußen dröhnten Schritte und Gebrüll durch die Wohnung.

Sun zitterte hilflos am ganzen Leib. Sein entsetzter Blick huschte immer wieder zwischen Xiongs Gesicht und der Bombe hin und her.

»Stillhalten.« Unerwartet ließ Xiong ein Lächeln aufblühen und klopfte dem jungen Mann auf die Schulter. »Ich werde die Bombe entschärfen.«

Sofort legte sich Suns Zittern. Abermals stahl sich Hoffnung in seinen Blick.

Xiong zückte sein Multifunktions-Taschenmesser und machte sich über die Abdeckung der Schachtel her. Eine Schraube nach der anderen fiel zu Boden, bis er die Abdeckung gelöst hatte. Er hielt den Atem an und löste den Kippverschluss. Gerade wollte er den Deckel abnehmen, als er von innerhalb der Schachtel einen Widerstand spürte. Er erstarrte.

Der Deckel war mit dem Gehäuse verdrahtet. Trotz seiner Vorsicht war der Schaden bereits angerichtet. Das

Gerät stieß einen tiefen Piepton aus, die Ziffern auf dem Display jagten dahin. Ihm war klar, dass er keine Minute mehr hatte, um die Bombe zu entschärfen.

Sun ließ ein gedehntes Ächzen fahren. Er zuckte und kämpfte mit dem Seil, das seine Beine gefesselt hielt.

Xiong ignorierte die Schweißtropfen auf seiner Stirn. Er hatte nichts mehr zu verlieren und riss den Deckel mit einem Ruck ab.

Der Countdown auf dem Display war abgelaufen.

Ein Rauchwölkchen stieg aus der Bombe auf. Kleine Silikontrümmer klapperten zu Boden. Eine leise, aber fröhliche Melodie drang ihm ins Ohr. Mit offenem Mund starrte er das Stück Papier an, das sich langsam wie eine Zunge aus dem zerstörten Gehäuse schob.

Es war nie eine Bombe gewesen. Bloß eine Spieluhr mit Zeitschalter.

Der Hauptmann der Spezialeinheit holte tief Luft und spürte eine gewaltige Last von sich abfallen. Plötzlich fiel ihm ein eigenartiger Geruch auf. Er sah sich nach der Ursache um und entdeckte einen feuchten Fleck in Suns Schritt.

Xiong lächelte gequält und schnappte sich den Zettel, den die Bombe ausgespuckt hatte. Ein schneller Blick, und schon rannte er hinaus auf den Flur. Han und die anderen Kollegen waren noch immer dabei, die Evakuierung zu koordinieren, und er brauchte einen Moment, um ihre Aufmerksamkeit zu erlangen.

Sobald alle die Wahrheit über die falsche Bombe gehört hatten, kehrte Liu in die Wohnung zurück und befreite Sun von den Handschellen. Der junge Mann brauchte eine ganze Weile, bis er sich halbwegs beruhigt hatte. Schließlich hatte sich die Lage so weit entspannt, dass er stockend von den letzten Stunden erzählen konnte.

*

Am Tag nach Kommissar Zhengs Ermordung hatte Sun Chunfeng die ganze Nacht im Internetcafé verbracht. Erst im Morgengrauen war er in seine Wohnung zurückgekehrt und auf der Stelle eingeschlafen, sobald er die Matratze berührte. Als er aufwachte, musste er feststellen, dass er sich nicht bewegen konnte – er war an Händen und Füßen gefesselt, hatte die Augen verbunden und einen Knebel im Mund.

Eine unbekannte Männerstimme erklärte ihm, er sitze mit Handschellen an den Heizkörper gefesselt und trage eine Bombe am Leib. Der Zünder sei mit dem Schlüsselloch der Handschellen verbunden. Sollte jemand die Zimmertür öffnen, würde das eine Fernsteuerung aktivieren und die Zeitschaltuhr der Bombe scharf stellen, die auf zehn Minuten eingestellt sei. Sollte jemand versuchen, die Handschellen aufzuschließen, würde die Bombe sofort zünden.

Dann hatte Sun Schritte gehört, die sich entfernten. Er hatte keine andere Wahl gehabt, als in Angst und Dunkelheit auszuharren, bis ihn jemand finden würde.

*

Han war außer sich. Suns Aussage hatte bestätigt, dass ihr Verdächtiger offenbar tatsächlich ein Mann war, aber von diesem kleinen Detail abgesehen waren sie keinen Schritt weiter.

»Der führt uns an der Nase herum. Nachdem er Zheng umgebracht hat, ist er am nächsten Tag hergekommen und hat diese Falle für uns vorbereitet.«

»Sie meinen, die gelöschten Fotos waren eine Spur, die er uns absichtlich hinterlassen hat?«, fragte Xiong.

»Ist das nicht eindeutig? Er wusste, wir würden auf jeden Fall versuchen, die Bilder wiederherzustellen, was uns auf der Stelle hierherführen musste.«

Xiong schüttelte wütend den Kopf. »Warum so viel Aufwand, nur um uns eine Nachricht zukommen zu lassen?«, fragte er und bezog sich auf den Zettel, den Han jetzt unsanft in der Hand hielt.

Der Hauptmann hatte ihn bereits so oft gelesen, dass er den Inhalt mit geschlossenen Augen hätte aufsagen können.

Diese makellose, fast mechanische Handschrift.

TODESANZEIGE

DIE ANGEKLAGTE: Ye Shaohong
VERBRECHEN: Gewalt im Straßenverkehr, Mord mit bedingtem Vorsatz, Missbrauch des Justizsystems
DATUM DER URTEILSVOLLSTRECKUNG: 23. Oktober
HENKER: Eumenides

Hans Finger zitterten vor Zorn. Die Drohung des Mörders war eindeutig. Eumenides gab die Namen seiner Ziele und das Datum ihrer Ermordung absichtlich preis. Er verhöhnte die Polizei. Wollte sie demütigen. Was sonst hätte er damit bezwecken können? Han fühlte sich wie eine entsicherte Pistole mit gespanntem Hahn. Der sanfteste Druck, und sei es unbeabsichtigt, würde ausreichen, ihn hochgehen zu lassen.

*

Ein Mann spielte an einem elektrischen Sensor herum. Er war ruhig und gelassen – das genaue Gegenteil von Han. Er starrte die Ziffern an, die das Gerät in seiner Hand anzeigte. Es handelte sich um mehrere genau abgemessene Zeiträume, wie bei einer Stoppuhr.

»Einundzwanzig Stunden und fünfzig Minuten, um die Wohnung zu erreichen. Dann noch mal vier Minuten elf Sekunden, um die ›Bombe‹ zu entschärfen«, murmelte er vergnügt. »Keine schlechte Leistung. Am Ende wird das doch noch interessant.«

KAPITEL VIER

PEIS GEHEIMNIS

Zeng hatte kaum zweieinhalb Stunden geschlafen, als er zurück in den Konferenzraum beordert wurde. Er sah furchtbar aus; die Augen blutunterlaufen und geschwollen, die Haare struppig.

»Scheiße! Dann war dieser Sun Chunfeng eine Sackgasse?«, rief er entgeistert. »Also haben wir nichts in der Hand.«

Han antwortete auf der Stelle. »Wir haben seine Familienverhältnisse überprüft, persönliche Geschichte, soziales Umfeld und kürzliche Aktivitäten. Er ist ein ganz normaler Hochschulabbrecher und Eumenides rein zufällig in die Hände gefallen, als er im Netz über diesen ›Aufruf zu Gerechtigkeit‹ gestolpert ist. Die ganze Nummer war ein abgekartetes Spiel. Sun hatte nichts damit zu tun.«

Zengs Arbeit – die ganze komplizierte IP-Suchmaschine, die er für den verflossenen Kommissar Zheng eingerichtet hatte – war vollkommen im Sande verlaufen. Eine eisige neue Erkenntnis ließ Zeng das Gesicht verziehen. »Die Handlung verdichtet sich. Ich habe mich geirrt. Der Typ hat uns die ganze Zeit hingehalten. Das ist kein Stümper, sondern ein erfahrener Technikprofi.«

Yin war schweigend mit dem Protokoll der Sitzung beschäftigt gewesen, aber jetzt erstarrte sein Stift auf dem Papier. Die plötzliche Kehrtwende in Zengs Attitüde war verblüffend.

»Wenn die fehlenden Fotos ein absichtlicher Teil seines Plans waren, ist nicht auszuschließen, dass unsere ursprünglichen Vermutungen hinsichtlich seiner Motive ebenfalls haltlos sind«, sagte Han. »Also alles wieder auf Anfang. Warum hat er Zheng umgebracht?«

Yin widmete sich erneut dem Gesprächsprotokoll und versuchte, das Gefühl zu ignorieren, tiefer und tiefer in Dunkelheit zu versinken. Der Fall war weitaus vielschichtiger, als er erwartet hatte. Er entschied, nicht mehr tun zu können, als der Analyse der älteren Teammitglieder zu lauschen und so viel wie möglich von ihrem Sachverstand zu verinnerlichen.

Xiong meldete sich zu Wort. »Eigentlich ist es nicht allzu schwer, sich das Motiv des Mörders auszurechnen. Wir sollten nicht vergessen, dass Zheng getötet wurde, nachdem er angefangen hat, die alten 18/4er-Ermittlungen wieder auszugraben. Am wahrscheinlichsten Szenario hat sich also nichts geändert: Zheng hat eine neue Spur aufgetan und wurde umgebracht, um genau das zu verschleiern. Sie haben recht. Die eigentliche Frage lautet: Warum dann uns so aufwendig verarschen? Das ist das Einzige, was ich nicht begreife.« Der SEP-Hauptmann ballte eine Hand zur Faust.

»Der Mörder benimmt sich völlig widersprüchlich«, sagte Mu.

Pei, der bis jetzt gedankenverloren dagesessen hatte, sah zu der Akademikerin auf. »Inwiefern?«

»Seine Handlungen stehen in einem psychologischen Widerspruch zueinander. Wenn das Motiv für den Mord an Zheng war, etwas zu vertuschen, was der Kommissar entdeckt hatte, sollte er allem voran die Aufmerksamkeit der Polizei meiden. Ihnen diese Falle zu stellen war aber das genaue Gegenteil.«

»Schön und gut«, sagte Pei, »aber das bringt uns auch nicht weiter zu verstehen, warum Eumenides getan hat, was er getan hat.«

Han fuhr dazwischen. »Es gibt noch eine neue Entwicklung. Beim Untersuchen der Vorrichtung in Suns Wohnung haben wir einen Sender entdeckt.« Er winkte Yin, der auf seinem Laptop eine Taste drückte. Auf der Leinwand tauchte ein Foto des Senders auf.

Zeng fuhr zusammen. »Natürlich! Diese Bombenattrappe war nur ein weiterer Trick!«

»Wissen wir denn, was für eine Sorte Signal das Ding gesendet hat?«, fragte Xiong.

»Es war ein ganz primitiver Sender, verbunden mit der Zeitschaltuhr ›dieser Bombenattrappe‹«, sagte Han. »Er hat nur den aktuellen Stand der Uhr an ein Empfangsgerät weitergegeben.«

Zeng prustete los. »Was zum Teufel hat der sich dabei gedacht? Wollte er unsere Zeit stoppen?«

Pei hob plötzlich sehr nachdenklich die Augenbrauen und klopfte sachte mit der Fingerspitze auf den Tisch. Han blieb es nicht verborgen.

»Hauptmann Pei ist eine Idee gekommen.«

»Es gibt da ein Problem mit unserer Herangehens-weise. Ein Problem mit unserer kollektiven Geisteshaltung, genauer gesagt.«

Pei ignorierte die empörten Blicke.

»Wir stellen uns die falschen Fragen. ›Was wissen wir bisher?‹, ›Wo hat sich der Mörder eine Unaufmerksamkeit geleistet?‹ Wir müssen uns aber zuallererst eine Sache klarmachen: Wir wissen absolut gar nichts, bis auf das, was uns der Mörder von sich aus mitgeteilt hat. Wir sind sein Publikum. Er hat sein Manifest ins Netz gestellt, Kommissar Zheng umgebracht und uns eine Spur aus Brotkrümeln ausgestreut, die wir verfolgen sollen. Er hat uns sogar das Datum seines nächsten Mordes und den Namen des Opfers verraten.« Pei kniff die Augen zusammen. »Er lässt uns schön nach seiner Pfeife tanzen.«

Während Pei das gemeinschaftliche Versagen der Anwesenden erläuterte, konnte er ihren Gesichtern zunehmende Beschämung ablesen. Bei allen bis auf Zeng, der ein unbeeindrucktes Kichern hören ließ.

»Und was sollen wir jetzt machen? Uns in Selbstmitleid wälzen?«

»Hauptmann Pei hat eine erstklassige Bemerkung von sich gegeben«, fügte Mu hinzu. »Der Mörder verfolgt weitaus größere Ziele als nur den Mord an Kommissar Zheng. Er fordert die Polizei offen heraus. Das ist alles ein großes Spiel für ihn.«

»Das ist genau der Punkt«, sagte Pei. »Es ist ein Spiel – und er hat sich gewaltige Mühe gegeben, die Spielregeln vorher auszuarbeiten. Er hat das achtzehn Jahre lang geplant. Jetzt hat es angefangen, und er hat sich seine Opfer zurechtgelegt. Aber irgendetwas fehlt noch. Das Spiel ist nicht vollständig, und ohne diese eine Sache wird er, so meisterhaft sein Plan auch sein mag, nicht den Kick aus diesem Spiel ziehen, nach dem er sich sehnt.«

Zeng seufzte theatralisch. »Ich beiße an. Was fehlt ihm?«

»Kein gutes Spiel ohne versierten Gegner«, sagte Pei mit einem trockenen Lächeln. »Vielleicht hat der Mord an Kommissar Zheng eine einfachere Ursache, als wir glauben wollen. Vergessen Sie nicht, die alte 18/4-Ermittlung lag achtzehn Jahre vergessen im Schrank. Unter Geheimhaltung. Vergraben. Vielleicht wollte unser Mörder das alte Spiel neu starten.«

»Wollen Sie damit sagen, er hat Zheng nur umgebracht, weil er wusste, dass die Polizei dann die Einsatzgruppe 18/4 wieder ins Leben ruft?«, fragte Zeng.

»Schauen Sie sich doch an, was in den Dongming-Gärten passiert ist«, sagte Pei, dessen Stimme vor Erregung immer lauter wurde. »Das war ein Test. Er hat absichtlich eine Spur ausgelegt, die uns direkt zu Sun Chunfeng geführt hat. Er hat sogar unsere Zeit gestoppt.«

»Unglaublich«, murmelte Xiong. »Das ist doch wirklich unglaublich.«

»Nein, Hauptmann Xiong«, sagte Pei entschlossen. »Es passt zu den Fakten. Deshalb frage ich mich auch, ob unsere Leistung wohl seinen Ansprüchen genügt hat.«

»Wohl wahr«, sagte Mu und kaute auf der Unterlippe herum. »Wenn wir Eumenides' Verhalten aus diesem Winkel analysieren, sind seine Taten alles andere als widersprüchlich. Im Gegenteil, sie scheinen ein ganz eindeutiges Ziel zu verfolgen.«

Yin wischte sich einen dünnen Schweißfilm von der Stirn. Er wusste nicht, ob er mitdenken oder einfach nur Notizen machen sollte.

»Das ist so absurd wie verstörend«, sagte Han, ohne zu verdeutlichen, ob er sich auf Peis Analyse oder ihren neu definierten Gegenspieler bezog. »Wenn er spielen will, nur zu, spielen wir!« Seine Faust krachte auf die Tischplatte und sandte ein Schaudern durch den Raum.

»Was für ein Spiel«, sagte Zeng verbittert. »Gut, wann starten wir in die zweite Runde?«

Han wandte sich an Yin. »Rufen Sie die neueste Todesanzeige auf.«

Na endlich, dachte Yin. Das war vertrautes Terrain. Er holte tief Luft und drückte die rechte Pfeiltaste auf seinem Laptop. Das Abbild des handschriftlichen Zettels legte sich auf die Leinwand.

»Diese Nachricht«, sagte Han, »wurde im Inneren der Bombe in Suns Wohnung gefunden.«

»Dreiundzwanzigster Oktober«, las Zeng vor. »Morgen.«

»Yin«, sagte Han. »Was wissen wir über diese Ye Shaohong?«

Yin drückte eine weitere Taste, und das Foto einer Frau erschien auf der Leinwand.

»Ye Shaohong. Weiblich, dreißig Jahre alt, verheiratet, kinderlos. Wohnhaft in Chengdu, momentan im neuen Villenviertel im Zentrum von Jinding, also im Süden der Stadt. Ye ist Geschäftsfrau. Reich. Sie ist die Geschäftsführerin der Duhua Im- und Export GmbH. Die Firma ist spezialisiert auf Luxusmode – die Sorte Kleidung, die auch im Schlussverkauf noch ein paar Monatsgehälter kostet.«

Zeng unterbrach ihn. »Es gibt eine Menge Frauen

namens Ye Shaohong in dieser Stadt. Woher wollen Sie wissen, dass es diese ist?«

»Sie hat ebenfalls persönlich eine Todesanzeige bekommen.« Yin rief das nächste Foto auf. »Hier sind die Antworten auf Eumenides' Manifest in dem Forum. Ye Shaohong taucht als dritter Name auf. Über siebenhundert Benutzer haben diese Antwort kommentiert und ihre Unterstützung kundgetan. Dieses Opfer ist also offenbar von den Nutzern des Forums ausgewählt worden.«

»Ein richtiger Volksentscheid«, sagte Zeng kaum hörbar.

»Aber was genau hat sie verbrochen?«, fragte Mu.

Beim Anblick von Ye Shaohongs Foto regte sich so etwas wie Mitgefühl in ihr. Ja, die Frau war attraktiv, aber »schön« wäre ihr nicht als Erstes in den Sinn gekommen. »Diszipliniert« schon eher. Die Frau trug einen modischen Kurzhaarschnitt und professionell aufgetragenes Make-up auf der straffen Haut über Kiefer- und Wangenknochen. Selbst wenn die Männer im Raum es nicht bemerkten, spürte Mu die Beharrlichkeit, die diese Frau wie ein undurchdringlicher Panzer zu umgeben schien. Es war die gleiche Einstellung, mit der sie selbst sich vor der Doppelmoral und den abfälligen Bemerkungen schützte, die man als professionelle Frau im modernen China unweigerlich erdulden musste. Und noch etwas schlummerte unter der straffen Fassade dieser Frau, dachte Mu. Stolz.

Yin fing die fragenden Blicke von Pei und Mu auf. Er setzte zu einer Erläuterung ihrer Verbrechen an.

*

Als Ye Shaohong vor zwei Jahren am fünften April gerade auf dem Weg zur Arbeit war, lenkte sie ihren brandneuen roten BMW in einen Gemüsestand neben der Straße, der einem Bauern mit Nachnamen Wang gehörte. Der Gemüsestand überschlug sich, ein Streit entbrannte zwischen den beiden. Wang forderte, Ye solle ihn für den verursachten Schaden entschädigen. Ye hingegen bestand darauf, Wangs Stand habe die Straße blockiert – auch wenn sich in dieser Straße in der Innenstadt ein Dutzend anderer Obst- und Nudelverkäufer an Wangs Stand gereiht hatten –, und weigerte sich, den Vorfall weiter zu diskutieren.

Um Ye davon abzuhalten, den Ort des Geschehens in ihrem Wagen zu verlassen, hatte Wang sich direkt vor das Auto gestellt. Augenzeugen zufolge hatte Yes BMW plötzlich einen Satz gemacht und Wang erfasst. Der Mann wurde ins Krankenhaus eingeliefert, wo er wenig später seinen Verletzungen erlag.

Es mangelte nicht an Augenzeugen für diesen Vorfall, und die Nachricht darüber verbreitete sich in Windeseile, sowohl im Netz als auch per Mundpropaganda. Trotz des verstärkten Vorgehens der Regionalregierung gegen Straßenhändler schlugen sich viele Leute auf Wangs Seite, und schnell hatte sich eine ganz neue Schilderung der Sachlage ergeben: Die reiche, privilegierte Geschäftsfrau hatte den armen Straßenhändler kaltblütig überfahren. Ye sagte aus, sie habe versucht, den Rückwärtsgang einzulegen, um einen Bogen um Wang zu fahren, sei aber nach dem hitzigen Streit mit dem Händler nervlich so aufgewühlt gewesen, dass sie den falschen Gang eingelegt habe. Sie bestand darauf, es sei ein schrecklicher und bedauerlicher Unfall gewesen und sie selbst eigentlich ebenfalls Opfer. Im anschließenden Gerichtsverfahren wurde ihre Argumentation akzeptiert, sie selbst demzufolge nach Zahlung einer empfindlichen Strafe freigesprochen. Diese milde Entscheidung löste eine Flut der Entrüstung aus; die Medien verlangten lautstark nach Ächtung und weiterer Aufarbeitung. Viele Leute beschuldigten Yes Ehemann, einen prominenten Diplomaten, der in Europa Dienst tat, er habe seinen Einfluss benutzt, um den Fall verschwinden zu lassen.

»Am Ende«, schloss Yin, »hat Ye weiter bei Duhua gearbeitet und ist dort zügig von der Betriebsassistentin zur Geschäftsführerin befördert worden.«

Xiong schüttelte sichtlich missbilligend den Kopf. Auch die restlichen Teammitglieder zeigten ähnliche Reaktionen.

»Jetzt erinnere ich mich auch wieder, damals davon gehört zu haben«, sagte Zeng mit erhobenem Zeigefinger. »Also hat Ye diesen Wagen gesteuert. Ja, es hieß damals, die Fahrerin sei überaus gut vernetzt.«

»Ich gehe davon aus, dass es volle Absicht war«, sagte Yin und ließ damit schließlich auch seine Meinung ins Gespräch einfließen. »Die damaligen Augenzeugen haben angegeben, Frau Ye habe Wang lautstark beleidigt, bevor sie sich wieder ans Steuer gesetzt hat, und habe ihm sogar gedroht, ihn über den Haufen zu fahren, wenn er nicht zur Seite gehe. Deshalb finde ich ihre Ausrede, sie habe nur aus Versehen den falschen Gang eingelegt, nicht besonders überzeugend.«

Han räusperte sich. »Laut Gesetz ist jeder unschuldig, bis die Schuld bewiesen ist. Wenn man jemanden wegen Mordes mit bedingtem Vorsatz verurteilen will, braucht man schlagkräftige Beweise, um das zu untermauern.« Er sah Yin scharf von der Seite an. »Ein paar hitzige Worte während einer Auseinandersetzung reichen da nicht.«

»Wenn ich jetzt also rausgehe und jemanden überfahre, bin ich auch unschuldig?«, warf Zeng ein. »Wir sind die Polizei. Wieso versuchen wir hier, das zu vertuschen? Im Ernst, es gibt nur zwei mögliche Erklärungen dafür, dass sie so glimpflich davongekommen ist: ihr prall gefülltes Konto oder ihren Mann!«

Pei betrachtete Zeng mit wachsendem Respekt.

Jetzt räusperte sich Xiong. »Zurück zum Thema. Wie sieht unser nächster Schritt aus?«

Alle Augen richteten sich auf den Leiter der Einsatzgruppe. Glücklicherweise hatte sich der Hauptmann bereits einen Plan zurechtgelegt.

»Eumenides behauptet, dass er sein selbstherrliches Urteil über Frau Ye morgen vollstrecken will. Wenn er uns schon derart unverfroren herausfordert, bleibt uns kaum etwas anderes übrig, als ein möglichst weiträumiges Netz auszuwerfen und ihm aufzulauern.«

»Haben wir ihren Ehemann kontaktiert?«, fragte Pei.

Han verzog das Gesicht. »Es hat eine Weile gedauert, aber es ist uns endlich gelungen, uns mit seiner persönlichen Assistentin in Verbindung zu setzen, die uns gesagt hat, ihr Chef sei gerade auf einem dreitägigen Skiausflug in den Schweizer Alpen unterwegs. Sie hat versprochen, bei seinem Hotel eine Nachricht zu hinterlassen, aber ich glaube kaum, dass wir mit einer schnellen Antwort rechnen können. Wir müssen aber auf der Stelle handeln.«

Das war Yins Stichwort. Während der Hauptmann weitersprach, klickte er durch eine Reihe von Örtlichkeiten, die nacheinander auf der Leinwand erschienen.

»Da Eumenides uns Tatzeit und Opfer bereits mitgeteilt hat, muss er davon ausgehen, dass sie unter Polizeischutz stehen wird. Was uns zu der Annahme bringt, dass er versuchen wird, sie an einem belebten Ort zu ermorden. Irgendwo unter komplizierten geografischen Begebenheiten, damit wir Mühe haben, jederzeit alles im Blick zu behalten, was eventuell vor sich geht. Er wird wahrscheinlich versuchen, sich direkt vor unserer Nase anzuschleichen und wieder zu verschwinden.«

Ein neues Bild erschien auf der Leinwand – ein mächtiges Gebäude aus Glas und Stahl.

»Frau Yes Büro befindet sich im Deye-Turm in der Innenstadt. Jeden Morgen verlässt sie ihre Wohnung um Punkt neun Uhr und fährt zur Arbeit. Der Deye-Turm ist ein älteres Gebäude und hat keine unterirdische Parkgarage. Das heißt, Frau Ye muss ihren Wagen am nahe gelegenen Bürgerplatz parken und von dort aus zu Fuß ins Büro gehen. Gegen vier Uhr nachmittags meldet sie sich ab und fährt wieder nach Hause.«

Jetzt sahen die Teammitglieder ein kleines Herrenhaus, vor dem sich ein sorgsam gepflegter Rasen erstreckte, gesäumt von Bäumen, Hecken und einem Springbrunnen.

»Ihre Villa befindet sich in einem hervorragenden Zustand und wird rund um die Uhr videoüberwacht. Auch im Deye-Turm legt man viel Wert auf Sicherheit. Sämtliche Ein- und Ausgänge werden gründlich kontrolliert. Es ist sehr unwahrscheinlich, dass der Mordversuch an einem dieser beiden Orte stattfindet.«

Han machte eine Pause und versicherte sich, dass ihm alle Anwesenden ihre volle Aufmerksamkeit widmeten. Dann zeigte er auf die Leinwand, wo jetzt ein großer roter Platz zu sehen war, der über hundert Meter breit sein musste.

»Das hier«, sagte er, »ist der Bürgerplatz. Ein exponierter öffentlicher Raum mit einer Menge Fußverkehr und direkter Verbindung zu allen Hauptstraßen in der Nähe. Hier sollte es unserem Mann relativ leichtfallen, sich in aller Öffentlichkeit zu verstecken und jederzeit zu fliehen. Hier wird er es versuchen. Für uns hat es morgen also oberste Priorität, diesen Platz zu sichern.«

Er warf Xiong einen Blick zu. »Natürlich müssen wir uns auch für alle unkonventionellen Methoden wappnen, mit denen er versuchen könnte, diesen Mord zu begehen«, fügte er hinzu. »Gas, Fernwaffen, Überfahren, eine Explosion. Das alles fällt in Ihren Bereich, Hauptmann Xiong.«

Xiong schien das nicht zu gefallen. »Sie wollen also sagen, wir sollen Frau Ye den ganzen Tag lang beschützen und dann sofort zugreifen, um den Mörder zu schnappen, bevor er seinen Plan umsetzen kann?«

Han nickte. »Ganz genau«, sagte er und hob die Stimme. »Ich weigere mich zu glauben, dass jemand in Sichtweite der Polizei einen Mord bewerkstelligen kann.«

Xiong schwieg und sammelte sich einen Moment lang. »Das ist nicht die richtige Herangehensweise. Wenn wir uns nach dem heutigen Tag einer einzigen Sache sicher sein können, dann der, dass Eumenides kein Idiot ist. Er muss wissen, dass es glatter Selbstmord wäre, Frau Ye öffentlich hinrichten zu wollen. Er will uns ködern. Ist das nicht eindeutig? Es gehört alles zu seinem Spiel. Wir sollten Frau Ye morgen von ihrem üblichen Tagesablauf abhalten und dafür sorgen, dass sie ihr Haus nicht verlässt. Das ist unsere beste Chance, für ihre Sicherheit zu sorgen.«

»Und dann? Glauben Sie, wir können sie auf ewig in ihrem Haus festhalten? Angenommen, Eumenides kommt morgen tatsächlich nicht zum Zug. Glauben Sie, er gibt dann einfach auf? Was, wenn er Frau Ye einfach an einem anderen Tag angreift, wenn wir gerade nicht in der Nähe sind? Wie könnten wir uns die beste Gelegenheit, diesen Mörder zu erwischen, einfach so entgehen lassen?«

»Ich glaube nicht, dass Eumenides sich zeigt, solange ihr Haus voller Polizisten ist. Er wird abwarten, bis wir uns bewegen. Bis wir nachlässig werden«, sagte Pei.

Xiong runzelte die Stirn. »Ich kann keinen Plan gutheißen, der darauf baut, dass wir die Person, die wir beschützen sollen, als Köder benutzen.«

Han dachte einige Sekunden frustriert nach. Statt die anderen glauben zu lassen, ihr Anführer habe sich festgefahren, entschied er, sie abstimmen zu lassen.

»Mehrheitsbeschluss. Wir stimmen ab, welchen Plan wir umsetzen.«

Xiong nickte. »Damit bin ich einverstanden.«

Zeng hob als Erster die Hand. »Ich bin bei Hauptmann Han. Abgesehen davon ist Frau Ye wirklich keine Musterbürgerin. Womit hätte sie so eine Sonderbehandlung verdient?« Nach einem listigen Blick in Richtung Mu mischte sich etwas Spott in seine Stimme. »Auch wenn es natürlich eine Schande wäre, so eine bildschöne Frau sterben zu lassen.«

Mu erwiderte seinen Blick. »Sie ist nicht so umwerfend, als dass es mein Urteilsvermögen beeinträchtigen würde. Trotzdem hat Hauptmann Xiong recht. Ye Shaohong zu beschützen muss Vorrang haben.«

»Damit steht es zwei gegen zwei«, sagte Han. »Hauptmann Pei?«

Alles starrte ihn an.

»Ich stimme für Hans Plan.«

»Dann ist es entschieden.« Han lächelte erleichtert und schloss alle Anwesenden mit einer umfassenden Geste ein. »Reden wir über unsere Strategie.«

*

Um zwei Uhr nachmittags hatten sie einen Plan ausformuliert, um Ye Shaohong zu beschützen. Die besten Beamten aus Hans Kriminalpolizei und Xiongs Spezialeinheit würden den großen Platz sichern und Ye nicht aus den Augen lassen.

Pei war wenig überrascht, als Han ihm mitteilte, er habe dabei nur am Rande eine Rolle zu spielen. Theoretisch sollte er den Polizisten zur Hand gehen, die den Bürgerplatz überwachen würden. Han hatte allerdings kein Problem damit, Pei unverblümt zu sagen, ihm sei eine reine Beobachterrolle zugedacht. Pei beschwerte sich nicht.

Da ihnen nur ein Tag zur Vorbereitung blieb, machten sich Han und Xiong sofort an die Arbeit. Zeng verzog sich schleunigst in sein Zimmer im Gästehaus, um noch ein wenig Schlaf nachzuholen. So blieben Pei und Mu, die beide »Beobachter« sein sollten, als Letzte im Konferenzzimmer zurück. Obwohl Hauptmann Han gegangen war, machte Mu keinerlei Anstalten, ihre Kritik am Vorgehen der Einsatzgruppe einzustellen.

»Hauptmann, ich hoffe, Ihnen ist klar, dass Sie mit Ihrer Entscheidung bei dieser Abstimmung gegen sämtliche Prinzipien verstoßen haben, nach denen sich ein Polizeibeamter richten sollte. Sie sollen verhindern, dass Verbrechen begangen werden können, und nicht Mörder dazu anstiften, den ersten Schritt zu tun.«

»Glauben Sie im Ernst, Eumenides hat bei so umfassender Überwachung noch eine Aussicht auf Erfolg? Han hat recht. Hier geht es um viel mehr.«

Mu ließ sich nicht beirren. »Ehrlich gesagt ist mir verdammt noch mal egal, was morgen passiert. Worum es mir geht, ist das, was in den Köpfen der Leute vorgeht. Xiong und ich sind als Einzige hier unserer professionellen und moralischen Verantwortung gerecht geworden. Han ist zu begierig, diesen Mörder zu erwischen, vielleicht auch vom Drang getrieben, Kommissar Zheng zu rächen. Oder es ist ein Symptom seiner übereifrigen, bedingungslosen Arbeitsauffassung. Zeng hat weder die nötige Erfahrung noch die damit einhergehende Reife. Wie dem auch sei, ihre Entscheidungen passen zu ihrer Persönlichkeit. Aber was ist mit Ihnen? Sie wirken auf mich vernünftiger als Han, und ganz bestimmt sind Sie weniger oberflächlich als Zeng. Warum haben Sie dafür gestimmt, Ye in Gefahr zu bringen?«

Pei schüttelte den Kopf. »Ich weiß es nicht.«

»Jeder Mensch ist sich bis zu einem gewissen Grad der eigenen Gedankengänge bewusst«, sagte Mu mit einem trockenen Grinsen. »Sie haben bloß keine Lust, sich damit auseinanderzusetzen. Dabei haben Sie heute Eumenides' Motiv für den Mord an Kommissar Zheng präzise auf den Punkt gebracht. Ihre Theorie war mutig und bestechend. Und obwohl Ihre Erklärung ziemlich rational klang, folgte sie einem unkonventionellen Denkmuster. Wie sind Sie zu diesem Schluss gelangt?«

»Ganz einfach«, sagte Pei. »Ich habe das Problem aus einer anderen Perspektive betrachtet.«

Mu sah ihn zweifelnd an. »Aus der Perspektive des Mörders, meinen Sie? Dergleichen bringen sie einem in jeder

Einführungsveranstaltung an der Akademie bei. Aber Sie haben an etwas gedacht, was von uns niemand gesehen hat. Und das bedeutet?«

Pei sah Mu mit zusammengekniffenen Augen an und wartete darauf, dass sie ihren Gedanken zu Ende führte.

Sie lachte.»Von uns allen ähnelt Ihre Denkweise der des Mörders am meisten. In gewisser Hinsicht sind Sie beide sich recht ähnlich.«

Pei verkrampfte etwas.»Das kann ich wohl nicht wirklich widerlegen.«

»Die Vorstellung, sich intellektuell mit ihm zu messen, gefällt Ihnen, nicht wahr?« Mus Augen funkelten.»Sie sehnen sich beide nach dem Nervenkitzel, den dieses Spiel bietet.«

Pei schwieg einen Moment, dann kicherte er leise. Nachdem Mu ihm eine derart klare Einsicht in seine eigenen Gedanken präsentiert hatte, fühlte er sich fast ein wenig erleichtert.»Wie heißt es so schön? Um ein außergewöhnlicher Polizist zu werden, muss man ein außergewöhnlicher Verbrecher sein.«

»Das hat Professor Yang in seinem Seminar über Strafrechtliche Ermittlungen immer gesagt, stimmt's? Er hat gesagt, ein guter Polizeibeamter und ein erfolgreicher Verbrecher teilen sich eine ganze Reihe von Charaktereigenschaften – einen scharfen Verstand, eine Veranlagung für akribisches Arbeiten, eine natürliche Risikobereitschaft und Wissensdurst. Zwei Seiten derselben Medaille, mit anderen Worten. Wonach sich beide am meisten sehnen und was für beide am schwierigsten zu bewerkstelligen ist, ist, die Welt durch die Augen des jeweils anderen zu erfassen.«

»Sehr richtig. Ich habe Professor Yang eine Menge zu verdanken.«

Mu betrachtete ihn aufmerksam. »Ein Glück für uns alle, dass Sie auf der richtigen Seite dieser Medaille gelandet sind. Eine schreckliche Vorstellung, dass Sie stattdessen eine kriminelle Karriere eingeschlagen hätten.«

Pei schüttelte den Kopf. »Ich kann mir mindestens eine Sache vorstellen, die noch schrecklicher wäre.«

»Und das wäre?«, fragte Mu mit hochgezogenen Brauen.

»Ein weiblicher Psychologe.«

Mu erstarrte. »Und blöde Witze reißen Sie auch noch, wie?« Sie verzog das Gesicht. »Nur fürs Protokoll, meine Meinung über Männer hat sich nicht geändert. Manche von ihnen sind wirklich das Letzte.«

*

»Tja, meinen Schönheitsschlaf kann ich heute wohl endgültig vergessen.« Zeng unterdrückte ein Gähnen, hatte die blutunterlaufenen Augen aber vor Begeisterung weit aufgerissen.

»Was haben Sie herausgefunden?«, fragte Han neugierig.

»Der Bastard hat Ye Shaohongs Todesanzeige vor einer knappen halben Stunde ins Netz gestellt.«

Han wandte sich seinem Computer zu. Wie Zeng gesagt hatte, war ein Beitrag mit dem Titel »Todesanzeige« von einem Nutzer namens Eumenides gerade Gegenstand einer hitzigen Debatte im Forum.

Der Beitrag war identisch mit dem Brief, den sie in Suns Wohnung gefunden hatten. Han ging die Antworten durch, die bereits zu Dutzenden eingegangen waren.

Der Verfasser spinnt, lautete eine.

Sein Blick wanderte zur nächsten Antwort. *Warum hat er sich Ye Shaohong rausgesucht? Warum nicht meine Frau?*

Dann ist er von mir aus eben wahnsinnig, hatte ein anderer Nutzer geantwortet, *aber er zieht nur durch, wovor alle anderen zu viel Angst haben.*

»Haben Sie die IP-Adresse bestimmt, von der aus er das abgeschickt hat?«, fragte Han. »Dann könnten wir ihn vielleicht dingfest machen.«

»Das ist echt ein arroganter Scheißkerl. Er weiß genau, dass wir dieses Forum überwachen, und hat es trotzdem gepostet. Er benutzt zwar einen Proxyserver, aber wir haben seine richtige IP ohne großen Aufwand gefunden. Sie gehört zu einem professionellen Profil – zu einer PR-Agentur. Und hier ist der offizielle Firmensitz.«

Zeng händigte Han ein Stück Papier aus. Han ignorierte die lange Zahlenkombination der IP-Adresse und konzentrierte sich stattdessen auf die reale Adresse, die darunter stand: *Bürokomplex Haizheng, Yingbin-Straße, Büro 901.*

Während Han die Adresse betrachtete, fiel Zeng auf dem Schreibtisch des Hauptmanns ein gerahmtes Foto auf. Darauf waren in verblassten Farben zwei junge Polizeibeamte zu sehen, die mit beinahe identischem Grinsen nebeneinanderstanden. Einen der beiden erkannte er – es war ein wesentlich jüngerer Han.

Der Hauptmann räusperte sich, und Zeng riss den Kopf hoch. Han musterte ihn streng.

»Sagen Sie Yin Bescheid. Wir brechen sofort auf.«

*

Büro 901 beherbergte ein kleines Unternehmen namens »Medienkompetenz Weiße Loge«. Das knappe Dutzend Mitarbeiter konnte das höhlenartige Großraumbüro kaum ausfüllen. Der Mann am Empfang brachte Han, Zeng und Yin in einen kleinen Konferenzraum, wo sich kurz darauf der Manager der Firma zu ihnen gesellte, ein verschwitzter Kerl mittleren Alters namens Li. Er hatte seinen Netzwerkadministrator im Schlepptau.

Die erste Fragerunde der Polizisten ergab, dass seit zwei Uhr nachmittags niemand außer den eigenen Angestellten die Räumlichkeiten der Firma betreten und keiner von ihnen das Büro in der Zwischenzeit wieder verlassen hatte. Han wies Yin an, den Eingang im Auge zu behalten. Sie befanden sich im neunten Stock. Solange sie verhinderten, dass jemand das Büro betrat oder verließ, konnte sich niemand ungesehen aus dem Staub machen.

Zeng reichte dem Netzwerkadministrator seinen Zettel. »Wir müssen wissen, zu welchem Rechner diese IP-Adresse gehört.«

»Ich ... äh ... ich muss erst nachschauen.«

Der Administrator war ein junger Mann mit zurückgegelten Haaren und ein einziges Nervenbündel. *Es muss seine erste Berührung mit der Polizei sein*, dachte Zeng.

Der Manager wandte sich an den stotternden jungen

Mann. »Das wissen Sie nicht aus dem Kopf? Wofür zum Teufel bezahle ich Sie?«

Der junge Angestellte wurde krebsrot und bemühte sich um eine Erklärung. Sein Stottern wurde noch ausgeprägter. »Wir arbeiten hier mit dynamischen IP-Adressen, Herr Li. Diese hier stammt definitiv aus unserem Büro. Aber von welchem Computer, das muss ich ... das muss ich überprüfen.«

»Wie oft soll ich das bloß noch sagen?«, fauchte der Manager. »Die jungen Leute haben keine Ahnung mehr, was es heißt, seine Arbeit mit Stolz zu erledigen! Als ich in ...«

»Schon gut. Er kann nichts dafür«, fiel ihm Zeng ins Wort. Er wischte die Hand des Mannes beiseite und beruhigte den jungen Mitarbeiter. »Nur zu, überprüfen Sie.«

Der Administrator nahm den Zettel mit.

»Was ist denn jetzt überhaupt genau das Problem, meine Herren?«, fragte Li. »Hat jemand heimlich Pornos geguckt? Dann brauchen Sie gar nicht weiter zu fahnden. Das war dieser Schmierlappen Kang, keine Frage. Der kann sich ab morgen einen anderen Job suchen!«

Han sehnte sich jetzt schon danach, dieses Gespräch zu beenden. »Wie viele Leute arbeiten für Ihre Firma?«

»Zwölf, mich eingeschlossen. Wir sind ein kleiner Laden, spezialisiert auf die Analyse der neuesten Trends in den Medien, und auch noch nicht lange am Markt.« Er fischte ein Visitenkartenetui aus der Hosentasche und hielt es ihr hin. »Hier, meine Karte.«

Zeng nahm eine und zwirbelte sie mit mildem Interesse zwischen den Fingern. Han setzte seine Befragung fort.

»Sind all Ihre Mitarbeiter heute anwesend?«

»Ja, ja, alle da. Alle unsere Angestellten sitzen gerade drüben im Büro.«

Han klopfte Zeng auf die Schulter. »Sehen wir uns mal um.«

Zeng verstaute die Visitenkarte in der Tasche und folgte Han ins Großraumbüro, das in zehn Arbeitsnischen unterteilt war. Überall lugten neugierige Gesichter hervor, um die unerwarteten Gäste zu beäugen.

Han sah sich um. Neun der Angestellten waren Frauen. Abgesehen von dem Netzwerkadministrator, den sie bereits kennengelernt hatten, war der einzige andere Mann ein kleinwüchsiger junger Kerl von der Statur einer Aubergine. Keiner der Anwesenden schien etwas mit einem brutalen, tödlichen Verbrecher gemein zu haben.

Zeng schlug sich mit der flachen Hand vor den Kopf, schüttelte ihn und verzog das Gesicht. »Sie haben hier komplett kabelloses Internet, stimmt's?«

»So ist es. Als wir vor ein paar Jahren angefangen haben, waren wir die erste kabellose Firma der ganzen Stadt«, erzählte Li stolz. »Es mag Ihnen wie eine unbedeutende Firma erscheinen, aber unsere Ausstattung ist der letzte Schrei.«

Zeng lupfte die Brauen. WLAN wurde in Chengdu immer mehr zur Normalität, wenn es auch in höher entwickelten Städten wie Peking und Shanghai schon viel weiter verbreitet war. Trotzdem hatte dieser Umstand seine Aufmerksamkeit erregt. Inzwischen wandte Li sich wieder an seinen Administrator.

»Was ist jetzt? Haben Sie fertig überprüft?«

Der nervöse Mitarbeiter kroch aus seiner Arbeitsnische. »Das, äh, ist ein bisschen merkwürdig. Ich habe alle Rechner hier im Büro überprüft, aber keinem von denen ist diese spezifische IP-Adresse zugewiesen.«

»Was soll das heißen? Haben wir einen Fehler gemacht?«, flüsterte Han Zeng zu.

»Das Büronetzwerk hat diese Adresse eindeutig einem Nutzer zugeteilt und, ähm, so gegen drei Uhr heute Nachmittag hat sich auf jeden Fall jemand darüber eingeloggt«, stammelte der Administrator. »Komischerweise aber eben keiner von unseren.« Verängstigt starrte er seinen Chef an.

Li riss die Augen auf. »Keiner von unseren Computern? Wenn es keiner von unseren war, wie konnte er dann unser Netzwerk benutzen?«

Dem Administrator stand der Schweiß auf der Stirn. »Ich ... ich wollte bis Ende der Woche ein Passwort einrichten ...«

»Tja, da löst sich unsere Spur in Rauch auf«, sagte Zeng missmutig. »Jeder Mensch mit einem Laptop hätte sich in Ihr Netz einloggen können. Er hätte nicht mal hier im Büro sitzen müssen.«

Han sah ihn niedergeschlagen an. Dann war ihre Spur tatsächlich im Sande verlaufen.

»Sie haben nicht mal ein Passwort eingerichtet?«, schrie Li. »Warum kleben Sie nicht gleich einen Zettel mit dem Zahlencode für die Bürotür draußen an den Eingang, wenn Sie schon dabei sind?«

Der Administrator ließ den Kopf hängen und die Tirade seines Chefs stumm über sich ergehen.

Zeng klopfte Li auf die Schulter. »Ihn anzubrüllen hilft uns auch nicht weiter.«

»Wieso nicht?« Auf der Stirn des Managers pulsierte eine Ader.

»Selbst wenn Ihr System sogar dreifach gesichert wäre, hätte der Mann, den wir suchen, es in wenigen Minuten geknackt.«

Han winkte ab. »Wir sind hier fertig«, sagte er angewidert.

*

Während er den Streifenwagen zurück in Richtung Hauptquartier lenkte, konnte Yin seine Gedanken nicht länger für sich behalten.

»Ich wusste, die Sache heute wird reine Zeitverschwendung. Der Mörder ist viel zu gerissen, um so eine Spur im Netz zu hinterlassen. Warum sollte er sonst den Mumm haben, uns mit diesen Todesanzeigen offen herauszufordern?«

Han maß seinen Assistenten mit einem eisigen Blick. »Unser Gegner ist auf die morgige Auseinandersetzung vorbereitet. Sie auch?«

»Das ... so habe ich das nicht gemeint, Hauptmann«, sagte Yin kleinlaut.

»Halten Sie doch beide mal die Luft an«, knurrte Zeng von hinten. »Beide Hände ans Steuer, Yin. Ich will noch ein bisschen Schönheitsschlaf nachholen.«

Yin schwieg den Rest der Rückfahrt.

Zehn Minuten später hatten sie die Zentrale erreicht. Zeng stieg aus und ging allein davon. Trotz seiner Erschöpfung begab er sich nicht zu seinem Zimmer, sondern suchte Mu auf. Ohne zu klopfen, trat er ein. Mu war gerade mit Kochen beschäftigt und hatte die Tür offen gelassen.

Zeng stiefelte einfach ins Zimmer, wo er von Mu mit

einem finsteren Blick begrüßt wurde. Sie waren beide Zivil-beamte, aber da Mu an der Provinzakademie unterrichtete, betrachtete sie sich als die Ranghöhere von beiden. Von Zengs Versuchen, sich als Gleichrangiger zu profilieren, hielt sie nur sehr wenig.

»Was wollen Sie hier?«

»Unseren Fall mit meiner geschätzten Kollegin bespre-chen natürlich. Wieso hätte ich sonst herkommen sollen?« Zeng grinste und machte es sich auf dem Sofa gemütlich. Er atmete geräuschvoll durch die Nase ein und kostete den Augenblick zur Gänze aus. »Ah, selbst Ihr Zimmer duftet wunderbar. Ihre Schönheit ist wahrlich raumgreifend.«

»Warum haben Sie die Tür hinter sich zugemacht, wenn Sie nur über den Fall reden wollen?«

»Machen Sie die Tür denn nicht zu, wenn Sie sich mit dem Hauptmann unterhalten?«, fragte Zeng spitzbübisch.

So schamlos Zengs Worte klingen mochten, Mu empfand ihn als vollkommen harmlos. Außerdem war sein Verhalten ein wenig ansteckend. »Sagen Sie mir lieber, worüber Sie wirklich reden wollen. Immerhin sind Sie extra hergekom-men. Warum also Zeit mit Herumlavieren verplempern?«

»Han hat Ihnen einen Sonderauftrag erteilt«, sagte Zeng leise. Mu war erstaunt, wie schnell sich sein heiterer Tonfall verflüchtigt hatte. »Sie sollen Pei auf den Zahn fühlen.«

Mu neigte leicht den Kopf. »Überaus interessante Theo-rie, Zeng.«

Der Mann verzog den Mund wieder zu einem zufriedenen Grinsen. »Was unseren Fall angeht, könnte Hauptmann Pei Tao kaum verdächtiger sein. Er stand beiden Opfern sehr nahe, die vor achtzehn Jahren in dem Lagerhaus gestor-ben sind – die eine seine Liebschaft, der andere sein bester

Freund. Und er hat als Erster von ihnen die Polizei verständigt. Sein Verhalten vor der Explosion war unberechenbar, um es vorsichtig zu formulieren. Eine Runde vorspulen, und vor drei Tagen war er abermals als Erster vor Ort, diesmal beim Mord an Kommissar Zheng. Eine ziemliche Verkettung von Zufällen. Alles in allem wäre Han bescheuert, wenn er Pei *nicht* beobachten lassen würde.«

»Ihre Argumentation ist erstaunlich stringent«, sagte Mu und setzte sich ihm gegenüber. »Ist das jetzt der Moment, in dem ich mich fragen soll, ob ich Sie unterschätzt habe?«

Zeng wackelte mit den Augenbrauen. In seiner Vorstellung hatte die Geste etwas Kokettes an sich; tatsächlich ließ sie ihn nur noch vertrottelter aussehen.

»Da haben Sie glatt geglaubt, ich sei nur ein weiterer typischer Machobulle. Ich weiß mehr über den 18/4er-Fall als ihr alle. Han wollte, dass ich den gesamten Datensatz durch die Computeranalyse jage.«

»Aha?« Mu zog eine Braue hoch. »Irgendwelche neuen Entdeckungen?«

»Kurz vor den damaligen Vorfällen gab es eine Reihe von internen disziplinarischen Untersuchungen an der Akademie. Und sie standen alle miteinander in Zusammenhang.«

Mu schüttelte langsam den Kopf. »Davon steht kein Wort in den Akten.«

»Sie sollten sich besser einen Helm aufsetzen«, sagte Zeng süffisant, »denn Ihnen wird von meinen Enthüllungen gleich der Kopf platzen. Über einen Zeitraum von sechs Monaten vor den 18/4-Morden wurden in der Polizeiakademie sogenannte Disziplinaranzeigen gefunden.«

»Disziplinaranzeigen?« Mu atmete zischend ein. »Wollen Sie damit sagen ...«

»Dazu komme ich noch«, warf Zeng ein. »Es gab insgesamt vier von diesen Anzeigen. Sie wurden alle unter der Hand an bestimmte Studenten verteilt, die sich verschiedener kleiner Verstöße schuldig gemacht hatten. Diese Studenten wurden entsprechend der Schwere ihrer jeweiligen Verfehlungen bestraft – anscheinend von der mysteriösen Person, die diese Nachrichten verfasst hatte. Die Bestrafungen waren ... erniedrigend, aber keinesfalls Verbrechen und wurden deshalb von der Provinzakademie natürlich nur intern verfolgt.«

Mu konnte spüren, dass Zeng absichtlich noch etwas zurückhielt. Diesmal weigerte sie sich anzubeißen.

»Na gut, na gut. Dann verrate ich Ihnen jetzt das Allerbeste. Jede der Anzeigen war unterzeichnet mit ...« Er legte eine dramatische Pause ein.

Mu verdrehte die Augen. »Los doch, Zeng.«

»Eumenides!«, sagte der junge Beamte genüsslich. »Und es wird noch besser. Die Handschrift ist der auf den späteren Todesanzeigen sehr ähnlich.«

»Himmel«, sagte Mu entgeistert.

»Und noch etwas sollte ich erwähnen«, fügte Zeng lässig hinzu. »Jede der vier Disziplinaranzeigen wurde erst gefunden, *nachdem* die Bestrafung bereits stattgefunden hatte.«

»Sie hatten keine Vorwarnzeit?«, fragte Mu aufgeregt. »Alle Einzelheiten bitte.«

»In meinen Daten tauchen insgesamt vier Fälle auf, bei denen es um Disziplinaranzeigen ging. Die erste stammt aus dem Herbst 1983. Sie beschuldigte den Empfänger, bei einer Prüfung geschummelt zu haben, und wurde am selben Tag zugestellt, an dem die Akademie die Prüfungsergebnisse bekannt gab. Der betreffende Student war mit Pauken und Trompeten durchgerasselt.

Die folgende interne Untersuchung brachte ans Licht, dass sämtliche Antworten, die der Student angeblich auf seinen Test geschrieben hatte, unter rätselhaften Umständen verschwunden waren. Er verlangte eine Erklärung vom zuständigen Dozenten, aber der Name und die Prüfungsnummer auf dem Test waren eindeutig seine Handschrift. Der Student wurde ohne weitere Diskussion rausgeschmissen.

Nach den 18/4er-Morden hat die Einsatzgruppe den ehemaligen Studenten allerdings ausfindig gemacht. Er arbeitete mittlerweile als Kellner im Feuertopf-Restaurant seines Vaters. Nachdem das Team ihn davon überzeugt hatte, dass sie nicht gekommen waren, um ihn rückwirkend anzuklagen, gab der Junge zu, dass er bei dem Test tatsächlich beschissen hatte. Er bestand aber darauf, nicht die geringste Ahnung zu haben, wie es sein konnte, dass all seine Antworten verschwunden waren.«

»Was ist mit den anderen Fällen?«

»Die zweite Disziplinaranzeige ging an eine Studentin, die angeblich mehreren anderen Mädchen in ihrem Wohnheim Geld und diverse Habseligkeiten geklaut hatte. Eines Tages kam die Studentin aus der Dusche und stellte fest, dass sich die Klamotten in ihrem Spind in Luft aufgelöst hatten. Der Spind war allerdings weiterhin fest verschlossen. Das Schloss hätte man nur mit einem Schlüssel aufmachen können, und der Schlüssel hatte beim Duschen an ihrem Handgelenk gebaumelt. Niemand konnte sich erklären, wie dieser ›Eumenides‹ ihre Kleidung aus dem Spind hätte stibitzen sollen.«

Mu saß stumm da und versuchte, das Rätsel um Eumenides' Methoden im Kopf zu entwirren.

»Die dritte Anzeige ging an einen Studenten, der dafür berüchtigt war, Kommilitonen hinterherzuspionieren und ihre Geheimnisse auszuplaudern. Eines Tages erwachte die Lautsprecheranlage auf dem Campus Schlag Mitternacht zum Leben und verlas lautstark ein paar besonders private Einträge aus seinem Tagebuch. Später stellte sich heraus, dass jemand in die Sendestation eingebrochen war und eine vorher aufgenommene Nachricht von einem Kassettenrekorder abgespielt hatte.« Zeng grinste breit, ehe er die Geschichte zu Ende brachte. »Und hier kommt der Clou – der Student hat sein Tagebuch immer bei sich getragen. Niemand konnte sich erklären, wie dieser Kerl namens Eumenides über den Inhalt Bescheid gewusst haben kann.«

Zeng verhakte die Finger hinterm Kopf. Mu sah, dass er die Sache sehr genoss, war aber deshalb nicht minder fasziniert.

»Das letzte Ziel war ein Student, dessen Verbrechen darin bestand ... na ja, man könnte sagen, er hat zu viel geliebt. Ein Mädchen zu viel, um genau zu sein. Der Student begab sich zu einer Tanzveranstaltung im Ballsaal des Campus. Beide Mädchen, mit denen er etwas hatte, warteten dort auf ihn und entlarvten so sein Fremdgehen. Später gaben beide Mädchen an, handschriftliche Nachrichten von ihm geschickt bekommen zu haben, mit denen er sie zum Tanz einlud. Und der Typ mag zwar nicht der Allerhellste gewesen sein, aber so eine idiotische Nummer wäre selbst ihm nicht in den Sinn gekommen. Es war Eumenides, daran zweifelte niemand.«

Mu dachte fieberhaft nach. »Was ist mit der Kassette? Mit

der beim dritten Fall die Tagebucheinträge über die Lautsprecher verbreitet wurden? Da war Eumenides' Stimme drauf. Es ist nicht allzu kompliziert, jemandes Handschrift zu kopieren, aber die eigene Stimme zu verwandeln ist eine andere Sache.«

»Ah, direkt zum Wesentlichen, und das mit tödlicher Präzision. Eine Frau nach meinem Maß!« Zeng strahlte sie an und zog einen MP3-Player aus der Hosentasche.»Und hier ist der Inhalt der Kassette. Möchten Sie ihn hören?«

Mu griff nach den Kopfhörern und vernahm eine tiefe, dumpfe Männerstimme.»Was stimmt mit seiner Stimme nicht?«, fragte sie.

»Das ist schnell erklärt. Er hat sich die Nase zugehalten«, sagte Zeng und kniff sich beim Reden selbst die Nase zu. Sein seltsames Timbre war dem von der Kassette ganz ähnlich.

»Können wir das verändern?«

»Vor achtzehn Jahren hätte die Antwort vermutlich nein gelautet. Aber da hat sich einiges getan.« Zeng kicherte. »Heutige Software ist in der Lage, Dinge zu tun, die man sich kaum vorstellen kann. Wir können die Tonspur so manipulieren, dass wir einen Eindruck davon bekommen, wie diese Person klingen würde, spräche sie in einem normalen Tonfall.«

Zeng drückte einen Knopf an seinem MP3-Player. Die Stimme vom Band klang jetzt wesentlich normaler. Und außerdem seltsam vertraut, auch wenn Mu sie nicht ganz zuordnen konnte.

»Er klingt viel jünger so, nicht? Er kann vor achtzehn Jahren nicht älter als maximal Anfang zwanzig gewesen sein. So, und wenn wir mit unserer Software noch ein bisschen mehr herumbasteln, können wir simulieren, wie er achtzehn Jahre später in etwa klingen müsste.«

Ein unheimliches Lächeln stahl sich in Zengs Gesicht. Er wählte die nächste Nummer der Playlist an. Die Stimme aus den Kopfhörern klang jetzt deutlich tiefer. Mus Augen weiteten sich vor Verblüffung.

»Hauptmann Pei!«

Zeng war aufrichtig stolz auf seine Arbeit. Verspielt wiegte er den Kopf von links nach rechts. »Damit dürfte Ihnen wohl klar sein, wie wichtig Ihre Aufgabe ist.«

Mu nahm die Kopfhörer heraus. »Han weiß Bescheid?«

»Nö«, sagte Zeng und schüttelte lässig den Kopf.

Mu starrte den jungen Mann lange an. »Warum erzählen Sie mir das dann?«, fragte sie sehr kühl. »Erkenntnisse dieser Art sollten Sie unverzüglich dem Hauptmann melden.«

Zeng grinste schon wieder. »Wollen Sie einem jungen Mann wirklich einen Strick daraus drehen, dass er die Gelegenheit ergreift, zuerst mit einer schönen Dame zu reden?«

Sein Blick huschte listig durchs Zimmer. Er sah weder Fotos noch sonstige Andenken, die auf einen Freund oder überhaupt Familie hätten schließen lassen. Die einzige persönliche Note in der Wohnung war ein kleiner Bücherstapel mit Werken von Nietzsche, B. F. Skinner und Cai Yuanpei – alles Namen, die ihm kaum etwas sagten. Gelinde gesagt schien Mu nicht unbedingt der gesellige Typ zu sein.

»Sind Sie fertig?« Mu schnaubte verächtlich. »Ich rufe Han an und sage ihm, dass er auf der Stelle herkommen soll.«

Während Mu schon nach dem Festnetztelefon griff, legte Zeng schnell seine Hand auf die ihre. »He, Moment mal. Wollen Sie mich wirklich ans Messer liefern?«

»Vielleicht. Sagen Sie mir auf der Stelle, was los ist.«

»Schon gut, schon gut. Hier ist die Wahrheit. Ich habe nicht allzu viel Zeit mit Pei Tao verbracht, trotzdem bin ich mir sicher, dass er kein Mörder ist.«

»Wir haben seine Stimme als Beweismittel für diese Disziplinaranzeigen«, sagte Mu. »Auch wenn wir keine belastbaren Beweise dafür vorlegen können, dass er auch hinter den späteren Todesanzeigen steckte, haben wir genug für einen dringenden Tatverdacht. Er hat dafür gesorgt, dass ein Kommilitone aus der Akademie geschmissen wurde, schon vergessen?«

»Aber das waren nur Streiche, außerdem hat der Kommilitone *zugegeben*, bei dem Test gepfuscht zu haben. Hören Sie, glauben Sie im Ernst, Pei hätte seine Reaktion nur gespielt, als Han uns von der Explosion erzählt hat?«

Mu sah ihn an und rümpfte die Nase.

»Außerdem habe ich bei ihm einfach so ein Gefühl«, schob Zeng hinterher. »Und zwar ein wesentlich besseres als bei Han. Deswegen will ich der Sache auch gemeinsam mit einer qualifizierten Psychologin wie Ihnen auf den Grund gehen.«

Mu murmelte einen Moment vor sich hin, dann nickte sie. »Also schön, unter einer Bedingung. Ich will sämtliche Dateien sehen, die Sie haben.«

»Abgemacht«, sagte Zeng ohne Zögern. »Ich kopiere sie Ihnen.«

*

Fünf Jahre zuvor hatte Ye Shaohong etwas getan, was sie zum Gegenstand zahlloser Unterhaltungen gemacht hatte. Sie hatte in eine vermögende, einflussreiche Familie eingeheiratet. Ein Verwandter ihres Gatten war ein ranghohes Mitglied der Provinzregierung. Auch ihr Gatte konnte sich als Diplomat in Deutschland, wo er die meiste Zeit lebte, nicht beklagen. Seine ersten sechs Monate in Europa waren für ihre Ehe die Hölle gewesen, vor allem nachdem sie zu ihm nach Berlin geflogen war, nur um ein halbes Dutzend höchst verfänglicher Fotos auf seinem Handy zu entdecken. Am Ende hatten sie sich darauf geeinigt, einander keinerlei Fragen darüber zu stellen, wie sie die Zeit fern voneinander verbrachten. Mittlerweile lief ihre Modefirma ausgezeichnet, nicht zuletzt dank ihrer hervorragenden Beziehungen. Sie wohnte in einer Villa, die etliche Millionen Dollar gekostet hatte, fuhr einen BMW Baujahr 2003, den sie für viel Gold aus Deutschland importiert hatte, und sie hatte sich in der Oberschicht von Chengdu längst einen Namen gemacht. All das im Alter von neunundzwanzig.

Frau Ye hielt sich für eine Dame von Geschmack und Stil. Sie ging abends selten später als um elf Uhr zu Bett, stets mit einem Gläschen Rotwein als Absacker. Heute war allerdings alles anders. Statt friedlich zu schlummern, wälzte sie sich in ihrem weichen Bett hin und her und bemühte sich vergeblich, die Furcht zu unterdrücken, die ihr solches Herzrasen bescherte.

Am Anfang hatte sie der bizarren »Todesanzeige« kaum Beachtung geschenkt. Den anonymen Brief der Polizei zu melden war eigentlich reine Formalität gewesen. Seit der unschöne Zwischenfall mit dem Obsthändler damals an die Öffentlichkeit gedrungen war, hatte sie immer wieder ähnliche Drohungen erhalten, die ihr anfänglich auch große Sorgen bereitet hatten. Mittlerweile war sie längst abgehärtet. Sie hatte sogar angefangen, diese fehlgeleitete Wut und die drolligen Moralvorstellungen durchaus amüsant zu finden.

Heute Abend war es anders, und es brachte sie um ihren Schlaf.

Kaum eine Stunde, nachdem sie den Brief gemeldet hatte, war eine Gruppe Polizisten auf ihrer Türschwelle aufgetaucht. Sie hatten ihr unzählige Fragen darüber gestellt, was genau passiert sei und was sie gesehen habe. Später am Nachmittag war weitere Verstärkung eingetroffen, um sie, wie man ihr sagte, besser beschützen zu können. Einer dieser Polizisten – ein stoischer, muskulöser Kerl, der auf seine eigene ernste Weise durchaus etwas hermachte – stellte sich als Hauptmann Xiong Yuan vor, Leiter der städtischen Spezialeinheit SEP. Wie um alles in der Welt sollte sie denn Ruhe bewahren, wenn die Polizei diesen albernen Brief derart ernst nahm?

Als das Telefon auf ihrem Nachttisch schrillte, sprang sie beinahe aus dem Bett. War das schon wieder ihr Mann? Sie hatte versucht, ihn zu beruhigen, hatte ihm versichert, die Polizei gehe nur gründlich vor, es gebe aber keine ernste Bedrohung. Ihrem Telefon nach zu urteilen war er noch nicht überzeugt. Sie knipste das Licht an und hob ab.

»Hallo?«

Stille. Eine kriechende Kälte breitete sich von ihren Fingern bis in ihre Zehen aus. Das war nicht ihr Mann.

»Hallo?« Sie sprach ein wenig lauter, wenn auch hörbar zaghaft.

Noch immer keine Antwort.

Ye warf den Hörer weg und rannte aus dem Zimmer. Erst als sie die Beamten in ihrem Wohnzimmer sah, fühlte sie sich wieder sicher.

Xiong eilte herbei. »Wer war das?«

»Ich bin drangegangen, habe aber am anderen Ende niemanden gehört.«

Ye konnte sich gerade noch davon abhalten zu hyperventilieren. Xiong gab seinen Männern ein Zeichen. Ein SEP-Beamter lauschte bereits am Nebenanschluss im Wohnzimmer, wo die Polizei ein Überwachungsgerät zwischengeschaltet hatte. Der Beamte drückte einen Knopf. Der Ton aus dem Telefon wurde auf einen separaten Lautsprecher gelegt, sodass alle mithören konnten.

Nur gab es nichts zu hören. Zehn Sekunden später ertönte ein langer Piepton. Die Verbindung war unterbrochen.

Xiong wandte sich an einen weiteren Kollegen. »Anruf auf der Stelle zurückverfolgen«, fauchte er. Dann widmete er sich wieder Frau Ye und wechselte in einen beruhigenden, fast väterlichen Tonfall. »Wir sortieren das schon. Gehen Sie ruhig wieder ins Bett.«

»Nein. Ich kann nicht schlafen. Ich bleibe hier bei Ihnen im Wohnzimmer.« Frau Yes porzellanfarbene Haut war aschfahl geworden.

»Sie sind in Sicherheit. Das verspreche ich Ihnen«, sagte Xiong mit einem Lächeln. »Wir haben das gesamte Haus von oben bis unten im Blick. An uns kommt keiner vorbei. Meine Kollegen stehen gleich draußen vor der Wand Ihres

Schlafzimmers Wache. Und wenn diese Nacht auch nur ein kleines Eichhörnchen unter Ihrem Fenster entlanghuscht, werden wir es sofort sehen.«

»Wirklich?« Frau Ye klang nicht sonderlich überzeugt.

»Haben Sie denn die weiße Limousine nicht bemerkt, die vor Ihrem Schlafzimmerfenster parkt? Da sitzen meine Freunde von der Polizei drin. Unter anderem Han Hao. Den haben Sie ja vorhin kennengelernt. Er leitet diesen Einsatz.«

Ye ließ sich dazu überreden, zurück ins Schlafzimmer zu gehen. Trotzdem zog sie die Tür einen Spaltbreit auf, bevor sie sich wieder ins Bett legte.

Das Ergebnis der Anrufortung ging ein. Er war von einem anonymen Prepaidhandy getätigt worden. Unmöglich zurückzuverfolgen. Xiong zückte sein eigenes Mobiltelefon und setzte Han in Kenntnis.

»Er hat nichts gesagt?«, fragte Han vom Beifahrersitz der Limousine aus, starrte aber weiter das Rückfenster der Villa an.

»Kein Wort«, sagte Xiong.

Nach einer langen Pause atmete Han langsam aus.

»Stimmt nicht. Er hat uns gesagt, dass die nächste Runde soeben begonnen hat.«

KAPITEL FÜNF

ERBARMUNGSLOS

Ye Shaohong öffnete die Augen und wartete darauf, dass sich der Schleier des Schlafs lichtete. Sie hatte von der Polizei geträumt – dass sie bei ihr im Haus gewesen wären, um sie vor einem Mörder zu beschützen. Und dann hatte der Mörder sie sogar angerufen ...
Es klopfte an der Tür. »Frau Ye? Sind Sie schon wach?«
»Wer ist da?«, krächzte sie.
»Kommissar Yin. Wir stehen bereit, wann immer Sie aufbrechen wollen.«
Schlagartig brach die Wirklichkeit über sie herein. Sie griff nach dem Wasserglas auf dem Nachttisch und nahm einen tiefen Schluck. Kühl und sanft schmiegte sich die Flüssigkeit an ihre Kehle.
»Geben Sie mir fünf Minuten«, bat sie den Beamten vor der Tür.
Als sie endlich das Wohnzimmer betrat, sah sie, dass Han zurückgekommen war. Er saß auf dem breiten Ledersofa mitten im Raum und hatte die Augen geschlossen. Alle anderen Polizisten waren von frischen, ausgeruhten Kol-

legen abgelöst worden, von denen sich mehrere das Sofa mit Han teilten. Der ausladende Couchtisch war übersät von Laptops und Papier, dazwischen die Schüssel mit Pfirsichen und der Teller mit Sonnenblumenkernen, die Ye am Vorabend bereitgestellt hatte. Das Obst hatte kaum jemand angerührt, auf dem Teller hingegen lagen fast nur noch zerrupfte Schalen.

»Hauptmann Han«, sagte sie. »Ich schaffe das nicht. Ich glaube, ich bleibe lieber zu Hause.«

Der Hauptmann schlug die Augen auf und setzte sich ein wenig aufrechter hin. Er entdeckte eine halbe Schale auf seinem Ärmel, las sie auf und deponierte sie auf dem Teller.

»Ich werde Sie nicht zu etwas zwingen, wobei Sie sich unwohl fühlen«, sagte er. Er klang wachsam, als hätte er gar nicht geschlafen, sondern bloß abgewartet. »Wir können den Rest des Tages hierbleiben und Sie beschützen. Sie müssen sich aber darüber im Klaren sein, dass unsere Ressourcen begrenzt sind. Unsere Abteilung kann sich verständlicherweise nicht jeden Tag in dieser aufwendigen Form um Sie kümmern. Der Mann ist gefährlich und wird nicht aufgeben.«

Ye wurde noch blasser. »Was soll ich tun?«

»Sie können sich nicht ewig verstecken. Er wird warten, wie lange es auch dauern mag. Und da kommen wir ins Spiel. Wir haben bereits ein Netz ausgeworfen, um diesen Verbrecher zu fangen. Sie müssen nichts weiter tun, als Ihrem normalen Tagesablauf und Ihrer Arbeit nachzugehen, während wir darauf warten, dass er uns in besagtes Netz geht. Danach werden Sie ihn niemals wiedersehen.«

»Und Sie sind sich ganz sicher, dass Sie für meine Sicherheit garantieren können?«, fragte Ye furchtsam.

Han nickte. »Vor einer Stunde haben Spezialisten der SEP sowohl Ihren Wagen als auch die Route zu Ihrem Büro gründlich geprüft. Hauptmann Xiong wird Sie persönlich zur Arbeit fahren, außerdem sind wir mit mehreren Einsatzwagen als Geleitschutz dabei. Wir werden sehr genau Ausschau halten nach allem, was uns irgendwie ungewöhnlich erscheint.«

Han machte eine strategische Pause. Ye sah ihn mit großen Augen an, ihre Wangen waren straff gespannt. Die Morgensonne bedeckte ihre wohlgeformte, schlanke Figur mit einem skeletthaften Schimmer. Sie hörte ihm zu.

»Nachdem Sie mit der Polizeieskorte Ihren Arbeitsplatz erreicht haben, wird Hauptmann Xiong Sie auf Schritt und Tritt begleiten. Er ist Scharfschütze und trägt den schwarzen Gürtel in Krav Maga. Wir haben überall auf dem Platz Beamte in Zivil postiert. Sie werden sie nicht erkennen, aber sie sind da. Deren einzige Aufgabe besteht darin, Sie zu schützen. Kein verdächtiges Individuum wird sich Ihnen nähern können. Weitere Beamte in Zivil sind in Ihrem Bürogebäude verteilt; getarnt als Sicherheitsleute, Hausverwaltung und sogar als Mitarbeiter Ihrer Firma. Wer auch immer heute Essen oder Getränke ins Gebäude liefert, wird von unseren Leuten durchsucht. Wir haben strengste Vorkehrungen getroffen. Also ja, ich kann für Ihre Sicherheit garantieren.«

Ye starrte ihn an, ohne zu blinzeln. Sie versuchte, die Informationen zu verarbeiten, die Han ihr gegeben hatte, aber es war zu viel. Die Worte des Hauptmanns waberten um ihren Kopf, drohten sie zu erdrücken wie eine Königsboa, die sich um ihre Beute wickelt. Lediglich eine Tatsache hatte sie deutlich und unbestreitbar vor Augen: Sie hatte keine andere Wahl, als Hans Plan geschehen zu lassen.

»Oh«, sagte sie leise.

»Gehen Sie einfach Ihren Geschäften nach. Weichen Sie Hauptmann Xiong nicht von der Seite und tun Sie genau, was wir Ihnen sagen. Solange Sie das beherzigen, verspreche ich Ihnen, dass die ganze Sache schon heute Abend der Erinnerung angehört. Nur eine weitere Anekdote, die Sie ein paar Freunden bei einem Gläschen erzählen können.«

Die Frau nickte widerstrebend. Ganz langsam schien ihre Beklommenheit brüchiger Hoffnung zu weichen.

»Gut, und eine letzte Sache, die ich Ihnen besser jetzt noch erkläre.«

»Was erklären?«, fragte sie. Das Gefühl des Ertrinkens wurde wieder stärker.

»Ihr vermeintlicher Angreifer ist wahrscheinlich ein junger Mann, höchstens mittleren Alters. Er ist etwa eins siebzig groß, schlank und hat eine kaum verheilte Schnittwunde an einer Hand. Soll heißen, Sie müssen achtsam bleiben, sich niemandem zu nähern, auf den diese Beschreibung zutrifft. Meine Kollegen sind alle deutlich über eins achtzig und werden heute ausnahmslos entweder eine braune oder eine schwarze Filzmütze tragen. Egal, was passiert, Sie müssen bei Hauptmann Xiong bleiben und dürfen sich nicht außer Sichtweite unserer Leute begeben. Haben Sie das verstanden?«

Ye, die jedem Detail konzentriert gelauscht hatte, nickte entschlossen.

»Alles klar«, sagte Han und schaute auf die Uhr. »Dann machen Sie sich jetzt fertig. Sie werden zur üblichen Zeit mit Hauptmann Xiong zur Arbeit fahren. Ich fahre jetzt schon zum Bürgerplatz, um meine Leute rechtzeitig zu koordinieren. Wir werden Sie nicht aus den Augen lassen.«

Ye wandte sich ab, stockte aber plötzlich.

»Hauptmann Han?«

»Ja?«

»Die Liste meiner Verbrechen auf der Todesanzeige«, sagte sie mit einem leichten Zittern in der Stimme. »Glauben Sie, das stimmt alles?«

Han sah sie ausdruckslos an. »Es ist nicht meine Aufgabe, darüber nachzudenken. Das hat das Gericht schon getan.«

Ye senkte den Blick auf den gebohnerten Fußboden. Das war nicht die Antwort, auf die sie gehofft hatte.

»Ich glaube langsam, das stimmt alles«, sagte sie. Sie sah Yin an, der sie vom Sofa aus betrachtete. Röte stieg ihr in die Wangen. Sie kehrte ins Schlafzimmer zurück und begann, sich zu schminken.

Yin sah zur Tür des Schlafzimmers. Was immer der Rest des Teams denken mochte, ihm tat die Frau leid. Er seufzte und zwang sich, mit den Gedanken bei der anstehenden Aufgabe zu bleiben. Während der gestrigen Einsatzbesprechung hatte er vorgeschlagen, Xiong solle sie direkt vor der Tür des Bürogebäudes absetzen. Han hatte den Vorschlag jedoch abgelehnt.

Auf dem Bürgerplatz wird eine Menge los sein, hatte er gesagt. *Das birgt ein großes Risiko, ist aber auch die denkbar beste Tarnung für all unsere Leute in Zivil, um sich auf die Lauer zu legen. Wenn wir von vornherein alles abschotten, wie soll der Mörder dann noch reinkommen? Wir müssen ihm einen Weg anbieten, den wir trotzdem jederzeit verbarrikadieren können. Dieser Weg ist der Platz! Wir können sie schützen. Und falls wir das dort nicht schaffen, bliebe uns nur noch, sie in einen Tresor zu sperren.*

Sie sollten diese Frau beschützen, dachte Yin, trotzdem

schien sie lediglich das Käsestück in der Mausefalle des Hauptmanns zu sein.

*

ZWANZIG MINUTEN SPÄTER

Der Bürgerplatz bildete das pulsierende Herz von Chengdu. Nach allen Seiten verteilten sich Straßen und Bündel von Wolkenkratzern wie Arterien aus Glas und Beton. In den Gebäuden ringsum saßen einige der wichtigsten Firmen der Stadt. Eins dieser Gebäude war der Deye-Turm am Südostrand des Platzes. Die Einsatzgruppe hatte einen großen Raum im sechsten Stock des Hotels Himmelsspitze beschlagnahmt, eines mächtigen Gebäudes am Nordwestrand.

Die Fenster ihrer spontanen Einsatzzentrale boten freie Sicht über den gesamten Platz und auf die Fassade des Deye-Turms. Auf einem langen Tisch im rechten Winkel zur Fensterfront standen sechs Computermonitore, überall liefen Techniker umher und bedienten Funkgeräte sowie diverse Überwachungsausrüstung.

Als Han und Yin eintrafen, warteten Pei und Mu bereits auf sie. Pei half einem Techniker dabei, die Ausrichtung ihrer Kameras zu optimieren. Sobald er Han sah, kam er auf ihn zu. »Wie ist die Lage?«

»Ye Shaohong hat zehn Minuten nach Mitternacht einen anonymen Anruf erhalten. Der Anrufer hat kein Wort gesagt und nach etwa einer Minute wieder aufgelegt. Abgesehen davon alles ruhig.« Han hielt seine Erläuterungen so knapp wie möglich.

Mu sah Pei an. »Genau wie Sie gesagt haben – beim Haus wird nichts Wichtiges passieren.«

»Ich habe gut geschlafen«, sagte Pei und musterte Han. »Zu schade, dass Ihnen und Hauptmann Xiong ein solcher Luxus nicht vergönnt war.«

Han beäugte ihn abschätzig und trat ans Fenster. »Ist die Ausrüstung komplett überprüft worden?«

»Jawohl«, sagte der Cheftechniker und reichte Han ein schnurloses Funkgerät mit Kopfhörer und Mikrofon.

Han hielt sich das Mikrofon vor den Mund. »Hier Lima Eins. Lima Zwei, bitte kommen.«

Sofort meldete sich eine dröhnende Männerstimme. »Lima Zwei in Position!«

»Lima Drei, bitte kommen.«

»Lima Drei in Position!«

*

Mu sah zum ersten Mal, wie sich ein Großeinsatz der Polizei tatsächlich abspielte. Mit großen Augen stellte sie sich vor die sechs Monitore. Jeder zeigte einen anderen Bereich des Bürgerplatzes. Wie Han erklärt hatte, erhielten sie ihre Daten direkt von sechs hochauflösenden Kameras, die Zengs Leute erst vor einer Viertelstunde auf Hausdächern rings um den Platz installiert hatten. Zwischen dem dritten und vierten Monitor befand sich eine größere Lücke. Die Anordnung löste in Mu, die viel Zeit in Museen und Galerien verbrachte, das hartnäckige Gefühl aus, sie betrachte ein Paar bewegter Triptycha.

»Sind alle Zivilbeamten in Stellung? Ich kann sie nicht erkennen«, sagte sie.

Gerade war Hauptverkehrszeit, und auf dem Platz stauten sich die Fußgänger genauso wie die Autos auf den umliegenden Straßen. Sosehr sie sich bemühte, Mu konnte auf keinem der Monitore eine verdächtige Gestalt ausmachen.

Pei lächelte. »Hier: Der Mann, der neben dem Eingang Zeitungen verkauft, der Taxifahrer, der nahe der Kreuzung auf Kundschaft wartet, der Angestellte einer Reinigungsfirma, der eifrig putzt, der Herr in der östlichen Ecke, der die Fahrräder im Auge behält, der Mann mittleren Alters, der sich am Brunnen entspannt, der da, der vor dem Eingang zu dem kleinen Laden steht und raucht, das Pärchen auf der Parkbank da hinten im Westen und dieser zwielichtige Typ, der gebrannte Filme an Passanten verhökern will. Die gehören alle zu uns. Ich sehe gerade dreizehn unserer Leute auf dem Platz.«

Mu starrte den Hauptmann überrascht an. Weder sie noch Pei hatten an der detaillierten Einsatzbesprechung teilgenommen, weder sie noch er kannten die Beamten, die Han für diese Operation hatte auswählen können.

»Der Straßenkehrer hat sich verraten«, sagte Pei. Er klang ein wenig stolz, als wäre ihm gerade die Antwort auf eine obskure Quizfrage eingefallen. »Er erledigt seine Arbeit zu gewissenhaft. Wenn der so weitermacht, hat er sich spätestens übermorgen einen Hexenschuss eingefangen. Gucken Sie sich mal die echten Straßenkehrer da hinten an. Sie stehen die meiste Zeit rum, lassen es ruhig angehen und machen sich sicher nicht den Rücken kaputt.«

Han hatte mitgehört und sah jetzt stirnrunzelnd aus dem Fenster auf seine Untergebenen herab. Abermals zückte er das Mikrofon. »Hier Lima Eins. Lima Fünf, bitte kommen.«

»Lima Fünf hier. Erbitte Anweisungen, Lima Eins.«

»Hören Sie auf, so verdammt übereifrig zu arbeiten. Von jetzt an will ich, dass Sie für jede Minute Fegen zwei Minuten Pause einlegen!«

»Lima Fünf, verstanden!«

Mu schaute noch neugieriger drein als vorher. »Was ist mit den anderen? Haben deren Verkleidungen auch irgendwelche Lücken?«

Pei schüttelte den Kopf.

»Wir sind nur so stark wie unser schwächstes Glied. Der Feger hat so herausgestochen, dass ich anhand seiner Position ableiten konnte, wo sich die anderen Zivilbeamten in etwa aufhalten müssen. Wenn man es mit einem derart öffentlichen Platz zu tun hat, wird die Verteilung von Polizisten in Zivil zu einer regelrechten Wissenschaft. Sie müssen jeden Winkel des Platzes im Auge haben, gleichzeitig aber auch alle Straßen und Kreuzungen. Die Schönheit einer gelungenen Verteilung lässt sich schwer in Worte fassen. Als ich noch studiert habe, gab es an der Akademie ein komplettes eigenes Seminar zu dem Thema.«

»Selbst wenn Sie ihre Verteilung durchschaut haben, können Sie doch aber unmöglich alle einzeln herauspicken? Da müssen über tausend Leute auf dem Platz sein!«, sagte Mu fassungslos. »Der Zeitungsverkäufer zum Beispiel. Allein in der Ecke des Platzes sind noch mindestens zehn andere Zeitschriftenhändler unterwegs. Woher wollen Sie wissen, welcher von denen zu uns gehört?«

»Bei so einem Überwachungseinsatz tragen die Beamten in Zivil normalerweise irgendein spezielles Kleidungsstück zur Identifikation. Nur so können sie sich gut orientieren, falls Chaos ausbrechen sollte. Diese Kleidungsstücke werden in einer größeren Menschenmenge nicht auffallen. Wenn man aber in einem bestimmten Bereich danach sucht, sind sie einfach zu finden. Heute tragen all unsere Freunde braune oder schwarze Filzmützen – habe ich recht, Hauptmann?«

Die letzte Frage war an Han adressiert. Er antwortete nicht, aber sein Gesichtsausdruck verriet genug.

Han schaute auf die Uhr. »Rufen Sie Xiong an und finden Sie raus, wo er steckt«, befahl er Yin.

»Sie haben gerade Yes Villa verlassen und sind unterwegs«, meldete Yin, nachdem er den Anruf getätigt hatte. »Sie sollten in einer halben Stunde hier sein.«

Han schaltete das Mikrofon ein. »Hier Lima Eins. An alle Einheiten: Ziel wird in dreißig Minuten eintreffen. Operation wie geplant durchführen, Start ab sofort. Keine Antwort nötig.«

Die Mitglieder der Einsatzgruppe betrachteten die Monitore. Von ihrer Position in der kleinen Kommandozentrale aus wirkte der Platz unten friedlich. Der Straßenkehrer hatte sich auf seinen Besen gestützt und gönnte sich eine Zigarette.

Wie Han angekündigt hatte, fuhr der rote BMW um Punkt 9:25 Uhr auf den Parkplatz vor dem Deye-Turm. Hauptmann Xiong, der sich als Yes Chauffeur verkleidet hatte, stellte den Wagen zwischen einem weißen Transporter und einem kleinen schwarzen VW ab. Beide Fahrzeuge waren mit Fenstern aus Panzerglas ausgestattet.

Xiong verließ den Wagen als Erster. Dann stiegen zwei Männer mit schwarzen Filzmützen aus den beiden anderen Fahrzeugen und bezogen neben dem BMW Stellung. Xiong ging ums Auto und öffnete Ye die Beifahrertür.

Die beiden Männer in Filzmützen standen knapp zehn Meter voneinander entfernt, einer vor dem Wagen, der andere dahinter. Xiong stand in der Mitte dicht neben Ye. Zu viert näherten sie sich mit raschen Schritten dem Deye-Turm.

Andere Beamte in Zivil nahmen rings um den Platz ihre vereinbarten Positionen relativ zu Ye ein. Fünf von ihnen schienen gemächlich einherzuspazieren, trotzdem wurde Ye bei jedem Schritt von mindestens zwei Beamten flankiert, keiner mehr als fünf Meter entfernt.

Nur drei Beamte behielten ihre festen Positionen bei. Jeder kontrollierte einen Knotenpunkt des Fußverkehrs über den Platz. Diese Beamten sahen sich sorgfältig um und hielten nach allem Ausschau, was irgendwie verdächtig wirkte.

Han leitete den Einsatz zusammen mit den anderen aus dem sechsten Stock des Hotels. Ye schien mit jedem Schritt auf ihre angespannten Nerven zu treten.

Der Platz war brechend voll. Mütter schoben Kinderwagen über die Pflastersteine, vorbei an gebeugten Greisen mit übervollen Einkaufstaschen. Am Südrand tanzte eine Gruppe Frauen mittleren und gehobenen Alters zu dröhnender Musik aus einem großen schwarzen Lautsprecher, der neben ihnen auf dem Boden stand. Während sich Ye und Xiong dem Büroturm näherten, durchbrach ein steter Fluss aus Fußgängern den schützenden Kordon der Zivilbeamten. Niemand schien die Sicherheitsvorkehrungen zu bemerken.

Endlich erreichten SEP-Hauptmann Xiong und Ye den Deye-Turm. Die Beamten vor ihnen verteilten sich in der Lobby, wo sie alles im Auge behalten konnten. Im selben

Moment erreichte einer der Aufzüge das Erdgeschoss. Der Sicherheitsmann neben den Aufzügen warf Xiong nur einen flüchtigen Blick zu. Alles andere hätte womöglich ihre Tarnung auffliegen lassen.

Xiong erlaubte sich ein leises Aufatmen. Für das Innere des Gebäudes waren seine eigenen SEP-Leute zuständig. Das Wissen um ihre Anwesenheit nahm ein wenig Druck von seinen Nerven. Also gestattete er sich, kurz die Augen zu schließen und sich zu sammeln. Der erste Abschnitt des Einsatzes war abgeschlossen.

*

»Was haben Sie als Nächstes vor?«, fragte Mu.

Pei sah sie an und blinzelte. »Inwiefern?«

»Sie haben sich doch bereits in seine Lage versetzt, oder nicht? Ich sehe Ihren Blick fieberhaft hin und her huschen. Sie haben Ye kaum angeschaut. Sie suchen nach Löchern in unserem Einsatzplan. Sie versuchen, in seinen Kopf zu spähen.«

Pei spürte alle Augen im Raum auf sich.

»Stimmt. Ich suche nach Fehlern. So kann ich vielleicht dahinterkommen, wie sich unser Mörder verhalten wird.« Er wandte sich an Han. »Sie haben alles sorgfältig geplant, Hauptmann. Bis jetzt ist mir keine Schwachstelle aufgefallen. Ich habe keine Ahnung, wie ich Ye umbringen würde. Es sei denn ...«

Han sah ihn argwöhnisch an. »Es sei denn?«

»Uns ist irgendein wesentliches Detail entgangen. Es wäre nahezu unmöglich, sich an Xiong und seinen Leuten vorbeizuschleichen, und selbst wenn, würde es keinen

Fluchtweg mehr geben. Er wäre auf der Stelle von mehr als einem Dutzend Polizisten umringt. Wie oft ich die Nummer auch im Kopf durchspiele, der bestmögliche Ausgang aus seiner Sicht wäre völlige Zerstörung. Wenn er Ye berührt, begeht er quasi Selbstmord. Dann hätten wir alle verloren.«

»Wir alle?«, knurrte Han. »Falls wir Eumenides das Handwerk legen, könnte ich den Verlust beinahe verschmerzen. Abgesehen davon – hätten Sie Hauptmann Xiong je in Aktion erlebt, würden Sie sich glatt wünschen, dass Eumenides irgendwas versucht.«

Mu legte den Kopf schief. »Könnte er sie nicht einfach aus der Ferne erledigen? Mit einem Gewehr oder derlei?«

»Ein Scharfschützengewehr?« Yin kniff die Augen zusammen. »Was glauben Sie, wo wir hier sind, Washington, D. C.? Nicht mal unsere Abteilung verfügt über eine derartige Ausrüstung.«

Han schüttelte den Kopf. »Äußerst unwahrscheinlich, Mu. In der gesamten chinesischen Geschichte hat es noch keinen Mord dieser Art gegeben.«

*

IN EINER NAHEN LUXUSSUITE

»Ein Scharfschützengewehr? Nein, wie albern.«

Die Lippen des Mannes spreizten sich zu einem frostigen Grinsen. Im Forum diskutierte eine Handvoll Nutzer eifrig darüber, wie Eumenides sein Urteil an Ye Shaohong wohl vollstrecken mochte. Der Angriff mit einer Fernwaffe gehörte zu den beliebteren Vorschlägen.

Ohne ein paar sehr außergewöhnliche Kontakte wäre es

ihm so gut wie unmöglich gewesen, sich ein Scharfschützengewehr zu organisieren. Und hätte er sich stattdessen für eine gewöhnlichere Feuerwaffe wie eine Pistole entschieden, wäre er von Polizeibeamten bedrängt worden, sowie er sie in der Öffentlichkeit zückte. Es hatte keinen Sinn. Eine Feuerwaffe zu benutzen hatte nie zur Debatte gestanden.

Er stand auf und ging ins Badezimmer.

Das Gesicht, das aus dem Spiegel zurückstarrte, war gleichsam vertraut und fremd. Er rieb sich die Wange. Er fühlte die Stoppeln trotz der weißen Verbände an beiden Händen. Er zückte den Rasierer, entfernte die Stoppeln und wischte das Waschbecken sorgfältig aus.

Entspannt schloss er die Augen und strich sich über die weichen Wangen.

Und erinnerte sich.

Was ist die bevorzugte Waffe des Mörders? Eine Feuerwaffe? Das könnte nicht abwegiger sein.

Schreib dir das hinter die Ohren: Benutze niemals eine Feuerwaffe. Wenn du dich einmal daran gewöhnst, eine Feuerwaffe zu benutzen, stehst du schon mit einem Bein im Grab. Zunächst musst du alles riskieren, um eine aufzutreiben. Und müsstest eine finden, auf die du dich verlassen kannst. Dann musst du dir überlegen, wie du sie ungesehen transportieren kannst. Und was machst du mit ihr, nachdem du fertig bist? Alles Fragen, die dich bremsen. Sie machen dich zum Sklaven deiner Waffe und liefern der Polizei obendrein eine Spur, der sie folgen können.

Die besten Waffen sind die, die man überall findet. Benutz nur, was du überall bekommst, frei mit dir herumtragen kannst und jederzeit ohne Probleme loswirst. In den kom-

*menden Tagen muss deine Waffe zu deinem engsten Verbün-
deten werden. Du brauchst einen verlässlichen Partner, der
dich niemals im Stich lässt.*

Der Mann schlug die Augen auf und baute bedächtig den
Rasierapparat auseinander. Eine dünne Klinge blitzte im
Spiegel auf.

*

23. OKTOBER, 16 : 00 UHR

Der Feierabendverkehr war in vollem Gange. Die Straßen
rings um den Bürgerplatz waren mit Autos und Bussen
verstopft, die Seitenstreifen mit nervösen Fahrradfah-
rern. Überall warteten Taxis, deren Fahrer in Zeitschriften
blätterten oder rauchten und die mitten im Pendlerchaos
offenbar ganz in ihrem Element waren.

Obwohl der Tag ruhig und ohne Zwischenfall verstrichen
war, hatte Yo Shaohong sich die letzten sieben Stunden die
Nägel abgekaut. Sie sah sich bestenfalls als gelegentliche
Kaffeetrinkerin und bevorzugte für gewöhnlich Tee, aber
die fünf zerknüllten Espresso-Becher in ihrem Mülleimer
sprachen eine andere Sprache.

Selbst im Inneren der geräumigen Sicherheit ihrer kli-
matisierten Büroräume blieb Xiong stoisch und wachsam.
Solange sie sich im Gebäude befanden, war die Wahr-
scheinlichkeit eines Angriffs durch Eumenides gleich null.
Ihre gefährlichste Prüfung würde jener Moment darstellen,
in dem sie Ye quer über den Platz zurück zu ihrem Wagen
brachten.

Die Beamten in Zivil waren längst wieder in Position. Bis

jetzt hatte niemand eine verdächtige Person gemeldet oder gar jemanden, auf den die Beschreibung des Mörders zugetroffen hätte.

Oben im Hotel Himmelsspitze starrte Pei angespannt auf die Monitore. Er wünschte Ye, dass sie es unbeschadet zu ihrem Auto schaffte, war aber gleichzeitig begierig, endlich einen Blick auf Eumenides werfen zu können. Er erinnerte sich an die Bemerkung, die Mu gestern im Konferenzraum gemacht hatte – dass seine Zustimmung zu Hans Plan allen Prinzipien zuwidergelaufen sei, die man als Polizeibeamter in Ehren halten sollte.

Han stand am Fenster und betrachtete den Platz. »Es geht los«, sagte er plötzlich. »Ye und Xiong verlassen das Gebäude!«

Der ganze Raum schien den Atem anzuhalten. Auf dem ersten Monitor war zu sehen, wie die beiden ins Freie traten, auf den restlichen die dreizehn Zivilbeamten, die sich auf dem Platz verteilt hatten. In kürzester Zeit hatten sie die beiden eingekreist.

Während Pei den Monitor betrachtete, fiel ihm ein Taxi auf, das am südöstlichen Rand des Platzes parkte. Auf dem Beifahrersitz bewegte sich eine Gestalt.

»Da stimmt was nicht«, verkündete er.

»Zeigen Sie«, sagte Han und eilte herbei.

Pei marschierte zum Fenster und deutete auf das Fahrzeug, das ihm aufgefallen war. »Das rote Taxi im Südosten parkt dort schon seit über zehn Minuten, aber sehen Sie genau hin. Da ist jemand auf dem Beifahrersitz.«

Das fragliche Taxi befand sich außerhalb des Polizeikordons, war aber nicht allzu weit vom Hotel entfernt. Han konnte gerade noch eine dunkle Silhouette ausmachen.

Er aktivierte das Mikrofon. »Hier Lima Eins. Lima Sieben, Konzentration auf das rote Taxi dreißig Meter südöstlich Ihrer Position.«

Der Polizist, der am Ostrand des Platzes auf seinem Motorrad saß, drehte beiläufig den Kopf in Richtung des Taxis. Die Beifahrertür öffnete sich, und ein Mann stieg aus. Trotz ihrer Entfernung zur Straße genossen Pei und die anderen dank der Monitore freie Sicht. Der Mann war klein und spindeldürr und trug eine blickdichte Plastiktüte in der rechten Hand. Er sah sich um und heftete den Blick sehr schnell an Ye Shaohong. Er setzte sich in Bewegung, ging mit schnellen Schritten auf sie zu und schlenkerte dabei mit dem linken Arm vor und zurück. Die Beamten im Kontrollraum sahen, dass etwas Weißes die linke Hand bedeckte.

Ein Verband, dachte Pei.

Han spürte seinen Herzschlag schmerzhaft gegen die Rippen hämmern. »Lima Sieben, sofort zugreifen. Er passt zu unserer Beschreibung!«, rief er ins Mikrofon.

Lima Sieben hatte sich bereits in Bewegung gesetzt. Mit einem Satz war er von seinem Motorrad und sprang den Verdächtigen an wie ein wilder Tiger. Ehe sich der Mann auch nur zwei Meter vom Taxi entfernt hatte, war er von Lima Sieben überwältigt und zu Boden gerissen worden. Er wehrte sich nach Leibeskräften, konnte aber nicht mehr tun, als sich zuckend auf dem Asphalt zu winden.

Schnell wurde Hans anfängliche Erregung von Verwirrung abgelöst. Wie hätte ein derart schmächtiger Kerl Kommissar Zheng töten sollen?

Während Lima Sieben dem Verdächtigen Handschellen anlegte, sah Han am östlichen Rand des Platzes einen

Mann aus einem schwarzen Taxi steigen. Er war klein und dünn und trug eine Plastiktüte in der rechten Hand. Die Linke steckte in einem weißen Verband. Sowie er das Taxi verlassen hatte, rannte er auf Ye zu.

Plötzlich waren da mehr als ein Dutzend schmächtige Männer, die alle nahezu identisch aussahen und rings um den Platz verschiedenen Taxis entstiegen. Jeder von ihnen setzte zu einem Sprint in Richtung Ye und Xiong an.

Hans Polizeikordon wurde aktiv. Jeder der Männer richtete sich instinktiv in einem anderen Winkel aus, um die nahenden Männer abzufangen. Im Handgemenge konnten die schmächtigen Kerle nichts gegen seine Beamten ausrichten. Einer nach dem anderen ging zu Boden. Manchen wurden blitzschnell Handschellen angelegt, und wer sich wehrte, bekam eine Kostprobe des Kampftrainings der Polizeielite von Chengdu zu spüren.

Sechs Stockwerke über dem Platz verfolgte Han die Vorgänge mit finsterer Miene. Fast zwanzig Männer waren gleichzeitig aus ihren Taxis gestürmt – deutlich mehr als seine dreizehn Beamten. Mittlerweile hatten sich auch die Polizisten eingeschaltet, die als Reserve in dem weißen Transporter und dem VW gesessen hatten, aber da waren einfach zu viele dieser seltsam gleichförmigen Männer. Zwei von ihnen hatten den Kordon erfolgreich überwunden und waren nur noch wenige Meter von Ye entfernt.

Nur kam keiner der beiden dazu, sie auch nur zu berühren. Xiong hatte sich von Ye gelöst und war ihnen entgegengetreten. Er kannte keine Gnade. Wie ein Vorschlaghammer traf seine Faust erst den Brustkorb des einen, dann den Unterkiefer des anderen. Bevor sie vor Schmerz aufstöhnen konnten, waren sie bereits zusammengebrochen. Die Messer glitten ihnen aus den Händen, aber Xiong quälte das ungute Gefühl, dass etwas nicht stimmte. Etwas an der Art, wie ihre Waffen zu Boden fielen, dachte er. Allerdings blieb ihm keine Zeit, weiter darüber nachzudenken, denn schon sah er sich drei weiteren Männern gegenüber.

Sie waren den ersten beiden dicht auf den Fersen gewesen, blieben aber wie angewurzelt stehen, als sie ihre Kameraden zu Boden gehen sahen. Alle drei wirkten vollkommen entgeistert.

Der Hauptmann der SEP griff sie nicht an. Stattdessen stellte er sich wieder neben Ye, ließ die Männer nicht aus den Augen und hielt die Fäuste abwartend erhoben. Er würde ihr nicht mehr von der Seite weichen. Sollte es hart auf hart kommen, würde er nicht zögern, jeden zu töten, der eine falsche Bewegung machte.

All das ereignete sich binnen weniger Sekunden. Erst jetzt begannen die Zivilisten auf dem Platz, auf die Situation zu reagieren. Ein Studentenpärchen floh schreiend, die Gruppe greiser Tänzer stand da und starrte das Handgemenge mit offenem Mund an. Manche Umstehenden entfernten sich erst, näherten sich dann aber wieder, um alles aus sicherer Distanz beobachten zu können.

Xiong drehte sich um und sah, dass Ye hinter ihm am ganzen Leib zitterte. Er zeigte auf ihren BMW, der kaum fünfzehn Meter entfernt stand. »Rennen Sie zum Auto! Ich folge Ihnen, sobald ich mich um die drei gekümmert habe!« Er wandte sich wieder dem mit Messern bewaffneten Trio zu. Hinter alldem steckte Eumenides, da war er sich ganz sicher.

Han beobachtete die Geschehnisse mit wachsendem Zorn. Die Zivilbeamten hatten die Neuankömmlinge umzingelt, aber obwohl alles danach aussah, als würden sie die Lage bald unter Kontrolle haben, änderte das nichts an der Tatsache, dass ihr gesamter Plan durcheinandergebracht worden war. Sie mussten Ye so schnell wie möglich in ihr Auto kriegen.

Als hätte er Hans Gedanken gelesen, näherte sich ein hochgewachsener Beamter mit schwarzer Filzmütze Ye Shaohong, die nur noch zehn Meter von ihrem Wagen trennten. Er winkte ihr.

Ohne das geringste Zögern rannte Ye auf den Beamten zu. Ihre Geschwindigkeit und Furcht brachten sie ins Straucheln, aber er fing sie entschlossen ab und legte ihr einen Arm um die Schultern. Gemeinsam rannten sie zum Auto.

»Schnell, machen Sie die Tür auf!«, rief er.

Mit zitternden Fingern fischte sie ihren Schlüsselbund aus der Handtasche. Nach mehreren Anläufen bekam sie die Beifahrertür auf, der Beamte half ihr beim Einsteigen. Er nahm die Schlüssel an sich und warf die Tür zu. Zwei Pieptöne erklangen, und das Auto war verriegelt.

Endlich erlaubte Han sich ein erleichtertes Aufatmen. Selbst wenn noch mehr von diesen seltsamen Männern auftauchen sollten, war Ye jetzt in Sicherheit.

Einer nach dem anderen wurde von den Zivilbeamten überwältigt, die danach sofort den Polizeikordon verstärkten. Die drei Angreifer, die entgeistert inmitten des Kreises standen, ließen sich zu Boden fallen. Da erst drehte Xiong sich um und lief auf den BMW zu.

Noch ein dünner Mann tauchte aus einem Taxi am Rand des Platzes auf, nicht weit von Yes Wagen entfernt. Er blieb allerdings direkt neben dem Taxi stehen und starrte ins Leere.

Der Beamte, der Ye in ihr Auto geholfen hatte, rannte sofort auf den Neuankömmling zu.

»Polizei! Runter auf die Knie!«

Der Mann jaulte auf und versuchte zu fliehen. Der Beamte setzte nach und hatte schon nach zehn Sekunden den Abstand merklich verringert. Seine Beine stampften mit fließender, mechanischer Präzision.

Han wandte sich neugierig an Yin. »Wer ist das? Ein echter Sprinter.«

»Keine Ahnung«, sagte Yin kopfschüttelnd.

Um dem Mörder nicht verdächtig zu werden, hatten sich viele der Zivilbeamten umgezogen, bevor sie ihre Nachmittagsposten bezogen. Die Strickmütze allein reichte nicht aus, um den Beamten aus dieser Entfernung zu identifizieren.

Auch Pei betrachtete den Mann. Er sah ihm auf dem Monitor zu, bis er den Verdächtigen aus dem Sichtfeld der Kameras gejagt hatte, dann widmete er seine Aufmerksamkeit wieder dem Platz. Er suchte die Monitore ab, dann weiteten sich seine Augen vor Verblüffung.

»Moment mal – er war keiner von denen, die Sie auf dem Platz eingeteilt hatten?«

»Was soll das heißen?«, fragte Han.

»Ihre dreizehn Mann befinden sich immer noch auf dem Bürgerplatz. Aber wer ist dann er?«, fragte Pei angespannt.

Han fiel die Kinnlade herunter. »Hier Lima Eins«, schrie er in sein Mikrofon. »Zustand des Sperlings überprüfen! Sofort den Zustand des Sperlings überprüfen!«

Xiong, der bereits vor dem BMW stand, klopfte an die Beifahrertür. Keine Reaktion. Sein Magen tat einen Satz. Er drückte das Gesicht gegen die Scheibe und spähte in den Wagen. Ein leises Stöhnen entfuhr ihm.

Ye Shaohong hatte den Kopf leicht zur Seite gedreht, als schliefe sie friedlich. Das blutige Rinnsal, das aus ihrer Kehle sickerte und die rechte Hälfte ihrer Bluse in tiefes Rot getränkt hatte, strafte seinen Eindruck Lügen. Ihre linke Hand hing schlaff zur Seite und lenkte einen Teil des Blutflusses auf den ehemals eierschalenweißen ledernen Schaltknüppel um, der jetzt purpurn funkelte.

Da der andere Beamte mit dem Autoschlüssel davongelaufen war, hatten sie keine andere Wahl, als die Scheibe einzuschlagen. In Windeseile wurde ein Gerichtsmediziner zum Platz beordert. Er erklärte die Frau auf der Stelle für tot.

Der Schnitt in Yes Kehle war knappe acht Zentimeter lang und einen Zentimeter tief. Er verlief absolut waagerecht und war höchstwahrscheinlich mit einer scharfen Rasierklinge ausgeführt worden.

Sowohl Luftröhre als auch Halsschlagader waren vollständig durchtrennt. Der starke Blutverlust hatte einen Schock ausgelöst, der schnell zum Herzstillstand geführt hatte.

*

Die Überwachungskameras hatten jedes Detail dieses Nachmittags aufgezeichnet. Als sich die Einsatzgruppe wenige Stunden später zu einer Sitzung einfand, bekam jedes Mitglied eine Abschrift der wichtigsten Ereignisse des entscheidenden Zeitraums, vom Eintreffen des Täters auf dem Platz bis zu dem Moment, in dem er nach dem Mord aus dem Bereich der Kameras verschwunden war:

16:02:23 – *Ye Shaohong und SEP-Hauptmann Xiong Yuan verlassen den Deye-Turm.*

16:02:33 – *Erster Verdächtiger verlässt Taxi. Zwei Sekunden später von Lima Sieben überwältigt.*

16:02:35-16:02:38 – *Viele Verdächtige stürmen den Bürgerplatz, den Zivilbeamten vor Ort zahlenmäßig überlegen.*

16:02:39 – *Mann mit schwarzer Filzmütze betritt den Platz aus Richtung des Parkplatzes im Süden. Da die anderen Beamten ganz auf die Verdächtigen konzentriert sind, die Ye Shaohong bestürmen, bemerkt niemand seine Ankunft.*

16:02:46 – *Xiong hat zwei Verdächtige ausgeschaltet, steht aber drei weiteren gegenüber.*

16:02:49 – *Mann mit schwarzer Filzmütze geht hinter Xiong vorbei und winkt Ye zu sich. Sie ist sichtlich panisch und läuft sofort zu ihm.*

16:02:56 – *Mann mit schwarzer Filzmütze eskortiert Ye zu ihrem BMW.*

16:03:08 – *Mann mit schwarzer Filzmütze hilft Ye auf den Beifahrersitz ihres Wagens. Die Kameras erfassen zu diesem Zeitpunkt nur die Fahrerseite.*

16:03:10 – *Zivilbeamte helfen Xiong dabei, die letzten drei Verdächtigen auszuschalten. Xiong läuft auf den BMW zu.*

16:03:11 – *Nicht identifizierter männlicher Verdächtiger mit Verband um die linke und Plastiktüte in der rechten Hand steigt aus Taxi am Ostrand des Platzes. Mann mit schwarzer Filzmütze läuft ihm entgegen, scheint ihn abfangen zu wollen.*

16:03:19 – *Mann mit schwarzer Filzmütze springt über Geländer zum Parkplatz, verlässt Sichtfeld der Kameras.*

Alle Anwesenden, die Yes Mörder erblickt hatten, stimmten darin überein, dass er die ganze Zeit über seine Filzmütze tief ins Gesicht gezogen und den Kragen der Jacke hochgestülpt getragen habe. Nicht ein Augenzeuge konnte eine brauchbare Beschreibung seiner Züge liefern.

Der Hauptmann war finsterer Laune. Auch die restlichen Mitglieder – allen voran Xiong – dachten mit schwerem Herzen an die Tragödie dieses Tages. Sowohl Kriminalpolizei als auch Spezialeinheit hatten Dutzende Beamte für den nachmittäglichen Einsatz aufgeboten. Nicht nur das – die Leiter beider Abteilungen waren persönlich vor Ort gewesen, um das Ganze zu koordinieren. Und ihr undurchdringliches Netz hatte den Mörder nicht davon abhalten können, seine Drohung wahr zu machen. Statt Eumenides zu fassen, hatten sie achtzehn »Verdächtige« verhaftet, von denen niemand auch nur die leiseste Ahnung zu haben schien, worum es eigentlich ging.

Der erste Mann, den sie verhörten, hieß Ai Yuncan, ein fünfundzwanzig Jahre alter Wanderarbeiter, der seit seiner Ankunft in Chengdu einer kärglich bezahlten Tätigkeit in einem örtlichen Restaurant nachging. Er hatte vor etwa zwei Wochen ein Flugblatt an einer Straßenlaterne gesehen, auf dem ein großes Unterhaltungszentrum nach »jungen Herren zur speziellen Kundenbindung« suchte. Die Anzeige versprach gute Bezahlung mit Zusatzleistungen, bei einem Einstiegsgehalt von über 10.000 Yuan im Monat. Darüber hinaus schienen auch die geforderten körperlichen Merkmale wie auf ihn zugeschnitten: *Bewerber sollten etwa 1,65 m groß und schlank gebaut sein.*

Er wählte die angegebene Telefonnummer, und der Mann am anderen Ende teilte ihm mit, die »jungen Herren« sollten sexuelle Dienstleistungen für reiche weibliche Kunden erbringen. Die gesuchten körperlichen Merkmale auf dem Flugblatt habe sich eine neue Kundin ausbedungen, die für diverse BDSM-Aktivitäten nach gleich mehreren Männern suche. Ai zögerte, bis ihm der Auftraggeber ein Bild der fraglichen Kundin zukommen ließ. Zu seiner Verblüffung war sie absolut umwerfend. Seine primitivsten Gelüste waren entfacht, also befolgte er die Instruktionen und beantwortete die E-Mail mit einem Foto von sich selbst. Der Auftraggeber schien zufrieden und überwies auf der Stelle eine Summe von 1000 Yuan als »Vorbereitungs-Vorschuss« auf Ais Konto.

Nach dieser Transaktion hatte Ai keine Bedenken mehr. Er befolgte die seltsamen Anweisungen aufs Wort. Noch am gleichen Tag kaufte er mehrere Dinge: ein paar Verbände, eine Lederpeitsche und ein Plastikmesser. So ausstaffiert, wartete er sehnlichst darauf, dass die wunderschöne Klientin ihn zu sich rufen würde. Am Vortag war der Anruf dann endlich gekommen. Man teilte ihm mit, beide Seiten müssten sich, da diese Art von Geschäft illegal sei und die Kundin aus vornehmen Kreisen stamme, auf ein geheimes Treffen einigen. Ai erhielt ein Bild des BMWs der Klientin mit dem Vermerk, sie werde den Deye-Turm gegen vier Uhr am Nachmittag verlassen. Ai selbst habe zu diesem Zeitpunkt auf dem Bürgerplatz zu warten, der Frau bei ihrem Auftauchen sofort zu folgen und sich zu ihr ins Auto zu setzen. Er werde allerdings nicht der einzige Anwärter auf diesen Job sein. Wer von den Teilnehmern die Stelle am Ende bekomme, hänge ganz von der Entscheidung der Klientin ab.

Um faire Bedingungen zu gewährleisten, hätten alle

Bewerber an vorbestimmten Stellen in verschiedenen Taxis zu warten. Sie dürften ihr Taxi erst verlassen, nachdem sie eine Textnachricht bekommen hätten. Darüber hinaus sollten sie die gekauften Gegenstände in einer schwarzen Plastiktüte mitbringen, die sie in der rechten Hand zu tragen hätten. Den Verband aber sollten sie an der linken Hand anlegen, um einer Vorliebe der Klientin schon im Vorfeld nachzukommen.

Die Aussagen all der Männer, die sie verhaftet hatten, glichen einander frappierend. Je deutlicher die Wahrheit ans Licht kam, desto mehr wurden Han und seine Untergebenen, die die Verhöre durchführten, von einem Gefühl grimmiger Scham erdrückt. Die Männer waren sämtlich nicht mehr als ein ausgeklügeltes Ablenkungsmanöver gewesen, und wie Motten im Licht hatte die Polizei nicht widerstehen können, sich restlos blenden zu lassen.

KAPITEL SECHS

ZWEI MINUTEN

Der Raum lag in kaltes Kunstlicht getaucht. Als sich die Einsatzgruppe 18/4 zuletzt um diesen Tisch versammelt hatte, waren alle aufgeregt und voller Energie gewesen. Jetzt glich die Stimmung eher einer Beerdigung.

Die Ermittler hatten jede Route genauestens analysiert, die der Mörder von seiner letzten bekannten Position aus genommen haben könnte, und Han hatte für zehn Häuserblocks in alle Richtungen eine gründliche Durchsuchung angeordnet. Ohne Ergebnis. Hatte er sich irgendwo in der Nähe des Platzes verschanzt? Sich in einem Fahrzeug abgesetzt? Hatte er sich verkleidet und war in der Menge untergetaucht? Hatte er einen Komplizen gehabt? Es gab schlicht zu viele ungeklärte Fragen.

Wieder und wieder ging das Team das Filmmaterial der Überwachungskameras durch. Zeng erstellte mithilfe einer Reihe mathematischer Algorithmen eine genaue Karte der Standorte aller achtzehn Lockvögel – wo sie relativ zur

Aufteilung der Zivilbeamten gewartet hatten, wann genau sie den Platz gestürmt hatten, welche Wege sie in Richtung Ye genommen hatten. Die Strategie schien sorgfältig ausgearbeitet gewesen zu sein, um maximale Verwirrung zu stiften. Ihre Ankunft hatte den schützenden Polizeikordon wie ein Kartenhaus mit einem Windstoß eingerissen.

Der letzte Lockvogel hatte den Kordon nordöstlich von Xiong durchbrochen, sodass Ye Shaohong sich ganz natürlich in Gegenrichtung hinter dem Hauptmann versteckt hatte. Zur selben Zeit hatte der Mörder in einer Aufmachung, die zu den Zivilbeamten passte, den Platz aus ebendieser Gegenrichtung betreten. Die Lockvögel hatten ihm Ye in die Arme getrieben. Xiong musste die beiden Verdächtigen im Norden ausschalten und konnte Ye nicht gleichzeitig begleiten. Es war exakt die Sorte Ablenkungsmanöver, die der Mörder gebraucht und passgenau entworfen hatte.

Zeng hatte die Textnachrichten, die jeder Lockvogel bekommen hatte, zu einer Prepaidnummer zurückverfolgt, die mit einem gefälschten Ausweis gekauft worden war. Die nächste Sackgasse.

Han ging neben dem Konferenztisch auf und ab, die Hände hinter dem Rücken verschränkt. »Yin, können Sie noch mal die Beschreibung des Mörders aus dem Bericht zum Mord an Kommissar Zheng vorlesen?«

»Ein Meter fünfundsechzig, Verletzung an einer Hand.«

Han hob den Ordner in die Höhe, der den entsprechenden Bericht enthielt. »So ist es. Genauso ist es.«

Er schaltete den Beamer ein. Während die Maschine vorwärmte, tauchte langsam ein Schwarz-Weiß-Bild auf der Leinwand auf. Die anderen erkannten den Winkel der Aufnahme sofort wieder. Ein Standbild einer der Überwachungskameras am Bürgerplatz. Xiong fröstelte, als er die Gestalt neben dem BMW stehen sah.

»Xiong, wie groß, würden Sie sagen, war dieser Mörder?«, fragte Han.

Der SEP-Hauptmann rutschte unruhig auf seinem Stuhl hin und her. »Kann ich nicht mit Bestimmtheit sagen. Ich hatte kein freies Sichtfeld.«

»Und wenn Sie schätzen müssten?«

Xiong zögerte. Eine Schweißperle rollte seine Schläfe hinab. »Um die eins achtzig.«

»Eben!« Abermals nahm Han den Ordner zur Hand. »Mag mir irgendwer erklären, wie unser Mörder quasi über Nacht um beinahe fünfzehn Zentimeter gewachsen ist? Und noch wichtiger: Möchte mir jemand darlegen, weshalb wir Ye Shaohong und allen anderen Beteiligten gesagt haben, sie sollen nach jemandem Ausschau halten, der die falsche Größe hat? Vielleicht arbeitet Eumenides mit jemandem zusammen ...«, schlug Yin vor.

Han schleuderte den Aktenordner gegen die Wand. Er traf auf die Holzvertäfelung und explodierte in einer Wolke aus Papieren und Fotos.

»Wir haben nicht einen einzigen Anhaltspunkt, um von so was auszugehen! Der Mann, den wir heute auf dem Platz gesehen haben, hat jeden unserer Schritte diktiert. Er hat uns von Anfang an wie ein Puppenspieler manipuliert!« Die nackte Wahrheit hatte sein Selbstvertrauen sichtlich erschüttert. »Hat irgendwer dem noch etwas hinzuzufügen?«

Xiong brach das folgende Schweigen. »Ich habe versagt. Ich hätte begreifen müssen, was vor sich geht. Ich wusste, dass mit diesen Messern etwas nicht stimmt, sobald die ersten beiden Lockvögel die ihren fallen gelassen hatten.

Sie sind nicht wie echte Messer auf dem Boden aufgeschlagen, aber ich habe mir nicht die Zeit genommen, mich zu fragen, warum. Ye ist tot, weil ich zu dumm war, um an ihrer Seite zu bleiben.«

»Sie haben Ye beschützt! Diese *Männer* haben eine ernste Bedrohung dargestellt. Im Eifer des Gefechts wäre es schier unmöglich gewesen, auch noch darüber nachzudenken, warum welches Messer wie auf dem Boden landet. Und niemand kann verlangen, dass Sie jeden einzelnen Zivilbeamten vor Ort auf der Stelle hätten identifizieren können. Das hätte keiner von uns gekonnt. Genau deshalb ist uns dieser Bastard auch durch die Finger gerutscht.« Han fletschte die Zähne. »Die Schuld liegt bei mir, weil ich die komplette Aktion falsch geplant habe.«

»Der Typ weiß ganz genau, was er tut. Schlimmer noch, er weiß ganz genau, was *wir* tun«, sagte Zeng und massierte sich den Nasenrücken. »Nur weiß er nicht, dass er sich jetzt verraten hat.«

»Raus damit, Zeng«, fauchte Han. Er hatte die Nase gestrichen voll von Zengs unerträglicher Angewohnheit, seine Zuhörer absichtlich auf die Folter zu spannen.

Zeng war noch immer die Ruhe selbst, leckte sich die Lippen und schüttelte den Kopf. »Glauben Sie wirklich, jemand wie Eumenides könnte einfach aus dem Nichts auftauchen? Er muss professionell ausgebildet worden sein, also muss es irgendwo Unterlagen über ihn geben. Wir können damit anfangen, alle infrage kommenden Polizisten gründlich zu überprüfen. Ich kann uns über die Datenbank Einsicht in die Akten sämtlicher Kollegen verschaffen, die in den letzten zwei Jahrzehnten polizeilich oder militärisch ausgebildet wurden.«

Pei, der bis jetzt geschwiegen hatte, wandte sich an Zeng. »Sieht ganz so aus, als hätten Sie damit längst angefangen«, sagte er kalt.

»Was soll das heißen?«, fragte der junge Polizist und lachte gekünstelt.

»Was hatten Sie in meinem Zimmer zu schaffen?«

»Ich habe keine Ahnung, wovon Sie reden.«

»Sie waren beim heutigen Einsatz nur zu Beginn dabei«, sagte Pei. »Danach haben Sie meine Sachen durchwühlt.«

Zeng hatte Mühe, sich seine Überraschung nicht anmerken zu lassen. Er hatte sich in der Tat in Peis Zimmer geschlichen, während alle anderen unterwegs gewesen waren, allerdings auf Befehl von Han. Nur hatte er sicherlich keine stümperhafte Arbeit geleistet. Zeng war sich absolut sicher, keinerlei Spuren hinterlassen zu haben. Er hatte Handschuhe getragen – und sogar ein Haarnetz. Wie konnte Pei also davon wissen?

»Ihnen entgeht wirklich nichts, Hauptmann. Warum der strenge Blick? Haben Sie etwas vor uns zu verbergen?«

»Die Netzwerkadministratoren von Longzhou haben heute Nachmittag einen Angriff auf die Telekommunikations-Datenbank der Stadt registriert. Irgendwer hat sich Zugriff auf meine Telefondaten des vergangenen Monats verschafft. Meinen werten Kollegen in Longzhou ist es gelungen, den Hacker ausfindig zu machen. Noch einer Ihrer Scherze, Zeng?«

Zeng war ungewöhnlich beschämt. Er antwortete nicht.

Nach einer kurzen Pause bemühte sich Han, die Wogen zu glätten. »Vielleicht ist das alles nur ein Missverständnis. Ich würde vorschlagen, wir unterhalten uns darüber privat, Pei. Es sollte nicht Teil der offiziellen Sitzung sein.«

»Abgelehnt.« Pei starrte Han mit versteinerter Miene an. »Das ist kein Missverständnis. Sie haben auch Mu angewiesen, mich zu überwachen, richtig? Wie kann ich bitte immer noch verdächtig sein? Da draußen mordet jemand vor sich hin, und Sie stellen zwei Mitglieder unseres Teams für ein völlig sinnloses Unterfangen ab. Wir müssen Eumenides aufhalten, statt uns mit internen Ermittlungen gegenseitig auszubremsen. Eine offizielle Sitzung wie diese ist also genau der richtige Ort, das zur Sprache zu bringen.«

»In einem Punkt haben Sie recht, Hauptmann Pei. Ich habe die Beamten Zeng und Mu angewiesen, Sie zu überprüfen«, sagte Han so diplomatisch wie möglich. »Kommissar Zheng wird ermordet, und Sie knien direkt neben der Leiche. Dann erfahren wir, dass Sie eng mit den Tragödien verbunden sind, die sich vor achtzehn Jahren ereignet haben. Ich wäre ein Narr, hätte ich Sie nicht überprüfen lassen.«

»Und ich soll glauben, mehr steckt nicht dahinter?« Pei kochte vor Wut. »Oder lag es vielleicht eher daran, dass ich Ihre Befehlsgewalt infrage gestellt und den Mann düpiert habe, der sich an meine Fersen geheftet hat? Dann erzählen Sie mir doch mal, was Ihre Untersuchung bislang zutage gebracht hat, Hauptmann Han.«

Han zögerte. Das ganze Team sah zu. Er durfte jetzt keine Schwäche zeigen.

»Fangen wir vorne an. Sie waren es, der angegeben hat, der Verdächtige sei um die eins fünfundsechzig groß und habe eine Wunde an der Hand. Eine ziemlich gewagte Schlussfolgerung, vor allem, weil Sie zu diesem Schluss gekommen sind, noch bevor Sie Zhengs Wohnung verlassen hatten. Und darüber hinaus auch noch falsch, was uns einiges gekostet hat.«

Pei wollte Han daran erinnern, dass seine Analytiker exakt das gleiche Profil errechnet hatten, beschloss aber instinktiv, lieber den Mund zu halten.

»Und damit kommen wir zum Fiasko am Deye-Turm. Mit Ausnahme der Beamten, die an dem Einsatz teilgenommen haben, wusste niemand über die Einzelheiten unserer Überwachungsausrüstung Bescheid. Und kaum betreten Sie die Einsatzzentrale, stellen Sie sich vor die Monitore und entdecken zielsicher sämtliche Zivilbeamten auf dem Platz. War das die reine Angeberei?«

Die beiden Polizisten starrten einander feindselig an. Die Atmosphäre im Raum glich einer Gasflasche in einem brennenden Haus.

»Hauptmann Han, Hauptmann Pei – reißen Sie sich gefälligst zusammen!«

Xiongs Maßregelung gellte in ihren Ohren. Pei fühlte sich geohrfeigt und begriff, dass er den Bogen tatsächlich überspannt hatte. Nach Auswertung aller Beweise war Han eindeutig im Recht. Er konnte von Glück sagen, dass Han ihn nicht schon längst aus dem Team geworfen hatte. In der angespannten Stille gab er sein Bestes, seine Gefühle wieder in den Griff zu kriegen.

Zeng räusperte sich.

»Ich war dabei, als Hauptmann Pei die Kollegen auf dem Bürgerplatz herausgepickt hat. Meiner Meinung nach hat er das Puzzle allein durch seine Beobachtungsgabe und gute Ausbildung zusammengesetzt. Was mich zu der Frage bringt, die mir viel größere Sorgen bereitet: Wie konnte Eumenides es ihm gleichtun?«

Die Frage schwebte wie eine dräuende Wolke über dem Team.

Pei schnipste mit den Fingern. »Das Hotel!«, platzte er heraus.

Sofort richteten sich alle Blicke auf ihn.

»Inwiefern?«, fragte Han barsch.

»Wenn er sich eine gute Übersicht verschaffen wollte, wie die Polizei ihre Kräfte verteilt, hätte auch er einen unverbauten Panoramablick über den Platz benötigt. Er musste also hoch hinaus, genau wie wir. Und wo wären Sie hingegangen, wenn Sie es auf einen hoch gelegenen, versteckten Aussichtspunkt auf den Platz abgesehen hätten?«

»Er war bei uns im Hotel«, zischte Xiong.

*

23. OKTOBER, 23:09 UHR
HOTEL HIMMELSSPITZE

Die Einsatzgruppe kehrte zu dem mächtigen Gebäude zurück, das dem Deye-Turm direkt gegenüberstand. Flankiert von seinem Team, marschierte Han zur Rezeption und verlangte nach dem Material der Überwachungskameras aus den letzten Tagen.

Am Vorabend hatte gegen 22:00 Uhr ein Mann in Zimmer 714 eingecheckt. Er war über Nacht in seinem Zimmer geblieben und hatte es um 15:00 Uhr verlassen – eine Stunde vor dem Mord. Er war nicht wieder aufgetaucht, hatte auch nicht ausgecheckt. Das Material zeigte eine männliche Gestalt, deren Größe, Statur und Gang zum Mörder vom Bürgerplatz passten. Keine der Kameras hatte sein Gesicht erfasst.

Aus dem siebten Stock hatte man einen vorzüglichen

Blick auf den Platz. Er hatte direkt über ihrer Einsatzzentrale gesessen. Pei wollte Han darauf hinweisen, sah aber am wütenden Blick des Hauptmanns, dass sie beide die gleichen Schlüsse gezogen hatten.

Unverzüglich forderte Han die Hotelangestellten auf, ihm die Informationen des Ausweises auszuhändigen, mit dem der Verdächtige eingecheckt hatte. Zwei Minuten später hatte Zeng das Dokument als Fälschung identifiziert. Es war nicht dieselbe Fälschung, die Zeng noch an diesem Morgen aufgetan hatte, erhärtete ihren Verdacht aber umso mehr. Als Han sich nach dem Aussehen des Mannes erkundigte, gab der Rezeptionist, der zur fraglichen Zeit gearbeitet hatte, an, die Person habe eine Sonnenbrille und einen Vollbart getragen.

»Einen Bart?« Yin kritzelte etwas auf seinen Notizblock. Der Rest des Teams wirkte allerdings wenig beeindruckt. »Hauptmann, sollten wir die leitenden Ermittler anweisen, sich auf Männer mit Bärten zu konzentrieren?«

Han schüttelte den Kopf. »Der war nur angeklebt.«

Yin starrte verdattert auf den Bildschirm der Überwachungsanlage.

»Dieser Mörder ist kein Dummkopf«, setzte Pei ihm auseinander. »Er trägt auf keinen Fall etwas so Auffälliges wie einen Bart. Vollbart und Sonnenbrille dienten einzig dazu, sein Gesicht zu verdecken. Mehr nicht.«

Yin verzog das Gesicht. Er riss die Seite aus seinem Notizblock und zerknüllte sie.

Han war bereits auf einen anderen Teil des Videos konzentriert. »Hier! Er hatte beim Einchecken einen Koffer dabei, ist aber ohne ihn verschwunden. Wir können nicht ausschließen, dass er noch mal zurückkommt.«

Xiong reagierte sofort. »Ich stelle ein paar Leute in der Nähe ab.«

»Gut. Wir brauchen auch welche in der Lobby. Yin, koordinieren Sie das mit Hauptmann Xiong.« Han sah den Rest des Teams der Reihe nach an. Alle wirkten eifrig, Pei allerdings war regelrecht ungeduldig. Seine Pupillen waren vor Aufregung geweitet. »In Ordnung. Zuerst sehen wir uns sein Zimmer an.«

Einer der Angestellten schnappte sich eine Schlüsselkarte und brachte sie zu Zimmer 714. Auf dem LED-Display unter der Klingel leuchtete in Rot BITTE NICHT STÖREN. Dem Angestellten zufolge war niemand sonst im Zimmer gewesen, seit der Mann eingecheckt hatte.

Peis Herz schlug wie ein Presslufthammer. Falls in diesem Zimmer tatsächlich der Mörder übernachtet hatte, den sie heute auf dem Bürgerplatz gesehen hatten, kamen sie ihm endlich näher.

Han wies den Hotelangestellten an, die Tür zu öffnen.

Sie schwang nach hinten ins Zimmer, und sofort wallte ein markanter Geruch auf den abgedunkelten Flur. Pei lief es kalt den Rücken herunter. Bilder von faulendem Fleisch und freigelegten inneren Organen jagten durch seinen Kopf. Mu hielt sich die Nase zu, der arme Hotelangestellte sah aus, als müsse er sich übergeben.

»Was ist das für ein entsetzlicher Gestank?«, rief er.

Han trat ein und ließ die Schlüsselkarte in den Wandschlitz gleiten. Die Lampen gingen an, vertrieben die Dunkelheit und gaben den Blick auf ein sauberes Hotelzimmer frei. Auf dem großen Doppelbett lag ein geöffneter Koffer. Pei schnüffelte und war sich schnell sicher, dass der Koffer die Quelle des Gestanks bildete.

Vorsichtig versammelte sich das Team um den schwärenden Koffer und spähte hinein.

Darin lagen sorgfältig arrangiert ein Dutzend Einmachgläser, jedes so groß wie zwei Fäuste übereinander und randvoll mit einer salzigen Flüssigkeit. Und in diesem Moment erkannte Pei auch den Geruch wieder – Formaldehyd, die gängigste Flüssigkeit zum Einbalsamieren. In jedem Glas schwebte ein grotesk geformter Gegenstand.

»Entschuldigung«, sagte der Hotelangestellte, schlug sich eine Hand vor den Mund und schob sich mit der anderen an Mu und Zeng vorbei. Er rannte hinaus auf den Flur.

Zitternd gesellte Mu sich näher zu ihren männlichen Kollegen. »Was ... was ist das?«, fragte sie gedämpft.

Niemand antwortete. Han streifte sich ein Paar weiße Baumwollhandschuhe über, hob eins der Gläser aus dem Koffer und hielt es vor die Deckenlampe.

Als Zeng begriff, was da in der Flüssigkeit schwamm, stieß er einen würdelos spitzen Schrei aus. »Das ist ein Skalp! Eine menschliche Kopfhaut – Scheiße!«

Tatsächlich klebten noch ein paar lose Strähnen an dem Objekt. Durch die Bewegung des Glases trieb der Skalp träge durch die Flüssigkeit, wie eine albtraumhafte Qualle, die man plötzlich aufgeschreckt hatte.

Mu hatte endgültig genug gesehen. Sie lief aus dem Zimmer und holte keuchend Luft.

Peis Blick verharrte erst auf der Kopfhaut und wanderte dann zu dem Etikett auf dem Glas. Bei näherer Betrachtung waren darauf eine Menge Schriftzeichen zu erkennen. Gleichzeitig hatte auch Han das Etikett bemerkt. Er drehte das Glas, las und riss die Augen auf:

Dieselbe perfekte Handschrift. Durch die Schriftzeichen für *Lin Gang* war ein dicker roter Haken gemalt. Die meisten Teammitglieder waren mit gerichtlichen Anzeigen wohlvertraut und wussten genau, was ein roter Haken zu bedeuten hatte.

»Die Vergewaltigung im Tempeldorf von Baijia?«, fragte Pei entgeistert.

»Einer der brutalsten ungeklärten Fälle in der gesamten Provinz«, sagte Zeng. »Das war letztes Jahr. Ich war sogar derjenige, der die Bitte um Mithilfe an die öffentlichen Überwachungsorgane weitergeleitet hat. Der Täter wies ein besonderes Merkmal auf: eine fünf Zentimeter lange Narbe von einer Messerklinge an der linken Stirnseite.«

Wie als Antwort auf seine Ausführung faltete sich die Kopfhaut im Glas langsam aus und legte eine lange, unübersehbare Narbe frei.

Pei grunzte etwas, das sowohl Lachen als auch Seufzen hätte sein können. »Da hat er wohl mehr getan, als den Fall bloß für euch zu lösen. Er hat sogar die Gerichtskosten bestritten und sein eigenes Verfahren abgehalten.«

Han spürte gärenden Frust in sich aufsteigen. Je länger er den roten Haken anstarrte, desto mehr wirkte er wie ein Mund, der ihn höhnisch angrinste. An seinem Handgelenk traten die Adern hervor. Er stellte das Glas zurück in den Koffer und hob ein anderes hoch. Darin schwebte ein zerfleddertes Stück Haut mit dem stahlgrauen Tattoo einer Fledermaus.

Auch dieses Glas wies ein Etikett mit einem roten Haken auf:

TODESANZEIGE

DER ANGEKLAGTE: Zhao Erdong
VERBRECHEN: Raubmord im Ulmengarten
DATUM DER URTEILSVOLLSTRECKUNG: 11. Mai
HENKER: Eumenides

Ulmengarten. Der Name dieser vornehmen Wohngegend spülte in Hans Kopf längst vergessene Bilder an die Oberfläche. Lange Reihen hoher, makelloser Wohnblöcke. Eine rote Spur auf schweren Holzdielen, die zu einem Mann führte, der zusammmengesackt an einer blutverschmierten Wand lehnte.

Han hatte seine besten Leute auf der Suche nach dem Besitzer eines Fledermaustattoos durch einen Marathon schlafloser Nächte getrieben. Als er es nun schließlich vor sich sah, wusste er nicht, was er fühlen sollte. Freude? Trauer? Wut?

In völliger Stille holten Han, Zeng und Pei die Einmachgläser eins nach dem anderen aus dem Koffer und stellten sie nebeneinander auf dem Bett ab. Mu kam ins Zimmer zurück und wischte sich mit dem Ärmel über den Mund. Auch die restlichen Gläser enthielten je ein menschliches Körperteil verschiedener Form und Größe – einen Finger, ein Ohr, eine Nase … Jede dieser »Proben« wies ein Erkennungsmerkmal eines polizeilich gesuchten Verbrechers und jedes Etikett, jede Todesanzeige ein rotes Häkchen auf – mit einer Ausnahme.

Im letzten Glas schwamm eine halbe Zunge. Auch dieses Etikett war mit Schriftzeichen versehen:

TODESANZEIGE

DER ANGEKLAGTE: Peng Guangfu
VERBRECHEN: Polizistenmord im
Berg-der-zwei-Hirsche-Park
DATUM DER URTEILSVOLLSTRECKUNG: 25. Oktober
HENKER: Eumenides

»Da fehlt das Häkchen«, sagte Pei. Die anderen nickten. Es war die einzige unerledigte Todesanzeige.

Han war sprachlos. Xiong und Zeng starrten einander mit aufgerissenen Augen an.

Pei konnte sich das seltsame Verhalten seiner Kollegen nicht erklären und sah Zeng fragend an. Plötzlich legte Mu ihm eine Hand auf den Arm. Er sah sie an, aber sie schüttelte den Kopf.

Später, formte sie lautlos mit den Lippen.

Han ließ das letzte Einmachglas langsam zurück in den Koffer sinken. Mit sichtlichem Bemühen, seine Gefühle unter Kontrolle zu bekommen, zückte er sein Handy und rief Yin an.

»Die wartenden Beamten können abziehen. Er kommt nicht noch mal zurück.«

Pei war klar, dass Han recht hatte. Eumenides hatte die

Polizei in sein Zimmer locken wollen, hatte sie wie Ratten durch ein Labyrinth gelotst. Sie würden hier nichts von Belang finden – bis auf die Hinweise, die der Täter absichtlich deponiert hatte.

Die folgende Untersuchung bestätigte ihren Verdacht. Nicht ein Fingerabdruck oder Haar wurde gefunden, nur der Koffer und sein grausiger Inhalt.

Es waren dreizehn Einmachgläser. Jedes trug eine individuelle Todesanzeige. Zwölf dieser Urteile waren mit einem roten Häkchen versehen, nur bei dem Urteil für Peng Guangfu fehlte es.

Weithin sichtbar lagen zwei weitere Gegenstände zwischen dieser makabren Ausstellung: eine externe Festplatte und ein Gerät, das wie ein Signalempfänger aussah.

»Ich habe wohl fürs Erste zu tun«, meinte Zeng mit einem Blick auf die Hardware.

*

Die Einsatzgruppe saß im Konferenzraum versammelt und betrachtete die Leinwand, auf der ein Video lief. Ein kleiner untersetzter Mann kniete vor einer eintönigen Steinmauer. Er schaute in die Kamera. Er war an Armen und Beinen gefesselt, sein Gesicht vor Entsetzen verzogen. Bei genauerem Hinsehen war an der linken Seite seiner Schläfe eine Narbe zu erkennen.

Pei konnte den Ort nicht wirklich eingrenzen. Für eine Wohnung oder ein Lagerhaus war die Wand zu grob, vielleicht handelte es sich um einen Keller. Die Beleuchtung war zu schwach und der Bildausschnitt zu begrenzt, um mehr ausmachen zu können.

Nach ein paar Sekunden hörten sie die Stimme eines Mannes, der hinter der Kamera stehen musste.

»Wie heißen Sie?«

»Lin ... Gang«, stammelte der gedrungene Gefangene.

»In welcher Form waren Sie an der Vergewaltigung beteiligt, die sich am dritten August letzten Jahres im Tempeldorf von Baijia zugetragen hat?«

Lin Gang ließ den Kopf hängen. »Ich ... ich habe es getan.« Der Unsichtbare sprach in einem tiefen, kratzenden Tonfall. Lin musste diese Stimme zusätzliche Schrecken beschert haben; Pei erkannte allerdings den eigentlichen Grund dafür. Er hatte seine Stimme für das Publikum verstellt – für die Polizeibeamten, die dieses Video später betrachten sollten.

»Die Frau, die Sie vergewaltigt haben. Wie sah sie aus?«

»Sie war ... schlank. Sie hatte kurze Haare, bis auf ...«

»Nein. Nennen Sie mir etwas, das nur Sie gesehen haben. Etwas, wovon die Öffentlichkeit nichts weiß.«

»Ich verstehe nicht, was ...«

»Wenn Sie nicht mit mir reden wollen, kann ich Sie auch langsam zerschneiden und ausbluten lassen. Das wird dann etwa eine halbe Stunde dauern, vielleicht auch eine Dreiviertelstunde. Ihre Entscheidung.«

»Da war ... sie hatte ein Muttermal. Auf einer Brust. Ungefähr so breit wie das Ende eines Essstäbchens.«

»Gut.«

Ein Schatten huschte über die Linse, dann trat der andere Mann hinter Lin Gang und löste seine Fesseln.

Lin rieb sich die blutigen Handgelenke. Er drehte den Kopf; ein leerer Ausdruck trat in seine Augen, sein Gesicht wurde aschfahl.

Eine Hand schob sich ins Bild. Zwischen zwei Fingern glitzerte eine Rasierklinge.

»Ich gebe Ihnen noch eine letzte Chance.« Die Worte des Unbekannten wirkten noch schneidender als die Klinge. »Stehen Sie auf und sehen Sie mich an.«

Lin schüttelte verzweifelt den Kopf, schluchzte und zitterte am ganzen Leib. »Nein ...«

»Aufstehen.«

Lin erbebte. Statt aufzustehen, rollte er sich zu einer schlotternden Kugel zusammen.

Ein geringschätziges Schnauben, dann blitzte die Klinge auf. Lin zog die Arme hoch, als wolle er sich wehren, aber bevor er die Bewegung vollzogen hatte, brach er steif wie ein Brett zusammen. Dunkles Blut wallte aus seinem Hals. Die Gestalt ging neben ihm in die Hocke und schwang die Klinge mit flinken, chirurgisch präzisen Bewegungen.

Pei hielt vor Erregung die Luft an, als der Kopf des Mörders ins Bild kam, stieß sie aber schnell wieder aus. Natürlich. Der Mann trug eine Skimaske.

»Eumenides«, knurrte Xiong. »Da ist er.«

Han legte einen Finger an die Lippen und starrte ihn finster an.

Ein leises matschiges Geräusch war zu hören, wie Nudeln, die in einer Schüssel umgerührt werden. Der Mann erhob sich und hielt einen flachen, dünnen Gegenstand vor die Kamera. Mehrere aus dem Team keuchten verhalten, als sie das Objekt sahen, das im ersten Einmachglas geschwommen war. Den Skalp.

»Und? Stimmt das?«, fragte Zeng.

Han zog die Stirn kraus. »Was?«

»Das Muttermal. War es wirklich vorhanden?«

Der Hauptmann schürzte die Lippen und schien nachzudenken. Endlich nickte er. »Ja. Kaum eine Handvoll Leute können von diesem Detail gewusst haben.«

»Könnte sich Eumenides Zugang zum Archiv verschafft und die entsprechende Akte gefunden haben?«, fragte Pei. »Er hätte sich jemanden suchen können, auf den Lin Gangs Beschreibung zutraf, und ihm diesen Satz vorgegeben haben. Vielleicht war das alles reines Theater extra für uns.«

»Unwahrscheinlich«, sagte Han kopfschüttelnd. »Sehr unwahrscheinlich. Von einem Einbruch ins Archiv hätten wir auf jeden Fall erfahren.«

Der Mann, der soeben Lin hingerichtet hatte, war offenkundig auch über die Details der anderen ungeklärten Fälle, zu denen die jeweiligen Einmachgläser gehörten, ebenso gut informiert. Zwölf weitere Videos folgten, die sämtlich »Verurteilungen« dokumentierten, durchgeführt von demselben Maskierten. Jedes begann mit einem kurzen Verhör, mit Fragen zu spezifischen Details des jeweiligen Falls. Alle Videos waren vor demselben Hintergrund gedreht – dieselbe Steinwand, der gleiche nichtssagende Bildausschnitt.

»Sie können unmöglich alle die Wahrheit sagen«, flüsterte Zeng fassungslos. »Er muss ihnen den Text vorgegeben haben, ganz wie Pei vermutet.«

Pei wusste, wie nackte Furcht aussah. Jene Sorte Furcht, die jedem, den sie ergriff, die Wahrheit entlockt hätte.

Nachdem die Opfer ihre Identität bestätigten, löste der Maskierte ihre Fesseln. Gegen Ende jedes Videos sagte er stets den gleichen Satz: *Ich gebe Ihnen noch eine letzte Chance.* Aber keins der Opfer seiner kurzen Darbietungen ergriff die Gelegenheit, dem Entführer die Stirn zu bieten.

Sie schienen nicht das geringste Verlangen danach zu verspüren. Sowie ihre Fesseln gelöst waren, rollten sie sich samt und sonders auf dem Boden zusammen und erwarteten den tödlichen Schlag wie gelähmte Versuchstiere.

Diese hartgesottenen Vergewaltiger, Diebe und Mörder hatten dem Mann von Angesicht zu Angesicht gegenübergestanden, und doch konnte keiner von ihnen auch nur um Gnade flehen.

Das letzte Video war offenbar jenes, das Eumenides der Polizei am dringendsten hatte vorführen wollen. Es war in der gleichen düsteren, heruntergekommenen Umgebung gefilmt wie die übrigen. Ein Mann zwischen dreißig und vierzig kniete auf dem Boden. Die Kamera war direkt auf seinen Kopf gerichtet, seine Gesichtszüge deutlich zu erkennen.

»Wie heißen Sie?«

»Peng Guangfu.«

»In welcher Form waren Sie an dem bewaffneten Raubüberfall beteiligt, der sich am Abend des fünfundzwanzigsten Oktober letzten Jahres im Hotel Abendröte zugetragen hat?«

»Ich habe das Hotel überfallen. Zusammen mit Zhou Ming.«

»Sie haben insgesamt vierundzwanzigtausend Yuan in bar erbeutet. Was ist passiert, nachdem Sie aus dem Hotel geflohen sind?«

»Es war spät. Wir wollten noch einen Laden an der Ecke mitnehmen und sind dabei auf ein paar Bullen gestoßen.«

»Wie viele?«

»Zwei.«

»Was ist dann passiert?«

»Sie haben uns verfolgt, also sind wir in den Park zum *Berg der zwei Hirsche* gerannt. Da gibt es überall Felsen und kleine Höhlen. Wir haben uns in einer der Höhlen versteckt.«

»Haben die Polizisten Sie gefunden?«

»Ja.«

»Was ist dann passiert?«

»Alle haben drauflosgeschossen.«

»Ein Beamter wurde getötet, der andere verletzt. Ihr Partner Zhou Ming ist bei dem Schusswechsel ebenfalls gestorben. So weit korrekt?«

Peng nickte zögernd.

»Sind Ihnen die Namen der beiden Polizisten bekannt?«

»Ich habe sie später erfahren. Aus der Zeitung.«

»Nennen Sie mir ihre Namen.«

»Der Bulle, der gestorben ist, hieß Zou Xu. Der Verwundete war Han Hao.«

Bei der Erwähnung von Hans Namen zuckte Pei zusammen. Er drehte sich um und starrte den Hauptmann ungläubig an. Hans Unterkiefer trat vor, er biss die Zähne zusammen. Auf seiner Stirn hatten sich kleine Schweißperlen gebildet.

Pei dachte an die Reaktion des Hauptmanns, als er im Hotelzimmer das letzte Glas hochgehoben hatte. Auch die anderen hatten Blicke gewechselt. Und dann Mus stumme Warnung. Sie hatten es alle gewusst und ihm die ganze Zeit über vorenthalten.

»Sehr gut.« Die Stimme aus dem Off schien ihre Befragung beendet zu haben. Schließlich sagte sie ein letztes Mal: »Ich gebe Ihnen noch eine letzte Chance.«

Peng hob den Kopf und sah den Mann mit leerem Blick an.

Die anonyme Hand schob sich ins Bild. Entgegen den Erwartungen des Teams lag keine blitzende Klinge darin, sondern eine etwa knopfgroße Metallscheibe. Die Hand ließ die Scheibe in Pengs Brusttasche gleiten.

»Dieser Sender übermittelt Ihre Position. Das Empfangsgerät lasse ich der Polizei zukommen.«

Peng riss die Augen auf. Die Ironie der Szene blieb Pei nicht verborgen: Die Erwähnung der Gesetzeshüter schien dem Verbrecher neue Hoffnung zu geben.

»Das Spiel geht los, sobald ich den Sender einschalte. Er wird Sie an den richtigen Ort lotsen. Es gibt allerdings einen Haken. Ihre Gruppe muss aus vier Leuten bestehen – nicht mehr, nicht weniger. Sie müssen diesen Ort bis Mitternacht des vierundzwanzigsten Oktober erreichen. Sollten Sie sich nicht an die Regeln halten, merke ich das sofort«, sagte der Mann und drehte sein maskiertes Gesicht zur Kamera. »Also keine Dummheiten.« Er wandte sich wieder an Peng. »Falls Sie sich an die Regeln halten und Erfolg haben, bestehen gute Chancen, dass Sie hier unversehrt rauskommen.«

Han griff sich den Empfänger, den sie im Koffer gefunden hatten. Sie hatten längst versucht, das Gerät einzuschalten; nach Durchsicht des Videos war allerdings klar, dass es erst funktionieren würde, nachdem Eumenides den Sender aktivierte.

Der sah noch immer Peng an. »Eine Sache wäre noch zu klären. Ich möchte verhindern, dass Sie frühzeitig irgendwelche Geheimnisse von sich geben. Wir müssen uns überlegen, wie wir das verhindern können.«

Wieder lag blankes Entsetzen auf Pengs Gesicht. Eumenides' Hand tauchte abermals im Blickfeld auf. Ein eisiges

Glitzern spielte über die Rasierklinge zwischen seinen Fingern.

»Nein, nein!«, flehte Peng verzweifelt. »Ich sage nichts – ich sage kein Wort!«

Seine Mühe war vergebens. Die andere Hand des Gesichtslosen schob sich ins Bild, legte sich wie ein Schraubstock um Pengs Kiefer, drückte ihm den Mund weit auf und ließ sein Flehen zu unverständlichem Stöhnen verkommen.

Die Klinge fuhr in den Mund. Peng wehrte sich verzweifelt, aber der Griff des Mörders war unerbittlich. Ein entsetzlicher Schrei ertönte. Ein dünnes Rinnsal aus Blut floss aus dem Mund über die Hand. Ein paar Sekunden später ließ der Mann von Peng ab, der sich sofort in namenlosen Schmerzen auf dem Boden zusammenrollte. Der Mann stand noch immer außerhalb des Bildausschnitts, hob jetzt den Arm und wedelte mit einem großen Stück von Pengs Zunge vor der Linse.

»Ich gebe Ihnen diese Gelegenheit. Ich kann nur hoffen, dass Sie es nicht vermasseln.«

Mit dieser blutigen Szene endete das Video. Die Einsatzgruppe stieß einen kollektiven Seufzer der Erleichterung aus.

Han schüttelte langsam den Kopf, als erwachte er aus einem Traum. »Es ist nicht die Aufgabe dieser Einsatzgruppe, den Fall vom *Berg-der-zwei-Hirsche*-Park aufzuklären. Aber vielleicht kann uns Peng Guangfu den Weg zu Eumenides weisen. Wir müssen ihn in Sicherheit bringen. Wenn wir dadurch einen weiteren Mord verhindern können, spiele ich mit. Wir schicken vier Leute in die Höhle des Löwen, ganz wie gefordert.«

Jetzt schüttelte Pei den Kopf. Die Einsatzgruppe bestand

aus sechs Leuten. Zwei von ihnen waren demnach über-
flüssig, und ihn würden sie fraglos als Ersten aussortieren.

»Wie will Eumenides kontrollieren, dass wir uns an seine
Regeln halten? Wird er vor Ort sein, um uns zu beobachten?«, fragte Zeng.

»Ich habe nicht die leiseste Ahnung«, gab Han zurück.
»Wenn wir gestern eine Sache gelernt haben, dann, dass
Eumenides ein Meister darin ist, all unseren Erwartungen
zu spotten. Was glauben Sie, Mu?«

Die Psychologin verschränkte die Finger. »Eins können
wir von Eumenides verlässlich erwarten, glaube ich. Er
blufft nicht. Vielleicht versteckt er sich an Ort und Stelle.
Vielleicht schaut er aus sicherer Entfernung zu. So oder so
wird er Sie genau im Blick haben.«

*

24. OKTOBER, 11 : 05 UHR
POLIZEIHAUPTQUARTIER, KANTINE DES GÄSTEHAUSES

Die Kantine war ein kleiner Raum neben der Lobby im
ersten Stock des Gästehauses. Zehn Leute saßen im Raum
verteilt an mehreren Tischen; anhand der Papierstapel, die
die meisten von ihnen zwischen den Bissen betrachteten,
hielt Pei sie für Polizeiausbildungsexperten auf Dienstreise,
die man hergebeten hatte, um Vorträge und Workshops
für die diversen Abteilungen der Kriminalpolizei zu halten,
die im Hauptquartier untergebracht waren. Da Pei gerade
sonst nichts zu tun hatte, hatte er sich zum Mittagessen
Mapo-Tofu mit Reis und eine Flasche Bier bestellt.

Ihnen blieben weniger als dreizehn Stunden, bevor

Pengs Todesanzeige vollstreckt werden sollte, ein kritisches Zeitfenster für die Einsatzgruppe. Natürlich hatte Han ihn rechtzeitig aus dem Verkehr gezogen.

»Amüsieren Sie sich, Hauptmann?«

Mu setzte ihr Tablett seinem gegenüber auf dem Tisch ab.

»Ich sollte Ihnen für so viel unverhoffte Freizeit danken«, gab Pei in einem eindeutig unfreundlichen Tonfall zurück.

Mu lächelte. »Sie wollen nicht etwa andeuten, ich hätte damit etwas zu tun? Ich bin bei dieser Runde auch raus, wie Sie wissen.«

»Aber nur, weil Sie eine wichtigere Aufgabe haben.«

Mu versteifte sich. »Ich verfolge Sie nicht«, sagte sie mit einem Hauch Frustration.

Pei nahm einen Schluck Bier. Seine Miene war neutral, hellte sich aber keineswegs auf.

»Schön«, sagte Mu. »Ich gebe zu, dass Zeng und ich Sie bis vor Kurzem durchleuchtet haben, aber nur, weil es uns befohlen wurde. Wir sind alle Kollegen hier. Ich garantiere Ihnen, weder Zeng noch ich glauben, Sie könnten der Mörder sein.«

Pei spießte ein Stück Tofu auf. »Wie überaus großherzig von Ihnen.«

»Hören Sie sich das mal an.« Mu zückte Zengs MP3-Player und wählte die Datei aus, die er ihr vorgespielt hatte.

Sobald er die Originalaufnahme von Eumenides in den Ohren hatte, erstarrte Pei. Das letzte Mal hatte er diese Worte aus den Lautsprechern der Akademie vernommen. Er schloss die Augen, gab sich ganz der Vergangenheit hin. Schließlich zog er sich langsam die Kopfhörerstöpsel heraus, als erwache er aus tiefer Trance.

»Das bin tatsächlich ich. Dieser Zwischenfall ging auf mein Konto«, sagte er. Ihm standen Tränen in den Augen.

»Wie Sie sicher wissen«, sagte Mu, »war 18/4 nicht das erste Mal, dass der Name Eumenides in Zusammenhang mit der Akademie gefallen ist. Wir wissen von vier Studenten, die von diesem Eumenides bestraft wurden. Ein Mann, der bei seiner Abschlussprüfung betrogen hat und kurz danach rausgeworfen wurde, eine Frau mit diebischer Veranlagung, ein Mann, der zu gerne die privaten Geheimnisse seiner Mitmenschen enthüllte, und schließlich einer, der in seinen Beziehungen untreu war.

Ich weiß, dass Sie niemanden umgebracht haben. Das war mir klar, als ich Sie zum ersten Mal getroffen habe. Die Trauer und der Hass in Ihrem Blick waren eindeutig echt. Trotzdem sind Sie irgendwie in diese Vorfälle verstrickt. Was also verbergen Sie?«

»Kein Grund für so viel Förmlichkeit. Sie haben schon genug gegen mich in der Hand, um mich festnehmen und ganz offiziell verhören zu lassen.«

»Zeng hat eine unabhängige Analyse dieser Aufnahme durchgeführt, bevor er sie mir aushändigte. Han weiß von alldem nichts. Wir beide glauben Ihnen. Wollen Sie uns nicht auch vertrauen? Ich möchte nur wissen, was Sie zu sagen haben.«

Peis abweisender Panzer bekam erste Risse. Er beschloss, ihr etwas anzuvertrauen, das er noch niemandem erzählt hatte.

»Ich war für den ersten und dritten der vier Fälle verantwortlich, die Sie eben aufgezählt haben. Meng für die anderen beiden.«

Mu keuchte leise. »Sie beide! Das erklärt, warum die Person, die dem Mädchen die Kleidung gestohlen hat, nicht geschnappt wurde. Wieso haben Sie sich zusammengetan, um diese Pläne durchzuführen?«

»Wir haben uns nicht zusammengetan«, korrigierte der Hauptmann. »Es war ... ein Wettstreit.«

»Ein Spiel?«

Der scharfe Ton der Anklage in Mus Stimme ließ Pei zusammenzucken. Der Mörder selbst hatte die Polizei mit ebendiesem Wort verspottet, während er Peng Guangfu folterte.

»Es fällt Ihnen vielleicht schwer zu verstehen, was für eine Beziehung Meng und mich verbunden hat. Je mehr wir uns geliebt haben, desto stärker wurde unsere Rivalität. Wir haben einander bewundert und respektiert, aber keiner von uns konnte den anderen zähmen.« Fast verträumt schüttelte er den Kopf. »Ein seltsames Gefühl. Sie würden das nicht begreifen.«

Mu lächelte. »Doch.«

»Wirklich?« Pei hob eine Augenbraue.

»Sie waren beide Skorpione. Wenn zwei Skorpione aufeinandertreffen, endet die Begegnung immer mit einem Sieg für eine Seite. Und nur eine.«

Pei sah sie entgeistert an.

»Ich kann vielleicht unvoreingenommen sein, obwohl ich Psychologin bin«, fauchte sie.

»Sie mögen recht haben, was uns betrifft«, sagte er. »Wir haben unablässig versucht, einander zu überbieten. Keiner von beiden war je wirklich gewillt nachzugeben.«

»Wir müssen darüber jetzt nicht reden«, sagte Mu und stocherte in ihrem gedünsteten Fisch herum. »Sie sollten mir lieber erzählen, was genau damals in der Akademie passiert ist, von Anfang bis Ende.«

»Die ganze Sache war meine Schuld.« Pei ließ den Kopf hängen. »Eine Gruppe von Kommilitonen hatte in der Freizeit einen Krimiwettbewerb organisiert. Die Idee fand immer mehr Zuspruch, und am Ende sprach die ganze Klasse darüber. Meng war überaus kreativ veranlagt. Eines Nachts hat sie mir eine Geschichte über eine Frau erzählt, die Verbrecher zur Rechenschaft zog, bei denen der Polizei die Hände gebunden waren. Sie gab ihrer Heldin einen an die griechische Mythologie angelehnten Namen – Eumenides.

Sie wollte Feedback von mir. Ich war gegen ihre Entscheidung, eine Frau zur Protagonistin zu machen. Nennen Sie mich von mir aus altmodisch, aber ich hielt es einfach für ein bisschen realistischer, eine männliche Figur in den Mittelpunkt einer solchen Geschichte zu stellen. Schnell hatten wir einen handfesten Streit. Sie nannte mich sexistisch und patriarchalisch. Irgendwann schlossen wir eine Wette ab. Wir würden ihre Geschichte in der Wirklichkeit testen und feststellen, wer erfolgreicher wäre, ein männlicher oder ein weiblicher Eumenides.«

In Mus Augen leuchtete es. »Der Wettstreit.«

»Wahrscheinlich haben wir uns in dem Alter alle ein bisschen lächerlich gemacht. Jedenfalls beschlossen wir, abwechselnd in die Rolle von Eumenides zu schlüpfen, während der jeweils andere die des Ermittlers übernahm. Konnte der Ermittler herausfinden, wie Eumenides vorgegangen war, hätte er die Wette gewonnen. Ich war damals einer der Besten im Jahrgang für Strafrechtliche Ermittlungen, Meng studierte Psychologie. Ich dachte, es würde nicht besonders schwer werden, sie zu schlagen, aber nach zwei Runden stand es unentschieden.«

»Wie haben Sie Ihre Eskapaden bewerkstelligt?«, fragte Mu. »Sie waren vielleicht nicht in der Lage, Mengs Methoden zu durchschauen, aber Zeng und ich tappen bei Ihren genauso im Dunkeln. Wie haben Sie es angestellt?«

»Das geht nur Meng und mich etwas an.« Pei lächelte. »Außer ihr würde ich es niemandem verraten.«

Für einen winzigen Augenblick spürte Mu Eifersucht in sich aufblitzen.

»Ich hatte nie die Gelegenheit, ihr das zu sagen ...« Pei stockte. »Aber ich musste sie schlagen. Ich war tatsächlich schon dabei, eine fünfte Nummer zu planen – die sie vollkommen überrascht hätte. Sie sollte an dem Tag stattfinden, an dem sie zu dem Lagerhaus ging, um nach Yuan zu suchen.«

Plötzlich kam Mu eine Idee. Es ergab sich eine neue Interpretation des Vorfalls im Lagerhaus – eine, die noch niemand zur Sprache gebracht hatte. Erst recht nicht Pei.

»Als Sie die Todesanzeige für Yuan gesehen haben, dachten Sie, die stamme von Meng.«

Pei zuckte, als hätte sie ihn geohrfeigt. »So ist es. Meng hatte bereits einen Weiberhelden bestraft. Und mir mehrfach sehr deutlich ins Gesicht gesagt, wie sehr sie Yuans Verhalten Frauen gegenüber verachtete. Mein erster Gedanke war, dass sie ihm etwas angetan hatte, um sich dafür zu rächen, dass ich trotzdem noch immer mit ihm befreundet war.«

»Und deswegen haben Sie auch die Polizei nicht verständigt.« Mu nickte. »Sie haben alles versucht, um als Erster mit Meng Kontakt aufzunehmen.«

»Meng hat Yuans Verhalten gehasst, aber ich habe nie auch nur eine Sekunde geglaubt, dass sie die Todesanzeige deshalb in die Tat umgesetzt hätte. Sie könnte ihn höchstens gefesselt haben, um ihn zu erniedrigen – um ihm eine Lektion zu erteilen und mich dazu zu zwingen, meine Niederlage in unserem Wettstreit zuzugeben.«

»Als Meng die Todesanzeige gesehen hat, hat sie vielleicht genau das Gleiche gedacht. Dass Sie Yuan gegen sie verwenden wollten.«

»Das habe ich hinterher auch vermutet. Es erklärt, warum auch sie nicht die Polizei gerufen hat, warum sie sich allein auf die Suche nach Yuan gemacht hat.« Pei stieß ein verbittertes Lachen aus. Seine Augen waren rot unterlaufen. »Vor ein paar Tagen hatten Sie mich gefragt, wie Meng mir beim Entschärfen der Bombe so blind vertrauen konnte. Meine schlimmste Befürchtung ist auch jetzt noch, dass sie mir geglaubt hat, weil sie sicher war, ich hätte die Bombe selbst gebaut.«

Mu nickte grimmig. Dann lieferte sie endlich auch ihre eigene Vermutung.

»Sie gehen also davon aus, dass der echte Mörder die Idee dieser Figur namens Eumenides kopiert hat, um sein Verbrechen durchzuführen?«

»Es gibt keine andere Möglichkeit«, sagte Pei. »Er wollte ein Zeichen setzen. Er ist der wahre Eumenides, nicht wir.«

»Aber warum dann achtzehn Jahre warten, bis er seinen nächsten Schachzug tätigt?«

»Er muss seine Gründe haben, aber welche das sein könnten, weiß ich nicht.« Pei trank einen Schluck Bier und blinzelte Mu an. »Wissen Sie, da gibt es noch eine Sache, die mir keine Ruhe lässt. Vielleicht können Sie mir helfen.«

»Was denn?«

»Meng und ich haben unsere Anzeigen immer erst hinterlegt, nachdem wir die jeweiligen Opfer schon bestraft hatten. Wenn wir ihm als Inspiration gedient haben, wieso hat er dann seine Todesanzeigen ausgelegt, *bevor* er gemordet hat? Und warum macht er es auch jetzt noch so? Und warum tötet er überhaupt?«

»Der Mörder verfolgt ganz andere Ziele als Sie. Er hat von Meng und Ihnen nur das Muster übernommen und dann ein eigenes Spiel daraus entworfen, das ihm den nötigen Nervenkitzel bietet. Vielleicht war Ihre Art und Weise für ihn nicht spannend genug. Und jetzt entwickelt sich sein Spiel noch immer weiter. Zusätzlich zu Zheng und Ye hat er schon zwölf Verdächtige brutal hingerichtet, die in zwölf ungeklärte Fälle verwickelt waren, ohne uns jeweils vorzuwarnen. Er hat die Todesanzeigen erst an diese makabren Trophäen im Koffer geklebt, als es längst zu spät war, um ihn aufzuhalten. Das mag vielleicht seiner ursprünglichen Vorgehensweise zuwiderlaufen, scheint aber sowieso alles nur Vorbereitung gewesen sein, um sein Hauptziel für die nächste Runde anzukündigen. Peng Guangfu.«

»Ich glaube kaum, dass es so einfach ist. Ich habe viel über Fälle in anderen Ländern gelesen, bei denen Serienmörder ihre Spielchen mit der Polizei getrieben haben, aber keiner von denen hat je die Identität seiner Opfer vor dem Mord preisgegeben. Ginge es ihm wirklich nur um Nervenkitzel, würde hinterher völlig reichen. Aber die Polizei zu verständigen, *bevor* man einen Mord begeht? Das wird zu einer heftigen Lernkurve. Außerdem dürfen wir die Videos nicht vergessen, die er für uns gedreht hat. Er war nicht nur in der Lage, Verdächtige zu fangen, die der Polizei von Chengdu entwischt sind – er konnte sie auch in aller Heimlichkeit ermorden. Mu, wir haben es hier mit jemandem zu tun, der ein gewaltiges Talent besitzt.«

»Was sollen wir demnach tun?«

»Sie müssen mir Zugang zu sämtlichen relevanten Unterlagen über den alten 18/4-Fall beschaffen. Inklusive allem, was Sie oder Zeng bis jetzt für sich behalten haben.«

»Keine Frage«, sagte Mu auf der Stelle. »Gehen wir auf mein Zimmer.«

*

Die säuberliche Kargheit ihrer Unterkunft sprang Pei sofort ins Auge. Am Rand des Schreibtischs lag ein Buch mit dem Titel *Jenseits von Freiheit und Würde*, daneben ein akkurater Aktenstapel.

Mu schlüpfte aus ihren Schuhen und ließ sich im Schneidersitz auf dem Bett nieder. »Ziehen Sie den Stuhl rüber«, sagte sie und zeigte auf den Schreibtisch. »Und den Aktenstapel.«

Pei tat wie geheißen, und Mu verteilte den Inhalt der Aktenordner auf dem Bett. Die Dokumente waren voller Informationen, die Pei noch nie gesehen hatte, darunter auch Berichte und Analysen zu seiner eigenen Beteiligung an dem Fall.

Je mehr er las, desto schwerer wurde ihm ums Herz. Irgendwann hatte er das Gefühl, sich nicht noch schrecklicher fühlen zu können, schloss die Augen, massierte sich die Wangen und arbeitete sich dann langsam zum Nacken vor. Für Mu sah es so aus, als versuchte er, etwas aus seinem Gehirn nach außen zu quetschen. Oder vielleicht etwas am Ausbrechen zu hindern.

Schließlich widmete er sich wieder den Akten und blätterte langsam weiter. Auf einer bestimmten Seite hielt er plötzlich inne. Ein Ausdruck großer Verwunderung legte sich auf sein Gesicht.

»Was ist?«, fragte Mu. Die Härchen in ihrem Nacken prickelten.

»Unglaublich. Das ist doch unfassbar!« Pei hatte die Augen weit aufgerissen. »Wie können die eine dermaßen eklatante Unstimmigkeit übersehen haben?«

»Welche Unstimmigkeit?«

»Die Zeitangabe! Die stimmt nicht!« Pei zeigte auf die Uhrzeit auf der fraglichen Seite. »Schauen Sie, hier. Der Bericht setzt die Explosion im Lagerhaus um 16:13 Uhr an. Nein. Ich erinnere mich ganz genau, wie ich der Polizei gesagt habe, dass die Explosion um 16:15 Uhr stattgefunden hat. Das steht hier sogar so in meiner Zeugenaussage.«

»Das sind bloß zwei Minuten Unterschied. Aber trotzdem ...«

Mu unterbrach sich mit sanftem Kopfschütteln. Ihr waren die abweichenden Zeitangaben selbst aufgefallen, sie hatten aber nicht wichtig genug gewirkt, um einen bedeutsamen Hinweis abzugeben. Die Polizei verzeichnete die Explosion um 16:13 Uhr anhand der städtischen Messstationen. Die Richtigkeit dieser Angabe war unzweifelhaft. Pei hatte sich bei seiner Aussage also um zwei Minuten vertan; was hieß das schon?

»Nein, das müssen Sie mir glauben!«, sagte Pei mit Nachdruck, als hätte er Mus Gedanken erraten. »Ich habe die ganze Zeit, die ich mit Meng geredet habe, meine Wanduhr nicht aus den Augen gelassen. Als die Explosion unsere Verbindung unterbrach, war es 16:15 Uhr. Ich kann Ihnen diesen Moment bis ins Detail beschreiben – vor meinem Fenster zwitscherten zwei Vögel, auf dem Schreibtisch stand eine leere Colaflasche, dazu das charakteristische Knistern des Funkgeräts. Und die Uhr zeigte 16:15 Uhr. Das war die richtige Zeit, auf die Sekunde genau!«

»Also ist Ihre Uhr ein bisschen vorgegangen.«

»Ich habe sie jeden Abend aufgezogen und mit der Durchsage im Radio abgeglichen. Das war eine feste Angewohnheit; solange ich in diesem Zimmer gewohnt habe, habe ich es nie vernachlässigt. Und diese Uhr war extrem präzise. Sie ist auch ansonsten bis zu zwei Wochen ohne jede Abweichung durchgelaufen.«

»Okay. Nehmen wir an, Sie haben recht mit der Uhrzeit.« Mu beschloss, Peis Aussage fürs Erste zu akzeptieren, blieb aber weiterhin skeptisch. »Wie hätte das passieren können? Hat es vielleicht ... zwei Explosionen gegeben?«

Pei schüttelte andächtig den Kopf. »Unmöglich. Ich habe bis um 16:15 Uhr mit Meng über Funk geredet. Wie hätte die Polizei da eine Explosion aufzeichnen sollen, die sich schon um 16:13 Uhr ereignete? Es sei denn ...«

»Es sei denn, das Gespräch war inszeniert«, griff Mu seinen Faden auf. »Und wenn das stimmt, was hätte es zu bedeuten?«

»Ja, was hätte das zu bedeuten?«, murmelte Pei. In seinem Kopf schälte sich bereits eine unglaubliche Hypothese heraus, von der er inständig hoffte, sie möge nicht stimmen. Er bemühte sich, ruhig zu bleiben, aber das Blut rauschte in seinen Ohren.

Mu beantwortete seine Frage gelassen und sachlich. »Es würde bedeuten, dass Meng nach der Explosion noch am Leben war.«

Pei verlor die Kontrolle über seine Nerven. Zitternd starrte er Mu an, sichtlich fassungslos. Lange Zeit sagte er kein Wort.

»Kann das wirklich sein?«

»Wenn die zeitliche Diskrepanz, die Sie aufgetan haben, den Tatsachen entspricht, bleibt uns nichts anderes übrig, als diese Möglichkeit in Betracht zu ziehen.«

»Womit Sie sagen wollen, mein Gespräch mit Meng hätte *nach* der Explosion stattgefunden?«

»Richtig. Und wenn wir von da aus weiterdenken, können wir eigentlich nur zwei Schlüsse ziehen.

Erstens, dass Ihr Funkgespräch mit Meng ein Ablenkungsmanöver war, das sie geplant hat, um Sie davon zu überzeugen, sie sei bei der Explosion ums Leben gekommen. Und zweitens haben wir hier den Grund dafür, dass Sie nicht in der Lage waren, sie zu kontaktieren, bevor Meng Sie vom Lagerhaus aus angefunkt hat.«

Pei blinzelte Mu entgeistert an.

»Meng hatte ihr Funkgerät bis 16 : 13 Uhr ausgeschaltet, bis zur eigentlichen Explosion. Danach hat sie es eingeschaltet und um 16 : 15 Uhr abermals ausgemacht, um Sie glauben zu lassen, die Explosion hätte sich erst dann ereignet.«

Pei holte pfeifend Luft. »Wollen Sie sagen, dass Meng ... sie soll Eumenides sein? Aber unser Verdächtiger ist ein Mann!«

»Vielleicht hat sie einen Komplizen.« Das brachte Mu auf einen neuen Gedanken. Sie blätterte die Akte mit den Abschriften der Zeugenaussagen durch. »Sie konnten über Funk Yuans Stimme im Hintergrund hören, stimmt's? Dann haben wir zwei Möglichkeiten. Entweder hat Meng sie vorher aufgezeichnet – oder Yuan ist auch nicht gestorben.«

Pei war klar, worauf sie hinauswollte. Könnten Meng und Yuan gemeinsame Sache gemacht haben? Zwei Studenten der Polizeiakademie hätten zwar ohne große Probleme zwei Leichen auftreiben und strategisch im Explosionsradius platzieren können, trotzdem warf das ganz neue Fragen auf. Warum hätten Yuan und Meng ihm das antun sollen? Er war sein bester Freund, sie ihm sogar noch näher gewesen. Er konnte es unmöglich glauben.

»Moment.« Mu ging noch immer die Abschriften durch. »Es gibt keine Hinweise darauf, dass Yuan überlebt haben könnte. Sie haben beim Verhör angegeben, mit ihm bei dem Gespräch nicht direkt kommuniziert zu haben. Das heißt, seine Stimme hätte durchaus aufgezeichnet sein können.«

»Was hieße, Meng hat Yuan schon vorher mit der Bombe umgebracht und sich vorher einen komplizierten Verschleierungsversuch zurechtgelegt.«

Aber wieso hätte sie das tun sollen? Aus reiner Abneigung? Oder hatte sie Yuans Verhalten seiner Ex-Freundin gegenüber wirklich für derart inakzeptabel gehalten, dass sie ihn zu Asche verbrannt hätte? Und wenn sie noch lebte, wo hatte sie dann die letzten achtzehn Jahre gesteckt? Warum hatte sie nie versucht, ihn zu kontaktieren? Sein Hirn erzitterte unter dem Ansturm zahlloser Fragen.

»Pei. Ich muss Sie bitten, sich ganz genau zu konzentrieren, um sich an etwas zu erinnern. Sie kannten ihn besser als jeder andere. Besteht auch nur der Hauch einer Chance, dass Yuan Ye Shaohong umgebracht hat?«

»Ich habe mir die Bilder der Überwachungskameras vom Bürgerplatz hundertmal angeschaut. Nichts an dem Mann, der sie getötet hat, erinnert mich an Yuan. Oder an Meng, wo wir gerade dabei sind. Der Mörder hat sich weder wie Yuan bewegt noch ihm äußerlich geglichen. Und die Stimme in den Foltervideos passt auch nicht zu ihm.«

»Wer kann es dann sein? Wenn Meng wirklich Eumenides war und damals die Explosion inszeniert hat, wo kommt dann dieser neue Killer her?«, fragte Mu.

Aber dann stieß sie plötzlich ein bitteres Lachen aus. Seltsamerweise lag Erleichterung in ihrer Miene.

»Was ist?«, fragte Pei vorsichtig.

»Alles, was wir gerade ausgeschmückt haben, basiert auf nur einer Annahme, die wir außerdem niemals beweisen können – nämlich dem Fehler bezüglich der Uhrzeit der Explosion. Und jetzt sind wir so weit gegangen, sogar Meng als Mörderin zu verdächtigen! Sagen Sie mir eins, Pei – hat Meng wie die Sorte Mensch gewirkt, die loszieht und eine Mordserie verübt?«

Pei schüttelte auf der Stelle den Kopf.

»Und deshalb bleibe ich dabei: Es ist viel wahrscheinlicher, dass Sie sich eben doch in der Uhrzeit geirrt haben«, sagte Mu entschieden. »Die Sache kann bei Weitem nicht so kompliziert sein, wie wir sie uns hier machen. Wir sind auf der Jagd nach einem kaltblütigen Mörder. Ist eine Diskrepanz von zwei Minuten wirklich so viel Aufmerksamkeit wert? Außerdem bestand die alte Einsatzgruppe samt und sonders aus erfahrenen Kollegen, und keiner von ihnen hat sich mit diesem Detail aufgehalten.«

»Nein.« Pei klang noch immer entschlossen. »Da stimmt etwas nicht. Genauigkeit ist ein Eckpfeiler meines Lebens. Ich kann mich nicht in der Uhrzeit geirrt haben.«

Mu lächelte. »Zufälligerweise habe ich gerade an die Person gedacht, die uns helfen kann.«

Pei begriff sofort, wen sie meinte. Schon erhob er sich von seinem Stuhl.

»Huang hat uns belogen«, sagte sie. »Sollen wir ihm noch einen Besuch abstatten?«

*

24. OKTOBER, 14 : 18 UHR
HUANGS WOHNUNG

Es war die heißeste Stunde des Tages. Die Sonne brannte erbarmungslos, als Pei und Mu sich Huangs heruntergekommener Bleibe näherten.

»Es ist offen«, rief Huang auf ihr Klopfen. Sie traten ein und standen in stickiger, unwirklicher Düsternis.

Seit ihrem letzten Besuch hatte sich die Wohnung kaum verändert. Huang war damit beschäftigt, einen Haufen Dosen und Flaschen zu sortieren, wahrscheinlich zum Weitervorkauf. Jede leere Flasche und Dose trat er sorgfältig einzeln platt, bevor er sie zu Bündeln zusammenschnürte. Für ihn bedeutete dies körperliche Schwerstarbeit. Die Explosion hatte seine Hände und Füße verstümmelt – tatsächlich war kein Teil seines Körpers unversehrt geblieben.

Pei betrachtete die Szene mitleidig. Was sollte einen Mann in diesem Zustand dazu bringen zu lügen? Was hatte er zu verbergen?

Huang ließ von der Arbeit ab und begrüßte seine Gäste. »Sie beide ...«, krächzte er. »Machen Sie das Licht an. Der Schalter hängt direkt neben Ihrer Hand.«

Mu zog an der Schnur, und die gesprungene Glühbirne unter der Decke erwachte flackernd. In Sachen Beleuchtung konnte sie nicht viel ausrichten, aber immerhin brachte der schwache Schimmer ein wenig Leben in die Wohnung.

»Ich bin zu geizig, um für mich selbst Strom zu verschwenden. Ich mache sie nur für Gäste an«, sagte Huang verdrießlich.

Mu kam sich schäbig vor. Es grenzte fast an Grausamkeit, diesem Menschen ein Verbrechen unterstellen zu wollen.

Pei setzte sich auf einen schiefen Schemel. »Es ist an der Zeit, uns die Wahrheit zu sagen.«

»Hä?« Huang war sichtlich verdattert.

»Vor achtzehn Jahren haben Sie angegeben, gesehen zu haben, wie das Mädchen mit mir über Funk gesprochen hat. Sie waren sogar in der Lage, unser Gespräch wiederzugeben. Das war eine Lüge. Tatsächlich hat das Gespräch ein paar Minuten *nach* der Explosion stattgefunden. Zu einem Zeitpunkt, als Sie verzweifelt um Ihr Leben gekämpft haben. Wie wollen Sie da wissen, was zwei Minuten nach der Explosion passiert ist?« Der Finger, den Pei auf den Mann gerichtet hatte, zitterte vor kaum gezähmter Wut.

Huang starrte ins Leere. Das war nicht die Reaktion, mit der Pei gerechnet hatte.

»Sagen Sie mir die Wahrheit. Was ist an dem Tag wirklich passiert?«, fragte der Beamte scharf.

Noch immer starrte Huang wie durch einen Schleier in seine Richtung. Mu warf Pei einen missbilligenden Blick zu. Welche Geheimnisse sollte dieser bedauernswerte Mann schon verbergen? Pei führte sich wie ein Tyrann auf.

Einen Augenblick später bahnte sich ein schmerzerfüllter Laut den Weg aus Huangs Kehle.

»Es stimmt. Ich habe gelogen.«

»Was ist wirklich passiert?«, fragte Pei.

»Ich weiß es nicht.«

»Sie wissen es nicht?«

»Ich war direkt neben dem Haupteingang zum Lagerhaus. Zuerst konnte ich überhaupt nichts sehen. Dann ist die Bombe hochgegangen. Ich ... ich habe wirklich keine Ahnung, was danach passiert ist.«

»Sie lügen immer noch! Wenn das stimmt, wie können Sie dann gewusst haben, worüber Meng und ich geredet haben?«

»Weil Sie es mir gesagt haben.«

Pei starrte ihn fassungslos an. Ungewollt wanderte seine Hand zur Dienstwaffe.

»Nachdem ich im Krankenhaus aufgewacht bin, hat Kommissar Zheng mich tagelang ausgefragt. Ich wusste aber nichts. Eines Tages ist er aufs Klo gegangen und hat sein Notizbuch auf meinem Nachttisch liegen gelassen. Es hat höllisch wehgetan, auch nur die Arme zu bewegen, aber ich konnte ein bisschen darin herumblättern. Ich habe einen Abschnitt gelesen, wo jemand von seinem Funkgespräch mit dem Mädchen kurz vor der Explosion erzählt hat.« Huang stieß ein säuerliches Kichern aus. »Bei Ihrem letzten Besuch habe ich dann herausgefunden, dass Sie es waren.«

»Sie haben meine Zeugenaussage benutzt, um die Polizei zu belügen?« So schnell wollte Pei nicht aufgeben. »Wenn Sie nicht gewusst haben, was passiert ist, warum sollten Sie dann eine Geschichte erfinden, wie es abgelaufen ist?«

»Schauen Sie mich doch an! Wie soll ich sonst überleben? Ich war ein vollkommen mittelloser Schrottsammler. Wieso hätten die Ärzte in dem Krankenhaus mir helfen sollen? Selbst für einen ungebildeten Typen wie mich war die Antwort klar. Die Polizei hielt mich für nützlich. Sie haben mir sogar diese wundervolle Wohnung verschafft. Sie haben gehofft, ich könnte ihnen Hinweise liefern, mit denen sie den Fall gelöst bekommen. Wenn ich ehrlich zur Polizei gewesen und ihnen gesagt hätte, dass ich nichts weiß, was hätte ich dann noch für einen Wert gehabt? Welchen Grund hätten die Ärzte gehabt, mich weiter zu behandeln? Und noch wichtiger, wieso hätte mir die Polizei meine neue Wohnung bezahlen sollen?« Huangs Stimme wurde immer brüchiger, als entweiche die Luft aus seiner Lunge.

Pei setzte sich wieder hin, das Gesicht von maßloser Enttäuschung verzogen. Damit konnten sie von Huang keine weiteren brauchbaren Informationen erwarten. Er hatte nicht mehr getan, als das System zu seinem eigenen Vorteil auszunutzen. Die Vorstellung, ihn noch weiter zu verhören, erfüllte Pei mit Scham.

Nachdem Pei eine Weile geschwiegen hatte, widmete sich Huang wieder seiner Arbeit. Als er die Bündel aus Dosen und Flaschen am anderen Ende des Raums deponiert hatte, kam er zu den Beamten zurück und fragte beschwörend: »Können Sie mir helfen, Hauptmann Pei?«

»Bei was?«

»Bringen Sie mir den Hanfsack von draußen. Ich mag in Ihrem Alter sein, aber die Jahre haben mir übel mitgespielt. Mein Körper scheint von Tag zu Tag schwächer zu werden.«

Pei empfand großes Mitleid mit ihm. Den Akten zufolge war er Mitte dreißig, äußerlich aber wirkte er mindestens zehn Jahre älter. Pei erhob sich und ging zur Tür.

»Neben dem Sack liegt ein Haufen Flaschen. Ich wäre sehr dankbar, wenn Sie die auch mit reinbringen könnten«, fügte Huang mit seiner kratzigen Stimme hinzu. Pei verließ die Wohnung, und als Huang sah, dass Mu Anstalten machte, ihm zu folgen, streckte er die Hand nach ihr aus. »Frau Mu, könnten Sie mir den Becher mit Wasser von da drüben reichen?«

Mu ging zum Beistelltisch, nahm den Becher und reichte ihn Huang.

»Danke.«

Als Huang ihr den Becher abnahm, packte er plötzlich ihr Handgelenk. Überrascht starrte Mu ihn an.

»Ich weiß noch mehr«, sagte Huang leise, während er die Tür im Blick behielt. »Aber ich habe Angst. Ich kann es nur Ihnen erzählen – unter vier Augen.«

Mu schlug das Herz bis zum Hals. Huang wollte Pei etwas Wichtiges vorenthalten.

Der Mann beugte sich vor, bis sein zerklüftetes Gesicht das ihre beinahe berührte. »Kommen Sie heute Nacht wieder. Was immer Sie tun, er darf nichts davon erfahren.«

Von der Tür her erklangen Schritte, dann kam Pei in die Wohnung zurück. Er schleifte einen großen Sack hinter sich her. Huang ließ Mus Hand los. Sie tat ein paar Schritte zurück und gab sich alle Mühe, ihre Verblüffung zu maskieren. Pei war ganz entspannt. Er schien nichts bemerkt zu haben.

Nachdem sie die Wohnung verlassen hatten, schwiegen die beiden Beamten eine Weile. Pei hielt den Besuch für einen Reinfall auf ganzer Linie, vor allem für Mu, die mithilfe von Huang seine Hypothese über die »verlorene Zeit« hatte entkräften wollen.

Nachdem sie länger Seite an Seite spaziert waren, brach Mu das Schweigen. »Was machen wir jetzt?«

»Irgendetwas stimmt mit dem Zeitpunkt der Explosion nicht«, sagte Pei. »Und vielleicht gibt es noch einen anderen Weg, das zu beweisen.«

»Welchen?«

»Wir gehen schnurstracks zu den Beweismitteln. Wenn meine Vermutung von vorhin stimmt, ist Meng bei der Explosion nicht gestorben. Dann war die Frauenleiche, die man vor Ort gefunden hat, auch nicht ihre.«

»Wie sollen wir das überprüfen?« Mu zuckte mit den Schultern. »Das ist achtzehn Jahre her. Die Leichen sind längst eingeäschert, und damals hatten wir die heutigen Möglichkeiten der DNS-Analyse noch nicht. Da kann nichts Relevantes übrig sein.«

»Wir gehen ins Archiv des Zentrums für Forensik«, gab Pei zurück. »In einem Fall wie dieser Lagerhausexplosion ist es ausgeschlossen, dass die Ermittler die Identität der Opfer mit hundertprozentiger Sicherheit bestimmen konnten. Die übliche Vorgehensweise wäre also, dass sie von Yuan und Meng Kieferabdrücke gesichert haben, bevor die Überreste eingeäschert wurden.«

»Soweit ich weiß, haben weder Meng noch Yuan zahnärztliche Unterlagen hinterlassen. Selbst wenn wir also Kieferabdrücke in die Hände kriegen, woher sollen wir wissen, dass sie von deren Zähnen stammten?«

Pei zögerte. »Mir fällt schon was ein«, sagte er leise.

*

Eine Stunde später betraten sie das Archiv des Zentrums für Forensik. Nachdem sie die nötigen Formulare ausgefüllt und ihre Zugangsberechtigung erhalten hatten, was keine leichte Sache war, ließ ihnen ein Angestellter die forensischen Beweismittel der Lagerhausexplosion aus dem Jahr 1984 zukommen. Schnell hatte Pei die Kieferabdrücke entdeckt, die man von Meng und Yuan genommen hatte.

Nachdem er beide kurz verglichen hatte, legte er den größeren der beiden Abgüsse zurück und betrachtete den zierlichen eingehend. Bei dem, was er als Nächstes tat, klappte Mu die Kinnlade runter. Er hielt sich den Abguss vor den Mund und drückte ihn an seine Lippen, streckte die Zunge vor und ließ sie sanft über die beiden Reihen der Gipszähne gleiten.

Während Pei den Abguss küsste, brachen jahrzehntealte Erinnerungen über ihn herein. Er dachte an jeden Sonnenuntergang und jede Umarmung, die er mit Meng geteilt hatte. Das Gefühl ihrer Lippen auf seinen würde die Zeit niemals auslöschen können.

Mu zwang sich dazu, nicht Reißaus zu nehmen. Sie sah Pei stocken; seine Finger zitterten, als er sich den Abguss an die Lippen hielt. Schließlich legte er ihn mit leisem Klappern auf das Tablett zurück und schlug die Augen auf. Tränen dick wie Regentropfen liefen ihm über die Wangen.

»Sie ist es«, sagte Pei und war außerstande, ein leises Wimmern zu unterdrücken. »An einem ihrer Schneidezähne war eine kleine Ecke rausgebrochen. Ich habe ihr öfters gesagt, sie solle ihn richten lassen, aber sie bestand eisern darauf, ihn so zu behalten. Sie hat gesagt, sie würde sich nicht mehr wie sie selbst fühlen ohne den angeschlagenen Zahn.«

Der tiefe Schmerz in seiner Stimme war nicht zu überhören. »In Ordnung«, sagte Mu sanft. »Dann können wir uns jetzt ganz sicher sein, dass Meng keine Mörderin war. Wir können unsere Ermittlungen wieder in geordnete Bahnen lenken.«

Pei wischte sich die Tränen ab und blickte finster drein. »›In geordnete Bahnen‹? Sie glauben mir das mit der zeitlichen Diskrepanz immer noch nicht?«

»Die Fakten liegen vor uns auf dem Tisch!«, rief Mu aus lauter Frust über Peis Dickköpfigkeit. Sie zeigte auf den Abguss, den er gerade zurückgelegt hatte. »Meng ist tot. Sie ist vor achtzehn Jahren bei der Explosion ums Leben gekommen. Mir ist durchaus klar, dass Sie das nicht akzeptieren wollen, aber das sind nun mal die Fakten. Das müssen Sie begreifen. Worum kämpfen Sie hier überhaupt?«

Pei ließ den Kopf hängen und ging zurück in die Eingangshalle. Er sagte kein Wort.

KAPITEL SIEBEN

DIE TODESMINE

Mu blieb allein mit ihren Gedanken und einer leeren Schüssel scharfer Dan-Dan-Nudeln in der Kantine sitzen. Weniger als vier Stunden blieben, bis Eumenides' Frist abgelaufen war. Der Rest des Teams wirbelte wie ein aufgescheuchter Bienenschwarm umher, aber sie und Pei blieben weiterhin außen vor. Kein besonders angenehmes Gefühl.

»Essen Sie allein? Erlauben Sie, dass ich Ihnen Gesellschaft leiste.«

Zeng setzte sein Tablett ab und sich ihr gegenüber. Mu hatte nichts dagegen; sie hatte sich an seine nassforschen – und völlig taktlosen – Avancen längst gewöhnt. In gewisser Weise waren seine Versuche beinahe reizend.

»Ein spätes Abendessen, Kollege Zeng?«

»Ach, die Arbeit. Wobei positiv anzumerken ist, dass sich mein Erfahrungsschatz bezüglich Migräne in den letzten Tagen mindestens verdoppelt hat.« Zeng neigte den Kopf und vermengte sein Essen mit den Stäbchen. »Wir haben absolut keine Fortschritte erzielt.«

Als Zivilbeamter war auch Zeng von der vierköpfigen

Gruppe ausgeschlossen worden, die sich auf den Rettungs-
einsatz für Peng Guangfu vorbereitete. Stattdessen sollte er
die gesamten Unterlagen der Polizei nach Beamten durchforsten, die zu ihrem Täterprofil passen könnten.

Er hatte seine Suche mit Feuereifer in Angriff genommen. Er instruierte seine Arbeitsgruppe, nach männlichen
Verdächtigen zu suchen, deren militärische oder polizeiliche Ausbildung den Umgang mit Sprengstoffen, Techniken
kriminalistischer Ermittlungen, Nahkampf und Computern vereinte. Um die Suche einzugrenzen, glich er die fraglichen Namen mit der Liste der Studenten ab, die 1984 an
die Provinzakademie gekommen waren – in dem Jahr, als
Pei und Meng Eumenides erfunden hatten.

Bis jetzt hatten sie so gut wie keine Ergebnisse vorzuweisen.

Ein Kollege der Provinzpolizei von Sichuan hatte für
Zeng sogar den Kontakt zur zuständigen Sonderabteilung
des Ministeriums für Staatssicherheit hergestellt. Das
Ergebnis war eine überwältigende Datenmenge gewesen. Zeng hatte Stunden damit zugebracht, die Akten zu
jedem Treffer durchzugehen und sämtliche Arbeitszeiten
mit den Zeitfenstern abzugleichen, in denen Eumenides
aktiv gewesen war. Bis jetzt hatte er keine Entdeckung
gemacht.

Der fehlende Fortschritt nagte an ihm, obwohl ihn seine
Veranlagung davon abhielt, sich dadurch die Laune verder-
ben zu lassen. Ganz im Gegenteil. Einer so attraktiven Frau
gegenüberzusitzen verstärkte seinen Appetit nur noch,
der – ausgehend von dem Nudelberg auf seinem Teller –
ohnehin stattlich gewesen war.

»Wo ist denn Ihr Partner hin?«, lockte er sie zwischen

zwei Bissen. »Ich hörte, Sie und der Hauptmann sind heute Nachmittag unzertrennlich gewesen.«

»Wir haben ein paar neue Hinweise aufgetan, die sich aber allesamt als Blindgänger entpuppen könnten.«

Mu erzählte ihm von Peis Hypothese mit den unterschiedlichen Uhrzeiten in den Akten. Bei Zengs Gabe für technische Analysen hoffte sie, er könnte vielleicht neues Licht auf dieses Rätsel werfen. Je länger er zuhörte, desto größer wurden seine Augen.

»Ich kann Ihrer Sichtweise nur zustimmen. Diese angebliche zeitliche Diskrepanz, die Pei gefunden haben will, kann es schlicht und einfach nicht geben.«

Mus Miene hellte sich auf. »Könnten Sie das eindeutig bestätigen?«

»Das Archiv der Polizei lässt keinen Spielraum für Zweifel. Es hat nur eine Explosion gegeben, und die fand um 16:13 Uhr statt. Meng und Yuan starben dabei. Da die beiden, wie Pei bestätigt, um 16:15 Uhr überaus tot waren, muss er sich bei der Zeitangabe geirrt haben. Außerdem bin ich mir sicher, dass er durch den Kieferabguss eine falsche Leiche erkannt hätte. Gäbe es also tatsächlich eine zeitliche Diskrepanz, müssten wir uns der absurden Folgerung stellen, dass Tote plötzlich sprechen können.«

Theoretische Unmöglichkeiten wie diese sind von unschätzbarem Wert, um diesen Fall zu lösen, hatte Pei gesagt. *Wir müssen dafür eine rationale Erklärung finden – denn sobald wir die haben, haben wir die ganze Untersuchung so gut wie geknackt.*

»Das erinnert mich an etwas, das einer meiner Vorgesetzten mal gesagt hat«, warf Mu ein. »»Wenn jemand eine Entscheidung trifft, die man unmöglich verstehen kann, sollte man nicht wütend über die Sturheit des Gegenübers werden, sondern stattdessen überlegen, ob diese Person etwas zu verbergen haben könnte‹.«

»Das ist simple Logik«, sagte Zeng etwas zu hastig. »Ich wette, Pei weiß mehr, als er uns sagt. Wenn er also darauf besteht, dass es eine zeitliche Diskrepanz gibt, müssen Sie sich fragen, ob er etwas zu verbergen hat.«

Mu zog die Brauen hoch. »Zum Beispiel?«

»Meng. Können Sie sicher sein, dass er die Wahrheit darüber gesagt hat, wie sie gestorben ist?«

Mu dachte darüber nach, und allmählich kroch ihr Kälte ins Herz. War es denkbar, dass die Ereignisse von damals ihre gegenseitige Zuneigung sogar verstärkt hatten? Hätte Meng überlebt, wäre sie die Hauptverdächtige der anschließenden Untersuchung gewesen. Aber würde Pei die Polizei – und die Einsatzgruppe – bewusst in die Irre führen, um die Frau zu schützen, die er liebte?

Mu bebte vor Aufregung. Sie dachte an die Tränen, die Pei im Zentrum für Forensik vergossen hatte. Die Psychologin konnte nur raten, welche Gefühle ihn wirklich übermannt hatten.

Zeng unterbrach ihren Gedankengang. »Sie sollten Pei sehr genau im Auge behalten. Am Ende ist er sogar der Schlüssel zum ganzen Fall.«

»Ganz recht«, sagte Mu. »Ich hoffe noch diese Nacht auf eine große Entdeckung.«

»Diese Nacht?«

»Ja. Ich habe eine Spur. Eine, die mit Pei in Verbindung steht.«

»Was für eine Spur könnte das sein?«, fragte Zeng gespannt.

Mu erhob sich. »Ich muss los.«

»Das ist nicht fair!«, rief Zeng mit einem Mund voller Nudeln. »Verraten Sie mir Ihre Spur, bevor Sie gehen!«

»Sie kümmern sich um Ihre Aufgabe, ich mich um meine«, sagte sie und grinste.

*

Der Signalempfänger, den Eumenides im Hotelzimmer hinterlassen hatte, war der Schlüssel zum Aufenthaltsort von Peng Guangfu – und hoffentlich zur Festnahme von Eumenides. Zeng und seine Leute hatten das Gerät so gründlich wie möglich untersucht, ohne es komplett auseinanderzunehmen, und weder Wanze noch Peilsender entdecken können. Soweit sie beurteilen konnten, konnte das Gerät zwar Signale empfangen, jedoch keine senden.

Han hatte Xiong zum Stellvertreter des vierköpfigen Teams ernannt, das sie laut Eumenides auszuschicken hatten. Beide Männer suchten sich je einen Partner aus, um das Team zu komplettieren. Hans Wahl fiel auf Yin, seinen treuen Untergebenen. Xiong entschied sich für seinen besten Mann bei der SEP – Liu Song, der zwei Tage zuvor das Schloss der Wohnung von Sun Chunfeng geknackt hatte. Der kurze Lebenslauf, den Xiong dem normalerweise wählerischen Han schickte, ließ nichts zu wünschen übrig:

Liu Song. 25 Jahre alt, 1,75 m, 70 kg. Erfahrener Nahkämpfer, Bombenräumer, Scharfschütze und Fahrer. Unver-

gleichlich im Schlossknacken. Hat während seiner vier
Dienstjahre bei der SEP einen Verdienstorden zweiter
Klasse und zwei aufeinanderfolgende Verdienstorden
dritter Klasse erhalten.

Niemand in der Einsatzgruppe konnte die tödliche Lektion vergessen, die ihnen der gestrige Einsatz erteilt hatte. Diesmal würde Eumenides keine Gelegenheit bekommen, fehlendes Teamwork zu seinem Vorteil zu nutzen. Alle Mitglieder des vierköpfigen Teams sollten einander blind wiedererkennen.

Xiong hatte vorgeschlagen, bei Empfang von Eumenides' Signal wie angewiesen aufzubrechen, aber ein zweites Viererteam in der Hinterhand zu haben, das ihnen in sicherer Entfernung folgen sollte. Falls es zum Kampf käme, könnten beide Teams ihre Anstrengungen koordinieren und von zwei Seiten zuschlagen. Er war der Überzeugung, auf diese Weise ihre Erfolgschancen drastisch zu erhöhen. Han lehnte den Vorschlag rundheraus ab.

Bei der Katastrophe auf dem Bürgerplatz hatten sie jede Bewegung von Frau Ye kontrollieren können, jetzt aber wussten sie nicht einmal, wo sich der Mann befand, den sie retten sollten. Sie mussten in wenig beneidenswerter Passivität verharren, konnten den Mörder erst dann stellen, wenn er selbst es wünschte. Somit war Han davon überzeugt, dass sich Erfolg nur einstellen konnte, wenn sie Eumenides' Anweisungen genauestens befolgten, sosehr ihnen das auch missfallen mochte.

Das Datum der Urteilsvollstreckung auf Pengs Todesanzeige war keineswegs ein Zufall. Am fünfundzwanzigsten Oktober jährte sich der Mord an dem Polizisten im

Berg-der-zwei-Hirsche-Park. Ein Tag, der Hauptmann Hans Leben gründlich aus der Bahn geworfen hatte.

Der offizielle Bericht enthielt nur das Nötigste. Um 22:12 Uhr hatten Han und sein Partner Zou Xu einen Einbruch bemerkt, der gerade in einem Gemischtwarenladen in der Qingfeng-Straße 652 im Gange war, mit dem Auto etwa zwanzig Minuten vom Polizeihauptquartier entfernt. Die Beamten verfolgten die Täter zu Fuß in ebenjenen nahe gelegenen Park, wo die Begegnung in einer Schießerei mündete. Allerdings hatte dieser Bericht einige wesentliche Details ausgespart:

In der Nacht des 25. Oktober 1992 waren Han und Zou Xu stinkend vor Schnaps aus einem Restaurant namens Jade-Garten gestolpert.

Auch wenn die Kriminalpolizei von Chengdu vordergründig ein striktes Alkoholverbot für Beamte im Dienst vorsah, hatten Han und Zou jeden gelösten Fall auf die gleiche Weise zelebriert. Sie begaben sich vom Hauptquartier auf dem schnellsten Weg in ein Restaurant, das Hans Vetter gehörte, wo sie sich ein Festmahl aus gebratenem Fisch und Mapo-Tofu gönnten, begleitet von so vielen Gläschen mit siebzigprozentigem Baijiu, wie sie gerade noch vertrugen. Dieser Abend war keine Ausnahme gewesen.

Zou war nicht nur Hans Partner, sondern auch sein bester Freund. Sie hatten sich beide im selben Jahr an der Provinzakademie eingeschrieben. Ihr herausragendes Talent im Polizeidienst hatte schnell dazu geführt, dass sie bei den Kollegen nur »Die Zwillinge« hießen. Etwa zur gleichen Zeit war durch interne Politik und diverse Beförderungen der Posten des Hauptmanns der Abteilung frei geworden.

Allen war klar, dass der nächste Hauptmann nur einer der Zwillinge sein konnte.

Die Rivalität, die sich daraufhin unweigerlich zwischen ihnen regte, war Ausdruck ihrer guten Beziehung. Die Jahre enger Zusammenarbeit im Dienst hatten großes Vertrauen reifen lassen. Selten hatten zwei Polizisten einander so gut ergänzt.

Nachdem sie aus dem Jade-Garten getorkelt waren, spazierten die beiden durch die neonhellen Straßen des nächtlichen Chengdu und ließen die wichtigsten Momente des jüngst gelösten Falls Revue passieren, während sich der Nebel in ihren Köpfen langsam lichtete. Die Luft war schwanger vom fettigen Dunst in Öl gebratenen Fleischs aus den vielen Marktständen, die bis tief in die Nacht die Gehwege säumten. Spontan schlug Han vor, sie sollten sich ein letztes Bier gönnen, ehe sie getrennter Wege nach Hause gingen. *Lass uns diese Nacht noch nicht sofort beenden*, hatte er gesagt.

Zou entdeckte einen kleinen Laden auf der anderen Straßenseite. Als sie sich näherten, drang ihnen aufgeregtes Geschrei aus dem Inneren entgegen. Trotz seiner Trunkenheit erkannte Han die beiden Männer, die den Kassierer bedrohten, ohne Probleme – armselige Kleinkriminelle, mit denen die örtliche Polizei bestens vertraut war. Peng Guangfu und Zhou Ming.

Han und Zou Xu gingen selbstverständlich davon aus, zwei erstklassige Beamte wie sie würden die Situation im Handumdrehen unter Kontrolle bringen.

Sobald Peng und Zhou Ming die beiden uniformierten Männer die Straße überqueren sahen, verließen sie sich auf ihren Instinkt. Sie rannten davon.

Han und Zou waren ihnen dicht auf den Fersen. Die Ganoven stürmten an den hell erleuchteten Läden und Büdchen der Fuxing-Straße entlang und hielten auf das pechschwarze Gelände des nahen Parks des *Bergs der zwei Hirsche* zu. Zwischen den Bäumen sahen die beiden Beamten, wie sich ihre Beute dem Steingarten näherte.

Die massiven Felsformationen waren in der ganzen Provinz berühmt für die dunklen, verschlungenen Gänge, die sich zwischen ihnen hindurchzogen. Bei Nacht bildeten diese Korridore ein wahres Labyrinth. Aber die gute Ausbildung der Beamten ließ sie bei der Jagd nicht im Stich. Sie brauchten nur einen Augenblick, um sich den groben Aufbau der Umgebung einzuprägen, bevor sie beschlossen, sich aufzuteilen und die Kriminellen von zwei Seiten in die Zange zu nehmen.

Nachdem Han und Zou Xu schnell beide Eingänge gesichert hatten, saßen die Diebe in der Falle.

Hans Körper schien vor Adrenalin und Alkohol zu vibrieren. Er entdeckte die beiden Ganoven als Erster. Mit Messern bewaffnet, kauerten sie in einer Ecke. Er zog die Dienstwaffe aus dem Holster und schrie ihnen entgegen, sie sollten herauskommen und sich ergeben. Sofort ließ Peng sein Messer auf den Boden fallen. Zhou Ming ebenfalls.

Was sie dann taten, erwischte Han gänzlich unvorbereitet. Beide Diebe zückten Schusswaffen.

An jedem anderen Tag wäre der Ausgang eines Schusswechsels zwischen zwei der besten Beamten der Stadt und einem Pärchen gewöhnlicher Kleinkrimineller von vornherein klar gewesen, aber Hans Reflexe waren vom Alkohol stark in Mitleidenschaft gezogen worden. Zhou Mings

Waffe blitzte auf, Han fühlte den Einschlag im linken Bein. Sein Partner versuchte, sich hinter einem Felsen zu verstecken und gleichzeitig herauszufinden, wo der feindliche Schütze stand, aber er war genauso schwerfällig. Es war das reinste Chaos.

Ehe die Schüsse verhallten, hatte Han Zhou Ming erschossen, und Peng war in die Dunkelheit geflohen. Zou Xu lag da und verblutete.

Nie hatte Han diese Nacht aus seinem Gedächtnis verbannen können. In diesem Moment hatte er gelernt, was es hieß, alles zu verlieren.

Drei Monate später wurde er zum Hauptmann der Kriminalpolizei von Chengdu befördert. Dank des offiziellen Berichts über den Zwischenfall im *Berg-der-zwei-Hirsche*-Park gingen die meisten Leute davon aus, diese Nacht sei nicht mehr als ein weiteres Highlight seiner glanzvollen Karriere gewesen. Han wusste es besser.

Um endlich die Schuldgefühle zu besiegen, die ihn seit damals verfolgten, musste er Peng Guangfu festnehmen. Lange Zeit hatte er unerbittlich nach einer Spur des geflohenen Kriminellen gesucht. Schon wenige Monate nach seinem Amtsantritt hatte der neue Polizeichef zahllose Informanten gezwungen, Augen und Ohren nach Peng offen zu halten. Dieses Vorgehen brachte nicht nur die Informanten in Gefahr; es begrenzte auch die Ressourcen, die der Polizei für alle anderen Ermittlungen zur Verfügung standen.

Hans persönliche Treibjagd fand erst ein Ende, als seine Vorgesetzten einschritten und befahlen, die wahnhafte Suche abzubrechen.

Er hatte keine andere Wahl, als zu gehorchen. Aber

bis heute hatten sich Schmerz und Hass tief in sein Herz gegraben und waren mit jedem Tag ein wenig stärker geworden.

*

Han wusste, warum Eumenides Peng Guangfu am Leben gelassen hatte. Innerlich brannte er vor Zorn – aber auch vor Hoffnung. Solange sie heute Abend nicht versagten, würde er Zou Xu endlich rächen können.

Der Hauptmann tigerte um den Konferenztisch. Er konnte die Warterei nicht ertragen und hatte das Gefühl, schon seit Tagen warten zu müssen. Den Rest seines Teams nahm er kaum wahr. Liu Song und Yin schlummerten auf ihren Feldbetten, Xiong saß am Tisch und starrte unentwegt auf das Empfangsgerät.

Seit die Einsatzgruppe das Video gesehen hatte, waren Hans Nerven zum Bersten gespannt. Während die anderen die Zeit genutzt hatten, um sich auszuruhen und mit ihren Kräften hauszuhalten, war er in Gefechtsbereitschaft geblieben.

Die roten Augen und der starre Blick des Hauptmanns machten Xiong allmählich nervös. Auch wenn er es ungern zur Sprache brachte, konnte sich der Leiter der SEP nicht länger zurückhalten. »Vielleicht wäre es besser, wenn Sie die Sache aussitzen, Hauptmann. Eumenides hat Sie damit direkt ins Visier genommen. Er baut darauf, dass Sie sich nicht von Ihrem Verstand, sondern rein von Ihren Gefühlen leiten lassen.«

»Sie erwarten von mir, dass ich mich jetzt noch raushalte? Auf gar keinen Fall!«, fauchte Han mit zusammengebissenen Zähnen. »Ich habe nicht vor, mich geschlagen zu geben.«

Xiong fiel keine Antwort ein. Der Hauptmann würde sich nicht beirren lassen.

»Ich habe unsere Prioritäten nicht aus den Augen verloren, Xiong. Ja, Peng muss sterben – aber nicht durch die Hand von Eumenides! Recht und Gesetz werden ihm die Strafe zuteilwerden lassen, die er verdient. Es ist unsere Aufgabe als Gesetzeshüter, die Ordnung aufrechtzuerhalten und ihn lebendig festzunehmen. Wenn wir zulassen, dass Eumenides ihn umbringt, erlauben wir Peng im gleichen Atemzug, sich seiner gerechten Strafe zu entziehen. Das kann ich unter keinen Umständen zulassen!«

»Ich auch nicht!« Xiong hieb mit der Faust auf den Tisch. »Wir werden Peng Guangfu finden. Ich lasse das Schwein keine Sekunde aus den Augen, bevor wir ihn nicht persönlich zurückgebracht haben, um ihn vor Gericht zu stellen.«

Das Gerät auf dem Tisch piepte. Xiong und Han sahen einander an. Der Ausdruck ihrer Mienen war nahezu identisch.

»Liu! Yin! Ausrücken!«, brüllte Han.

Die beiden jüngeren Beamten sprangen von ihren Feldbetten auf.

*

Es war kurz vor 23:00 Uhr. Etwas mehr als eine Stunde, bevor Eumenides' Frist um Mitternacht auslaufen würde, machte sich das vierköpfige Team auf den Weg, um Peng Guangfu zu retten.

Liu Song setzte sich ans Steuer, die anderen konzentrierten sich auf das Empfangsgerät. Wie sie schnell feststellten, erforderte dessen Bedienung so gut wie keine technischen Vorkenntnisse. Sobald es sich eingeschaltet hatte, waren konzentrische Kreise auf dem kleinen Bildschirm aufgetaucht, die eine digitale Karte der Umgebung bildeten. Der Abstand zwischen je zwei Kreisen war mit knapp fünf Kilometern angegeben. Der kleine ausgefüllte Kreis, der die gegenwärtige Position des Geräts anzeigte, blieb fest in der Bildschirmmitte verankert. Daraus erstreckten sich vier Linien in die vier Himmelsrichtungen. Das Signal des verknüpften Senders manifestierte sich als blinkend roter Punkt, dessen genaue Koordinaten in einer Ecke des Bildschirms abzulesen waren. Um Peng zu finden, mussten sie nur diesem Punkt folgen.

Anhand des ursprünglichen Signals befand sich ihr Ziel auf dreiundzwanzig Grad Ostnordost in etwa fünfzig Kilometern Entfernung im ländlichen Tailin.

Vierzig Minuten später erreichte das Team ein Dorf namens Anfeng. Der rote Lichtpunkt auf dem Bildschirm berührte fast den Mittelpunkt.

Im Lauf der letzten halben Stunde war das Terrain zerklüftet und steinig geworden. Die harten Stöße durch den Fußboden des SUV bestätigten, dass sie sich auf einer Schotterpiste befanden. Anfeng lag in einem Bergbaugebiet. Je weiter sie fuhren, desto wilder und gefährlicher das Gelände. Zweimal musste Liu Song die kaum beleuchtete Dorfstraße abfahren, bis er den schmalen Weg entdeckte, der weiter nach Norden führte. Sobald sie den Weg eingeschlagen hatten, schälten sich zwei Berggipfel aus dem Schleier der Nacht und verdeckten den matten Mond. Mit Ausnahme des schmalen Ausschnitts, den die Frontscheinwerfer des Polizeiwagens erleuchteten, war es um sie herum stockfinster. Auch die schmale Bergstraße verlor sich schließlich im Nichts.

Der rote Lichtpunkt besagte, dass sie ihr Ziel erreicht hatten.

Die Mitternacht kroch langsam näher.

Der Mond war zurückgekehrt. Ein Stück weiter rechts konnten sie schemenhaft einen Höhleneingang am Fuß des Berges sehen. Die Höhle lag ebenerdig und war eindeutig menschengemacht. Im Schatten des Eingangs türmten sich Haufen verfallener Ausrüstung zwischen kaputten Maschinen.

»Noch liegen wir in der Zeit«, sagte Han.

Niemand schien begierig, den Wagen zu verlassen.

»Das muss der aufgegebene Stollen einer alten Mine sein«, raunte Yin.

Die anderen murmelten zustimmend. Xiong erzählte, diese Bergkette sei reich an Kohle. Vor ein paar Jahren hätten eine Menge hoffnungsvoller Prospektoren im Bezirk Tailin eine ganze Reihe illegaler Stollen in die Bergflanken getrieben. Irgendwann hatte die Bezirksregierung durchgegriffen, die kleinen Bergbauunternehmen hatten dichtmachen müssen. Deshalb waren die Berge in der Umgebung von aufgegebenen Stollen durchlöchert.

Das Gestein am Stolleneingang wies große Ähnlichkeit mit der Wand in Eumenides' grausigen Videos auf. Je eingehender sie es betrachteten, desto überzeugter waren sie, am richtigen Ort angekommen zu sein.

Einer nach dem anderen sah Han an. Statt den Befehl zum Ausrücken zu erteilen, saß er weiter da und starrte Richtung Stollen. Im Mondlicht war der Eingang jetzt deutlich zu erkennen. Dort stand ein Mann. Seine Kleidung und Körpersprache waren ihnen aus dem Video bekannt – Peng Guangfu lebte noch.

Er zuckte ungemütlich. Sein Bewegungsspielraum schien äußerst begrenzt zu sein. *Eumenides hat ihn gefesselt*, dachte Han.

Xiong schaute auf die Uhr. In achtundzwanzig Minuten brach der 25. Oktober an. »Wir sollten erst mal die Umgebung auskundschaften. Eumenides könnte direkt hinter dem Eingang lauern und eine Falle für uns bereithalten«, sagte er drängend zu Han.

Han zischte durch die zusammengebissenen Zähne. Sein Bauchgefühl sagte eindeutig: Falls Eumenides einen Überfall plante, war er ihnen längst zwei Schritte voraus.

»Wir dürfen keine Zeit verlieren«, sagte er leise. »Eumenides weiß wahrscheinlich schon, dass wir hier sind. Also los, aber dicht zusammenbleiben. Und die Waffen ziehen.« Entschlossen nickte er seinen drei Kollegen zu. »Gehen wir.«

Liu Song zog den Autoschlüssel ab. Die vier Männer stiegen aus dem Wagen.

»Seltsam«, sagte Yin eine Minute später. »Meine Augen gewöhnen sich richtig gut an die Dunkelheit.«

Xiong schnaubte leise. »Alles natürliches Licht, Kleiner. Chengdu ist so weit weg, dass es hier kaum noch Lichtverschmutzung gibt.«

Der Hauptmann der SEP deutete in den Nachthimmel. Hoch über ihnen thronte der satte Herbstmond.

Liu hatte das Auto auf einer Anhöhe geparkt. Sie rückten in einer engen Formation vor, die Waffen gezückt und jeder Beamte so positioniert, dass die Gruppe eine 360-Grad-Sicht auf das gebirgige Gelände ringsum hatte.

Die Bergstraße unter ihren Füßen verlor sich zwischen zwei Vorsprüngen. Dahinter breitete sich die ansteigende Hügellandschaft aus. Wahrscheinlich war der gesamte Landstrich früher unbewohnt gewesen, der Minenschacht also der einzige Grund für die Existenz dieser Straße. Seit der Stollen aufgegeben worden war, schien die Natur das Areal zurückerobert und bis auf wenige Ausnahmen alle Spuren menschlichen Eingreifens verwischt zu haben.

Han nahm die Umgebung in sich auf. Er sah flackernde Schatten und verstreute Grüppchen windschiefer Sträucher und Bäume, er hörte den Wind zwischen den Bergen pfeifen.

Tückisches Terrain. Eumenides hatte diesen Ort nicht ohne Grund gewählt.

Han ließ den Kegel seiner Taschenlampe über ein paar nahe Bäume und Felsen wandern und versuchte, in den Schatten eine Bewegung auszumachen. Die anderen taten es ihm gleich. Auf sein Zeichen hin näherten sie sich in Formation dem Mineneingang, wobei Xiong nach hinten absicherte.

Die vier Männer erreichten den Eingang ohne Zwischenfälle. Gründliches Absuchen mit ihren Taschenlampen offenbarte, dass der Eingangsbereich leer war – bis auf Peng Guangfu.

Xiong und Liu standen Rücken an Rücken, die halbautomatischen Pistolen im Anschlag. Xiongs Taschenlampe zeigte auf den Wagen, Lius in die Tiefe des Stollens. Solange sie wachsam blieben, flüsterte Han Yin zu, mussten sie hier im Eingangsbereich keinen Überraschungsangriff fürchten. Während die zwei SEP-Beamten ihre Position hielten, näherten sich Han und Yin dem Gefesselten.

Ihre Taschenlampen blitzten über Pengs eingefallenen Augen und die verhärmten, ausgezehrten Gesichtszüge. Er konnte nicht älter als Ende zwanzig sein. Seine Haare waren zerzaust und sein Bart, wie Han schnell begriff, von Blut verklebt.

Peng starrte die nahenden Beamten an. Ein Wimmern entfloh seinem offen stehendem Mund. Seine Hände waren zusammengebunden, und das rechte Handgelenk war zusätzlich mit Handschellen an einen Stützpfeiler in der Wand des Schachts gekettet, sodass er nicht von der Stelle weichen konnte.

Yin leuchtete ihm mit der Taschenlampe in den Mund. Der entzündete Stumpf seiner durchtrennten Zunge bebte hilflos, während er verzweifelt winselte. Keiner der beiden Polizisten konnte auch nur eine Silbe entziffern, die ihm über die Lippen kam.

Yin dachte mit Grauen daran, wie Eumenides in seinem Video die Klinge geschwungen hatte. Trotzdem hatten sie Peng gefunden, und das war alles, was zählte. Selbst ohne Zunge musste es andere Möglichkeiten geben, ihm die dringend benötigten Informationen zu entlocken.

Hans Blick schien intensiv genug, um Peng Löcher in die Haut zu brennen. Nach all der Zeit stand er endlich dem Mann gegenüber, der sein Leben aus der Bahn geworfen hatte. Er hätte alles für die Gelegenheit gegeben, seinem Hass und seinem Zorn hier und jetzt freien Lauf zu lassen. Aber er durfte nicht die Fassung verlieren.

Han wandte sich an Liu: »Überprüfen Sie die Handschellen, ob es einen Weg gibt, sie zu öffnen.« Er stockte und hob die Hand. »Obwohl, einen Moment. Xiong, bitte Sie zuerst. Wir müssen sichergehen, dass diese Handschellen nicht auch mit einer Bombe verbunden sind. Wir dürfen nicht nachlässig werden.«

Während Xiong die Handschellen untersuchte, machte Han noch einen Schritt auf Peng zu. Beim Klang seiner Stimme hatte der Verbrecher kurz gezuckt. Als er ihn jetzt aus zusammengekniffenen Augen betrachtete, sah Han, dass er ihn erkannte.

Ein Jahr zuvor. Eine finstere Nacht. Die Schießerei. Pengs Gesichtsausdruck verwandelte sich von Hoffnung über Verwunderung zu Entsetzen. Er klappte den Mund auf, aber seine zuckende Zunge konnte kein verständliches Wort bilden.

Langsam kam Han abermals ein Stück näher. Er hob die Hand, packte Peng beim Schopf und zwang ihn, ihm in die Augen zu schauen.

»Du erkennst mich wieder, stimmt's?« Er schäumte vor Wut. »Höchste Zeit, dass du für deine Verbrechen bezahlst.«

Peng schrie verzweifelt, als wollte er um Gnade flehen.

Xiong stand auf und sah Han an. »Da ist keine Bombe, dafür aber etwas anderes. Es gibt kein Schlüsselloch.«

»Liu, untersuchen«, befahl Han.

Liu ging in die Hocke und überprüfte die Fesseln. Wenige Sekunden später bekam das Team eine Antwort.

»Hauptmann, das sind elektrische Handschellen! Die können nicht mit einem Schlüssel geöffnet werden. Wir müssen den passenden Schalter finden.«

Han senkte den Blick. Die Handschellen waren ungewöhnlich dick, fast wie die stählerne Schiene eines verletzten Leistungssportlers. Der Stützpfeiler, an dem sie befestigt hing, war aufwendig gearbeitet und fest mit der Felswand vernietet – ihn auseinanderzunehmen stand außer Frage.

Wollte die Gruppe diesen Schacht in Begleitung von Peng verlassen, würden sie die Handschellen öffnen müssen.

»Sie reden von einer Fernbedienung?«, fragte er Liu.

Aber Xiong wusste, dass sich Lius beachtliche Fähigkeiten nicht auf elektronische Handschellen erstreckten.

»Nein, hier geht ein Kabel ab. Der Schalter sollte am anderen Ende zu finden sein.«

Liu machte sich mit seiner Taschenlampe auf die Suche nach dem Kabel. Es war am Stützpfeiler befestigt und lief von dort aus an der Wand des Stollens entlang, bis es zehn Meter weiter hinter der ersten scharfen Kurve verschwand. Um dem Kabel zu folgen, würden sie tiefer in die Mine vordringen müssen.

»Ich sehe mich mal um«, sagte Liu und deutete in den Stollen. Ab diesem Abschnitt des Einsatzes musste das Team jederzeit mit einem Angriff rechnen. Alle weiteren Aktionen bedurften demnach der Erlaubnis ihres Anführers.

»Niemand geht hier allein irgendwohin«, sagte Han. »Xiong, begleiten Sie Liu. Yin und ich bleiben hier und behalten die Lage draußen im Auge.«

»Nein«, gab Xiong zurück. »Wir müssen uns an das halten, was wir vorher besprochen haben. Sobald wir die Zielperson ausfindig machen, hat seine Sicherheit oberste Priorität. Sie haben selbst gesagt, wir müssen dafür sorgen, dass Eumenides Peng nicht wieder in die Finger kriegt. Woher wissen wir, dass er sich nicht irgendwo tiefer in der Höhle versteckt? Oder direkt in der Nähe des Eingangs? Wir müssen bei Peng bleiben, ganz egal, was passiert!«

Han stimmte ihm widerwillig zu. Er erkannte den Grund für Xiongs felsenfeste Entschlossenheit. Es war mehr als nur der Wunsch, seine Mission auszuführen. Es war Scham.

Scham aufgrund des bitteren Versagens beim Versuch, Ye Shaohong zu beschützen.

»Yin, Sie begleiten Liu«, wandelte Han also seinen Befehl ab. »Und vorsichtig. Funkgeräte bereithalten und unbedingt in Kontakt bleiben.«

»Verstanden«, sagte Yin.

Yin und Liu gaben einander Deckung und folgten dem Kabel tiefer in den Schacht. Kurz darauf waren sie um die Biegung verschwunden.

Xiong ließ den Kegel der Taschenlampe von einer Seite zur anderen wandern, um einen möglichst breiten Bereich im Blick zu behalten. Han zog seine Handschellen vom Gürtel. Die eine Seite ließ er um Pengs Handgelenk zuschnappen, dicht neben der elektronischen Fessel, die andere Seite machte er am Stützpfeiler fest. Peng sollte sich nicht unversehens in Bewegung setzen, sobald Yin und Liu den Schalter fanden.

Nachdem die beiden um die Ecke gebogen waren, mussten sie feststellen, dass das Kabel noch tiefer in die Dunkelheit führte.

»Wie lang werden diese Stollen sein?«, flüsterte Yin.

»Viele Kilometer wahrscheinlich«, gab Liu zurück und verzog das Gesicht. »Gut möglich, dass man verhungert, falls man sich hier unten ohne entsprechende Ausrüstung verirrt.«

Behutsam tasteten sie sich voran und legten weitere dreißig Meter zurück, bis sich der Stollen auf die Ausmaße eines Hausflurs verbreiterte. Da erstarrten sie.

»O nein«, flüsterte Yin voll Entsetzen.

Von der niedrigen Decke des Tunnels baumelten Körper. Sie waren im Abstand von rund einem Meter im Kreis aufgehängt. Yin packte seine Taschenlampe so fest, dass er glaubte, sie müsste zerbrechen. An jedem der reglosen Körper liefen schwarze Blutspuren wie makabre Tätowierungen herab. Sie stammten aus den klaffenden Wunden in ihren Kehlen.

Liu richtete seine Taschenlampe der Reihe nach auf die Körper, einmal im Kreis. »Zwölf«, sagte er schließlich. »Zwölf Leichen.«

»Wir haben dreizehn Videos gesehen. Zwölf Opfer wurden umgebracht. Peng ist der Dreizehnte«, sagte Yin und unterdrückte ein Schaudern.

Liu ließ seine Faust in die Felswand krachen. »Also nur eine tödliche Sackgasse.«

»Da hinten!«, rief Yin und erhellte die Wand zu ihrer Linken mit der Taschenlampe. »Das Kabel verzweigt sich.«

Yin hatte recht. Ein Strang lief an der linken Wand weiter, der andere war quer über die Decke gespannt und lief zwischen den Leichen hindurch. Liu sah genauer hin und stellte fest, dass es sich über ihren Köpfen abermals verzweigte.

»Es sind drei verschiedene Kabel«, sagte er.

»Aber wieso? Wo zum Teufel führen die hin?«

Liu drückte sich an die linke Wand, rang einen Schrei nieder und schob sich an den baumelnden Leichen vorbei. Das erste Kabel verlor sich in der Finsternis eines weiteren Tunnels. Er drehte sich um und leuchtete die rechte Wand ab. Die hängenden Leichen versperrten ihm teilweise die Sicht, trotzdem entdeckte er zwei weitere Stollenabzweigungen. Eine für jedes Kabel.

»Ernsthaft?«, stieß Yin fassungslos hervor. Er hatte sich den Leichen keinen Zentimeter genähert.

Liu erklärte, dass die Schächte in diesen Minen nach dem Verlauf der Flöze gegraben worden waren, es also nichts Ungewöhnliches sei, dass sie sich auf diese Art verästelten. Leider würde das ihre Suche keineswegs erleichtern.

»Gut möglich, dass nur eins von den Kabeln die Handschellen bedient und die anderen beiden Attrappen sind«, sagte der SEP-Spezialist. Er zückte das Funkgerät und setzte die Kollegen draußen von der neuen Sachlage und dem entsetzlichen Leichenfund in Kenntnis.

Xiong befahl, sich auf keinen Fall aufzuteilen. Stattdessen sollten sie die Kabel gemeinsam nacheinander durch ihre jeweiligen Gänge zurückverfolgen. Sollten sie in einem der Tunnel einen Schalter entdecken, sei er sofort zu betätigen. Die Kabel seien schließlich nicht mit einer Bombe, sondern bloß mit den Handschellen verbunden.

Yin und Liu begaben sich zuerst in den linken Gang. Immer wieder verschwand das Kabel in den Stahlröhren des Wandgerüsts. Am Ende jedes Abschnitts tauchte es kurz auf, um dann im nächsten Rohr zu verschwinden. Dieses Muster wiederholte sich ununterbrochen, und je tiefer sie vordrangen, desto endloser schien sich der Tunnel vor ihnen zu erstrecken.

Nach gut fünfzig Metern entdeckten sie an einem Stützpfeiler einen runden elektronischen Schalter. Yin sicherte den Gang, Liu ging in die Knie und untersuchte die Vorrichtung.

»Wir haben den Schalter bereits am Ende des ersten Kabels entdeckt«, sagte Liu über Funk. »Hier ist ein Signalgeber verbaut. Ihn zu aktivieren, sollte ein elektrisches Signal auf einer bestimmten Frequenz senden. Stimmt diese

Frequenz mit der Frequenz der Handschellen überein, sollten Sie danach in der Lage sein, sie zu öffnen.«

»Sehr gut. Haben Sie sie nach Fallen abgesucht? Könnte er uns damit gefährlich werden?«

Liu verfolgte das nächste Stahlrohr mit der Taschenlampe. »Das Kabel verläuft bis hier herunter im Inneren der Röhren. Es ist leider völlig unmöglich, rein durch Augenschein einzuschätzen, ob irgendwo eine Sprengladung oder Ähnliches angebracht ist. Die Röhren könnten randvoll mit Sprengstoff sein. Unmöglich zu sagen, solange wir nicht den halben Stollen auseinandernehmen.«

Ein scharfes Ausatmen knisterte im Funkgerät. »Wir werden das Risiko eingehen müssen. Drücken Sie den Schalter, Liu.«

Oben im Mineneingang sahen Xiong und Han ein grünes Lämpchen an den Handschellen flackern. Sie blieben geschlossen.

Xiong untersuchte das Lämpchen und entdeckte direkt daneben zwei weitere. Das schien Lius Hypothese zu bestätigen. Zwei der drei Kabel mussten Attrappen sein.

»Finden und drücken Sie auf der Stelle den zweiten Schalter!«

Die beiden Beamten rannten ohne Pause zurück nach oben und hinein in den zweiten Schacht. Tief unten fanden sie einen zweiten Signalgeber als Endstück eines Stahlrohrs.

Liu holte nicht erst die Genehmigung ein, den Schalter zu betätigen. Han und Xiong sahen ein zweites grünes Lämpchen aufflackern. Die Handschellen blieben geschlossen.

»Finden Sie den dritten Schalter!«

So entschlossen sein Befehl klingen mochte, etwas ließ

Xiong keine Ruhe. Rein logisch betrachtet, musste das dritte Kabel das richtige sein. Sein Instinkt sah das gänzlich anders.

Die beiden Beamten spürten eilig den dritten Signalgeber auf. Liu drückte den Schalter.

Ein grünes Lämpchen flackerte an den Handschellen auf. Sie blieben verschlossen.

Xiong und Han wechselten einen verstörten Blick.

»Sind alle drei Kabel Blindgänger?«, fragte Han. »Was sollte Eumenides mit solch einem Plan erreichen wollen?«

Lius Stimme knisterte aus dem Funkgerät. »Wir sind die ganze Sache falsch angegangen. Ich glaube, keins von den Kabeln ist eine Attrappe.«

»Ich habe nicht das Gefühl, dass mir Ihre Schlussfolgerung gefallen wird«, sagte Xiong und fletschte die Zähne.

»Sie sagten, jedes Mal, wenn ich einen Schalter gedrückt habe, ist ein grünes Lämpchen aufgeflackert. Das sagt mir, dass alle Schalter funktionieren. Da es aber drei Kabel gibt, öffnen sich die Handschellen vielleicht erst, wenn wir die drei Schalter auf einmal betätigen und die drei Lämpchen gleichzeitig zum Leuchten bringen.«

»Natürlich!«, rief Han.

»Drei Schalter, Hauptmann. Und wir sind zu viert.«

»Jetzt begreife ich auch, warum Eumenides so viel Wert auf die Anzahl der Leute gelegt hat, die wir herschicken durften.«

»Was soll das heißen?«, fragte Xiong.

»Er will für ausgeglichene Verhältnisse sorgen. Wir sind zu viert gekommen, aber nur einer von uns kann Peng verteidigen. Und erst dann wird er selbst in Erscheinung treten.«

Xiong machte große Augen. »Liu und Yin müssen zurück-kommen. Es ist viel zu offensichtlich, was Eumenides vor-hat. Wir müssen uns neu formieren und Verstärkung anfor-dern.«

In Lius Stimme aus dem Funkgerät schwang ein leises Zittern mit. »Wir haben neben dem dritten Signalgeber einen Zettel gefunden. Unterzeichnet mit Eumenides.«

»Na? Lesen Sie schon vor!«, rief Xiong.

»›Ich habe eine Bombe in der Mine versteckt. Sie haben Zeit bis 01:00 Uhr.‹«

Alle vier Teammitglieder schauten auf die Uhr. 00:45 Uhr.

»Wir können das Risiko nicht eingehen, dass er vielleicht nur blufft«, knurrte Han in sein Funkgerät. »Uns bleiben noch fünfzehn Minuten.«

Alle Erfahrung im Entschärfen von Bomben würde ihnen nichts nützen, wenn sie die Bombe nicht rechtzeitig fanden. Sie konnte überall sein – begraben unter einem Haufen aus Schutt und Kohle, versteckt in den zerklüfteten Wänden der Stollen, verborgen zwischen der aufgegebenen Aus-rüstung, die überall verstreut lag, vielleicht sogar in einer der zahllosen Stahlröhren. Selbst fünfzehn Stunden hätten niemals ausgereicht. Und ihnen blieben nur noch Minuten.

Sie mussten die Tunnel vor ein Uhr verlassen haben – allerdings nicht ohne Peng Guangfu.

Einen Moment lang herrschte völlige Stille. Während Yin und Liu auf neue Befehle warteten, dachten Han und Xiong fieberhaft nach. Schließlich sprach Xiong in sein Funkgerät.

»Der Hauptmann wird in einer Minute zu Ihnen stoßen. Sollten wir die Handschellen in zehn Minuten nicht geöff-net haben ...« Er bedachte Peng mit einem knappen Blick. »Dann muss jemand seine Hand verlieren.«

Peng riss entsetzt die Augen auf und starrte voller Furcht auf das lange Kampfmesser, das an Xiongs Gürtel hing.

Han zögerte. Sollte er wirklich freiwillig die Rolle spielen, die Eumenides für ihn geschrieben hatte? Aber er konnte nicht länger warten. Er musste sich auf der Stelle entscheiden.

Er nickte seinem Kollegen zu. »Xiong, Sie gehen runter. Ich halte hier oben die Stellung.«

Nur wollte sich der Hauptmann der SEP nicht vor seiner Verantwortung drücken. »Nein. Ich darf unser Missionsziel nicht aus den Augen verlieren. Das ist meine Aufgabe.« Was immer sich der Mörder für sie zurechtgelegt haben mochte – Peng Guangfus Sicherheit blieb ihre oberste Priorität.

Han sah die finstere Entschlossenheit in seinem Blick und nickte. »Seien Sie vorsichtig.«

Diese drei Worte, so schlicht und knapp, bestärkten Xiongs Entschlossenheit nur noch weiter.

»Solange ich hier stehe«, sagte er, »kommt Eumenides nicht an Peng heran.«

*

Han rannte den Stollen hinab. Er durfte sich keine Pause gönnen, nicht einmal eine Sekunde, aber die Tunnelwände verschwammen vor seinen Augen. Aus dem Nichts war er plötzlich von baumelnden Silhouetten umgeben. Ein überraschter Schrei entschlüpfte seiner Kehle.

Liu hatte ihn vor den Leichen gewarnt, aber auf diesen Anblick war Han trotzdem nicht vorbereitet gewesen.

Er stand mitten in einem Albtraum. Wie ein entsetzlicher Kronleuchter hing eine ringförmige Doppelreihe aus Leichen von der Decke herab.

Aus der nächsten Abzweigung sprang eine dunkle Gestalt auf ihn zu. Han riss seine halbautomatische Pistole hoch und schrie: »Halt!«

Yin hob die Hände. »Ich bin's, Hauptmann!«

Han entspannte sich etwas und ließ die Waffe sinken. »Was zum Teufel treiben Sie da, Yin?«, fragte er scharf.

»Meine Taschenlampe ist kaputt.« Er hob ein Feuerzeug.

Han stöhnte innerlich. »Wo ist Liu?«

»Er wartet in dem Gang da drüben.« Yin stach mit dem Daumen über seine Schulter in die Dunkelheit. »Ich nehme den mittleren, Sie den linken.«

»Koordination per Funk, sobald alle in Stellung sind«, sagte Han. »Und seien Sie vorsichtig da drin.«

»Verstanden!«

Die Männer trennten sich. Han brauchte nicht lange; sowie er das Ende des Kabels erreicht hatte, meldete er sich über Funk. Yin, der ohne Taschenlampe auskommen musste, brauchte etwas länger. Um 00:52 Uhr waren sie endlich alle auf ihren Posten.

Lius Stimme drang aus dem Funkgerät. »Wenn wir alle Schalter zur selben Zeit bedienen, sollten sich Pengs Handschellen lösen. Ich zähle bis drei, dann halten alle ihre Schalter fünf Sekunden lang gedrückt.«

Auf drei drückten die drei Kollegen gleichzeitig ihre Schalter.

Han griff zum Funkgerät. »Xiong, wie sieht es aus da oben?«

Keine Antwort.

»Xiong? Hauptmann Xiong?«

»Uns läuft die Zeit davon«, sagte Liu mit hörbarer Panik in der Stimme. »Raus hier!« Er hatte viele Jahre eng mit Xiong zusammengearbeitet, und sein Bauchgefühl verhieß wahrlich nichts Gutes.

Einer nach dem anderen rannten sie zum Ausgang zurück. Liu erreichte ihn als Erster, Han war ihm dicht auf den Fersen. Ein grässlicher Gestank stieg ihnen in die Nasen. Sofort zückten sie die Taschenlampen, um die Quelle des Geruchs zu finden.

Die Lichtkegel fielen auf eine blutige Szenerie. Die elektronischen Handschellen, die Peng gefesselt hatten, hingen geöffnet vom Stützbalken herab, nur war Peng alles andere als frei. Der Verbrecher lag zusammengesackt vor dem Balken, die rechte Hand wie zu einer bizarren Begrüßung erhoben. Liu kam näher und sah die Polizeihandschellen, die ihn weiterhin an den Balken ketteten. Der Boden des Tunneleingangs war bedeckt von Blut, das ihm aus der klaffenden Halswunde rann. Sein regloser Körper gab keine Lebenszeichen mehr von sich.

Ein paar Meter weiter fanden sie Xiong, dessen Zustand nicht viel besser war. Er wand sich auf dem Boden und hielt sich den Hals. Blut spritzte zwischen seinen Fingern hervor und pulsierte mit jedem verzweifelten Versuch, Luft zu holen.

»Hauptmann!«

Liu sprintete voran, während sein entsetzter Schrei durch den Stollen hallte. Er ließ sich auf die Knie fallen und zog Xiong eng an sich. Der Hauptmann war gerade noch bei Bewusstsein und schaffte es, die Augen aufzuschlagen. Beim vertrauten Anblick seines Kollegen stahl sich ein Hauch von Geborgenheit in seinen Blick. Er öffnete den

Mund und schien etwas sagen zu wollen, brachte aber kein Wort heraus.

Liu sah den furchtbaren Schnitt in Xiongs Kehle. Das strömende Blut hinderte die Luft daran, seine Stimmbänder zu erreichen. Beim Versuch zu atmen floss das Blut nur noch schneller.

Han eilte herbei und kniete sich neben sie. Kurz schloss er die Augen, als wollte er nicht wahrhaben, was er vor sich sah. »Hau ... Hauptmann Xiong?«, fragte er mit zitternder Stimme.

Der Klang seiner Stimme schien Xiong neuen Mut zu geben. Mit letzter Kraft hob er den Kopf und packte Hans Arm mit beiden Händen. An den Handgelenken traten die Adern hervor.

Han erwiderte seinen wilden Blick entschlossen. Ihre Augen schienen einander fast magnetisch anzuziehen. Er beugte sich über Xiong, bis sein Ohr dicht an dessen Lippen lag. »Was wollen Sie mir sagen?«, fragte er.

Der Hauptmann brachte nur ein Gurgeln zustande.

Endlich kam auch Yin aus dem Tunnel und blieb wie angewurzelt stehen, als er sah, was draußen vor sich ging.

»Was – was ist passiert?«, stotterte er entgeistert.

»Was stehen Sie da herum, zum Teufel?«, schrie Han. »Eumenides ist hier! Sie und Liu bringen Xiong sofort zum Wagen!«

»Aber was ist mit Ihnen?«, fragte Yin wie betäubt.

»Ganz egal! Eumenides gehört mir!«

Yin machte einen Schritt nach vorn. Sein Blick verfinsterte sich. »Er hat sogar Xiong getötet. Warum glauben Sie, Sie hätten da eine Chance?«

Han starrte ihn wortlos an. Yin wandte sich ab und rannte auf den Wagen zu.

»Hauptmann!«, rief Liu. »Ich kann Xiong nicht allein da hochtragen!"

Han packte den Stützbalken mit beiden Händen und riss daran, so hart er konnte. Das Metall ächzte, gab aber nicht nach. Er versuchte es ein zweites, dann noch ein drittes Mal. Pengs Handschellen klimperten. Mit einem tiefen Seufzer wandte Han sich wieder an Liu.

»Ja. Bringen wir Xiong hier raus.«

Gemeinsam schleppten sie den schwer verwundeten Kameraden die Anhöhe empor. Oben blitzten die grellen Scheinwerfer des SUV auf.

Als sie den Wagen endlich erreichten, waren sie vollkommen durchgeschwitzt. Vorsichtig hievten sie Xiong in den Kofferraum und setzten sich neben ihn. Han zog die Heckklappe zu. Yin saß am Steuer.

»Hauptmann! Was ist mit Peng?«

Han blinzelte, als müsste er einen Tagtraum abschütteln. »Peng?« Er schüttelte den Kopf. »Keine Zeit. Wir müssen sofort von hier verschwinden.«

»Hauptmann?« Yin schien es nicht glauben zu wollen.

Han starrte stumm den Verwundeten an, der ihm zu Füßen lag. Xiong hatte die Augen geschlossen. Aus seinem Hals sickerte kein Blut mehr.

Liu legte Xiong zitternd einen Zeigefinger zwischen Mund und Nase, spürte aber keinen Luftzug.

Unvermittelt sprang er auf und heulte wie ein tollwütiger Wolf. »Verdammter Hurensohn!« Er fuchtelte mit der Pistole und streckte die andere Hand nach dem Griff der Heckklappe aus.

»Liu Song! Schluss damit!« Han sprang ihn an. Blitzschnell hatte er Liu neben Xiong auf dem Boden des Kofferraums festgenagelt. Er riss den Kopf herum und sah Yin an.

»Losfahren! Worauf warten Sie denn? Die Bombe geht hoch!«

Yin schaute auf die Anzeige am Armaturenbrett. 00:59 Uhr. Mit einem Ruck legte er den Gang ein und trat das Gaspedal durch. Wenige Sekunden später raste der Wagen den holprigen Gebirgspfad hinunter, der zurück in Richtung Stadt führte.

»Lasst mich raus! Ich werde ihn finden und umbringen! Ich bringe ihn um!« Lius Augen loderten vor Zorn. Yin hielt den Fuß auf dem Gaspedal, Han drückte Liu mit aller Kraft zu Boden. Der Wagen polterte den Weg entlang. Liu wehrte sich nicht länger. Sein wütendes Geschrei verwandelte sich in Schluchzen.

Han ließ sich seitwärts zu Boden fallen. Neben ihm lag der reglose Körper von Hauptmann Xiong. Han raufte sich die Haare und stieß einen qualvollen Schrei aus.

Aus dem Stolleneingang brach eine gewaltige Explosion hervor und schüttelte den Wagen durch. Weit hinter ihnen riss die Druckwelle Felsen aus der Bergflanke oberhalb der Mine. Eine ganze Lawine ging nieder. Peng Guangfus Leichnam verschwand mitsamt aller Beweise der Vorfälle in den Stollen unter vielen Tonnen Geröll und Erdreich.

KAPITEL ACHT

ZWEIFEL ÜBER ZWEIFEL

Mu Jianyun ging durch das geschäftige Treiben einer Straße in der Innenstadt. Han, Yin, Xiong und Liu Song saßen im Hauptquartier und warteten darauf, dass sich das Empfangsgerät einschaltete. Während sie dort hockten und Däumchen drehten, machte Mu sich auf die Suche nach Antworten.

Sie bog scharf ab und betrat eine schmale Seitengasse. Sofort hatte sie das Gefühl, in einer anderen Welt gelandet zu sein.

Die Gebäude zu beiden Seiten schienen sich vorzubeugen und sich über ihr zu vereinen.

Ein beißender Herbstwind pfiff durch das Kakerlakennest und brachte eisige Kälte mit sich. Mu stopfte die Hände in die Manteltaschen und drückte die Ellbogen eng an den Körper.

Kein Ort, an dem man sich aufhalten sollte, dachte sie.

Vor einer kleinen Wohnung hielt sie an. Die Welt hatte Huang Shaoping längst vergessen, und sein Leben hier schien einem Albtraum entsprungen. Einem schlimmeren Albtraum als alle, die sie wohl jemals haben würde.

Sie klopfte, und die Tür wurde geöffnet. Vor ihr stand Huang. Die dürftige Beleuchtung der verstaubten Glühbirne hüllte sein Gesicht zur Hälfte in Schatten.

»Hallo«, sagte Mu und hoffte, der Mann würde ihr Unbehagen nicht spüren.

»Sie sind gekommen.«

»Ja, und ich bin allein hier«, sagte sie und rang sich ein Lächeln ab.

Huangs zerstörte Lippen drehten sich in dem Versuch nach oben, ihren Ausdruck nachzuahmen, konnten aber keine Freude vermitteln. »Setzen Sie sich«, sagte er und kratzte sich die Narben am Hals.

Mu zog einen alten Holzschemel neben das verdreckte Bett, während Huang mit seinem Gehstock hinterherhumpelte. Sie trat vor, um ihm zum Bett zu helfen, er aber schien ihre Absicht zu erraten und schüttelte stumm den Kopf.

Mu stockte kurz. Der Mann hatte sich einen Rest seiner Würde erhalten.

Sie setzten sich. »Gibt es irgendetwas, das Sie der Polizei mitteilen möchten?«, fragte Mu mit deutlicher Betonung auf ihren Berufsstand. Ihre Hand wischte über etwas Weiches, und sie zuckte zusammen. Es war aber nur ein Stapel alter Betriebskostenabrechnungen.

»Nein. Wenn ich es der Polizei mitteilen wollte, hätte ich das längst getan.« Huang schüttelte den Kopf. »Ich rede nur mit Ihnen.«

»Ich unterrichte zwar an der Akademie, bin aber trotzdem Polizeibeamtin. Und zusätzlich Teil der 18/4-Einsatzgruppe.«

In Huangs Wange zuckte ein Muskel. »Weshalb Sie mir auch etwas versprechen müssen, bevor wir weitermachen.«

»Was soll ich Ihnen versprechen?«

»Dass Sie das, was ich Ihnen jetzt erzähle, keinem Ihrer Kollegen verraten. Ich muss Sie bitten, sich allein darum zu kümmern.«

»Aus welchem Grund?«

»Ich habe es all die Jahre für mich behalten müssen.« Nie zuvor hatte sie Huang derart ernst erlebt. »Und was ich weiß, bringt auch Ihr Leben in Gefahr. Ich kann der Polizei nicht trauen.«

»Wollen Sie damit sagen, dass jemand innerhalb der Polizei auf irgendeine Weise in diesen Fall verwickelt ist?« Mu beugte sich vor.

»Können Sie mir das versprechen?«

Sie antwortete ohne Zögern.

»Ja, ich verspreche es.«

Mit bebendem Herzen wartete Mu auf Huangs nächste Worte.

»Einen Monat vor der Explosion im Lagerhaus hat die Polizei von Chengdu eine groß angelegte Drogenrazzia durchgeführt. Sehen Sie sich diese Aktion an, bevor Sie irgendwelche anderen Schritte in Ihrer Untersuchung unternehmen.«

Mu war verwirrt. Sie hatte erwartet, Huang würde ihr erzählen, dass er während der Explosion noch etwas anderes beobachtet hatte, doch jetzt redete er von einem ganz anderen Fall.

Ihre Reaktion schien Huang nicht zu wundern. »Die Razzia mit der Kennung 16/3 aus dem Jahr 1984«, fügte er hinzu. »Merken Sie sich das.«

»Was hat das mit der Explosion zu tun?«

»Prüfen Sie diesen Fall, dann werden Sie finden, was Sie suchen.« Er kniff die Augen zusammen. »Ich kann Ihnen nicht alles jetzt gleich erzählen, weil ich mir nicht sicher sein kann, dass Sie in der Lage sind, mich zu beschützen. Ich muss erst wissen, dass ich Ihnen wirklich vertrauen kann.«

Mu betrachtete ihn ohne Abscheu. Sein Erscheinungsbild hatte sich im Vergleich zu den vorherigen Besuchen nicht verändert, trotzdem schien etwas anders zu sein. Es lag an der Art, wie er sie ansah. Irgendetwas an diesem Blick kam ihr bekannt vor, als hätte sie diesen Mann in einem anderen Leben gekannt. Sie konnte es sich nicht erklären, hatte aber das Gefühl, dass mehr in ihm steckte, als sie erwartet hätte.

»Wer sind Sie wirklich, Huang?«, fragte sie.

Er bleckte die Zähne und kicherte. »Das wissen Sie längst.«

Mu senkte den Blick. Sie ging die Sache zu passiv an. Zeit für einen anderen Ansatz.

»Sie haben der Polizei eine ganze Menge Informationen vorenthalten. Vielleicht sollte ich Sie mit zu unserer Einsatzgruppe nehmen und schauen, was der Rest von Ihnen hält«, sagte sie herausfordernd.

»Damit würden Sie das Versprechen brechen, das Sie mir gerade erst gegeben haben. Leider wäre ich selbst schuld daran, mich so in Ihnen getäuscht zu haben.« Huang verstummte und schüttelte sachte den Kopf. »Ich nehme mein Geheimnis mit ins Grab, Madame. Sie werden keine andere Gelegenheit bekommen herauszufinden, was vor achtzehn Jahren wirklich passiert ist.«

Mu verzog das Gesicht. Er hatte ihren Bluff durchschaut. »Ich habe Ihnen mein Wort gegeben. Aber wie kann ich mir sicher sein, dass Sie mich nicht bloß irreführen wollen?«

»Das werden Sie alles begreifen, sobald Sie sich diesen Drogenschmuggel-Fall ansehen.«

»Na schön.« Sie musste klein beigeben. »Ich werde das überprüfen.«

»Erwähnen Sie es niemandem gegenüber«, betonte Huang abermals. »Sie haben keine Ahnung, mit welchen Mächten Sie sich anlegen. Ich bin schon verkrüppelt. Sie würden es doch nicht übers Herz bringen, mir noch mehr Leid zuzufügen, oder?«

Mu nickte verständnisvoll. Obwohl die Situation zunehmend unangenehm wurde, konnte sie sich eine letzte Frage nicht verkneifen. »Warum ausgerechnet ich, wenn Sie der Polizei nicht trauen?«

Plötzlich sah Huang sie ängstlich an.

»Jede Geschichte muss einmal enden. Als ich Sie kennengelernt habe, wusste ich sofort, dass Sie diejenige sein würden, die die letzte Seite meines Kapitels zu Papier bringt.«

Mu rümpfte die Nase. Was war das denn für eine Antwort?

»Denken Sie daran: 1984. Kommen Sie zurück, wenn Sie die entsprechenden Details selbst herausgefunden haben.« Huang wedelte mit der Hand in Richtung Tür.

»Wir werden sehen.«

Mu erhob sich von dem Schemel und schaute auf die Uhr. Es war bereits 21:40 Uhr. Seit ihrem Aufbruch hatte sie vom Rest des Teams nichts gehört. Womöglich waren sie noch immer nicht aufgebrochen. Oder sie hatten ein Signal empfangen, waren aber zu sehr in Eile gewesen, um sie davon in

Kenntnis zu setzen. So oder so konnte sie ihnen nicht helfen. Was sie hingegen tun konnte, war, der Spur zu folgen, die Huang ihr soeben anvertraut hatte. Falls sie Glück hatte, würde es ihre Untersuchung vorantreiben. Und vielleicht würde es ihr am Ende gar offenbaren, weshalb dieser Mann so sehr daran interessiert war, gerade ihr zu helfen.

Im Türrahmen drehte sie sich noch einmal um. »Danke für Ihr Vertrauen«, sagte sie, dann ging sie hinaus.

Huang schaute ihr hinterher, bis sie die Tür geschlossen hatte. Gedankenverloren kratzte er sich die alten Narben an den Armen, ein Lächeln auf den Lippen.

*

Um kurz nach zehn erreichte Mu das Polizeihauptquartier. Das vierköpfige Einsatzkommando war noch immer um den Konferenztisch versammelt. Yin und Liu schliefen auf zwei Feldbetten in einer Ecke des Raums, Xiong und Han saßen am Tisch und starrten den Signalempfänger an, von dem sie sich voller Ungeduld Eumenides' nächsten Hinweis erwarteten. Kurz spielte sie mit dem Gedanken anzuklopfen, wandte sich aber stattdessen ab und hielt wieder auf den Ausgang zu.

Zeng öffnete ihr mit verschlafenem Blick die Tür. Als er Mu sah, hellte sich seine Miene sofort auf.

»Ich wusste, Sie würden mir nicht lange fernbleiben können«, sagte er und strahlte. »Mir vertrauen Sie schließlich am meisten, oder?«

Mu ließ sich wortlos auf einem Stuhl nieder. Stille war der beste Weg, Zeng den Wind aus den Segeln zu nehmen.

»Kommen Sie, sagen Sie schon – irgendwelche Fortschritte mit Ihrer geheimen Spur? Auf Probleme gestoßen? Ich kann Ihnen bestimmt den richtigen Weg weisen.«

Mu verlor keine weitere Zeit. »Sie müssen mir dabei helfen, an ein paar Unterlagen zu kommen.«

»Und um welche Unterlagen könnte es sich handeln?«

»Die zum 16/3-Drogenschmuggel von 1984. Ich brauche alles, was Sie finden können.«

Zeng blinzelte sie verwundert an. »Wieso das, um Himmels willen?«

»Es interessiert mich«, gab sie lässig zurück. »Und ich würde gern mehr darüber erfahren.«

»Was zur Hölle ist heute los?« Er schnaubte. »Plötzlich interessiert sich alle Welt für antike Fälle.«

Zengs Bemerkung ließ sie aufhorchen. »Wer denn noch?«

»Pei, allerdings nicht für Ihren Drogenfall. Er ist nach dem Abendessen vorbeigekommen und wollte, dass ich ihm die Akten zum Polizistenmord im *Berg-der-zwei-Hirsche*-Park beschaffe. Wir haben offensichtlich alle drei zu viel Freizeit, oder?«

Mu konnte sich ihre Neugier nicht verkneifen. »Was wollte Pei mit den Akten?«

»Wer weiß?« Zeng stockte. »Vielleicht versucht er aus klassischer Schadenfreude, irgendwelchen Dreck über den Hauptmann auszugraben?«

»Na gut. Konzentration.« Mu schüttelte genervt den Kopf. »Können Sie mir die Unterlagen besorgen oder nicht?«

Zeng wurde ernst. »Das könnte eine Herausforderung werden. Der Fall liegt immerhin achtzehn Jahre zurück ... Aber talentierte Kerle wie ich laufen erst unter Leistungsdruck zur Bestform auf. Und für eine derart atemberaubende Dame kann ich alles ausfindig machen.«

»Dann Klappe zu und an die Arbeit.«

»Jawohl, Madame!« Zeng salutierte, spazierte zum Schreibtisch und klappte den Laptop auf. Dank seiner Rolle als oberster technischer Leiter der Onlinesicherheit der Provinzhauptstadt hatte er von jedem Rechner aus vollen Zugriff auf die Datenbanken der Polizei.

Die Razzia 16/3 war gesperrt, jedoch nicht als geheim eingestuft. Schnell hatte Zeng alle relevanten Informationen ausgelesen. Seine Finger tanzten über die Tastatur, als sei er ein ruhmreicher Pianist, der gerade ein Konzert zum Besten gab. Nach einer knappen Minute lächelte er Mu an.

»Alles unter Dach und Fach.«

»Das ging flott«, sagte Mu überrascht.

»Sie sollten sich beeilen. Die Dateien werden in diesem Moment an der Rezeption ausgedruckt.«

Mu ging zur Rezeption, wo sich die Sekretärin der Spätschicht hektisch bemühte, den plötzlichen Ansturm der Seiten zu sortieren, die unvermittelt aus dem Kopierer sprudelten. »Das sind meine. Würden Sie sie wohl für mich tackern?«

Die Frau schüttelte entnervt den Kopf. »Ich habe den anderen Vortragenden schon gesagt, dass sie sich nicht einfach ihre Skripte hier ausdrucken können. Das gilt auch für Sie. Sie müssen einen der Copyshops in der Nähe benutzen.«

Mu räusperte sich und zeigte der Frau ihre Polizeimarke und die Schlüsselkarte für ihr Zimmer. Die Sekretärin machte große Augen und sich sogleich daran, die Blätter ohne weitere Fragen sorgfältig zu stapeln. Beim Anblick der letzten Seite zögerte sie allerdings.

»Soll ich die hier auch tackern?«

Es handelte sich um das Bild einer Rose, die in frischer scharlachroter Druckerfarbe glänzte. Mu nahm die Seite entgegen und spürte einen kleinen Stich der Entzückung angesichts dieser charmanten Überraschung. Aber schnell hatte ihre Professionalität die Oberhand gewonnen. Sie gab der Sekretärin die ausgedruckte Blume zurück. »Nein, die muss nicht mit dem Rest abgeheftet werden. Sehen Sie es als kleines Zeichen der Wertschätzung für Ihre Hilfe.«

Der Lohn war ein warmes Lächeln.

Mu konnte nicht anders, als schon auf dem Weg zu ihrem Zimmer die Nase in den Unterlagen zu versenken. Mindestens einmal wäre sie um ein Haar gegen die nächste Wand gelaufen.

Chef der Ermittlungsgruppe des Drogenschmuggel-Falls war niemand Geringeres als Xue Dalin gewesen, ehemaliger stellvertretender Leiter der Polizei von Chengdu und Eumenides' erstes Opfer. Er war nur wenige Stunden vor Meng und Yuan gestorben.

Pei Taos Beziehung zu den Opfern hatte die Konzentration des damaligen Teams komplett auf die Explosion im Lagerhaus gebündelt und dadurch von der Frage abgelenkt, wer wirklich hinter der Ermordung von Xue Dalin steckte. Die alte 18/4er-Einsatzgruppe hatte es versäumt, einen Bezug zwischen den beiden Fällen herzustellen. Aus irgendeinem Grund wusste Huang etwas, das keinem Ermittler aufgefallen war.

Mu widerstand der Versuchung, sich mitten auf den leeren Gang zu setzen und zu lesen. Sie beschleunigte ihre Schritte. Kurz überlegte sie, zu Zeng zurückzukehren, entschied sich aber dagegen. Sie brauchte Ruhe, um die Akten ungestört durchzuarbeiten, und Ruhe würde Zeng ihr kaum gewähren.

Sobald sie in ihrem Zimmer angekommen war, verteilte sie die Unterlagen auf dem Schreibtisch. Im Lauf der nächsten zwei Stunden suchte sie jede Seite nach jenem entscheidenden Beweis ab, der die Eumenides-Morde in ein neues Licht rücken würde. Ohne Erfolg. Sie hatte gehofft, Yuan Zhibang oder Meng Yun irgendwo erwähnt zu finden, stieß aber auf nichts dergleichen. Xue Dalin war und blieb die einzige eindeutige Verbindung. Er hatte die Sonderkommission der Razzia 16/3 geleitet und war einen Monat später, am achtzehnten April, zu Eumenides' erstem Opfer geworden.

Als stellvertretender Polizeichef von Chengdu musste Xue eine Vielzahl von Untersuchungen geleitet haben. Was konnte sein Tod mit der Teamleitung des 16/3er-Falls zu tun haben? Weshalb hatte Huang gerade diesen Fall herausgepickt? Und wie konnte er überhaupt davon wissen?

Mu rauchte der Kopf. Die Lösung schien in immer weitere Ferne zu rücken. Sie wuchtete sich aus dem Sessel und ging zum Fenster, zog die Vorhänge beiseite und nahm einen tiefen Zug der frischen Herbstluft, die hereinwehte. Sie schloss die Augen und ließ ihre Gedanken eins mit dem leisen Hintergrundsummen des abendlichen Straßenverkehrs werden.

Wie schon die Kennzeichnung des Falls verriet, hatte die Razzia einen Monat vor Xues Ermordung am achtzehnten April stattgefunden. 16/3 war lediglich das Datum, an dem der Fall abgeschlossen worden war. Die eigentliche Untersuchung hatte natürlich viele Wochen zuvor eingesetzt.

Interpol hatte in den Achtzigern einen wahren Feldzug gegen den transnationalen Drogenschmuggel geführt. Nachdem die international operierenden asiatischen Drogenkartelle einen Schlupfwinkel nach dem anderen verloren hatten, war ihnen nichts anderes übrig geblieben, als sich neue Geschäftsfelder zu erschließen. Und genau zu dieser Zeit war China, das gerade seine Wirtschaft ausbaute, um ins Geschäft des internationalen Handels einzusteigen, zu einem neuen Primärziel dieser Kartelle geworden.

Chengdu hatte sich als Verkehrsknotenpunkt und Finanzzentrum zu einer der dynamischsten Handelsstädte Chinas entwickelt. Und damit hatte sich auch der altehrwürdige Drogenhandel wieder aus der Asche erhoben. Bald galt diesem Boom ein Großteil der Aufmerksamkeit der örtlichen Polizei. Als stellvertretender Polizeichef von Chengdu war es Xue Dalins Aufgabe gewesen, die städtischen Gegenmaßnahmen zu koordinieren.

1984 hatte Xues Rauschgiftdezernat einen entscheidenden Hinweis erhalten. Ein Drogenring aus Südostasien traf Vorbereitungen, ein wichtiges Geschäft mit einer der örtlichen Gruppierungen abzuschließen. Der Deal sollte am sechzehnten März über die Bühne gehen. Folglich wurde die Einsatzgruppe 16/3 ins Leben gerufen.

Der Hinweis war von einem Informanten namens Deng Yulong gekommen. Den beiliegenden Personalunterlagen zufolge war Deng damals fünfundzwanzig gewesen, hatte der Polizei aber bereits seit sieben Jahren als Informant zugearbeitet.

Vor Beginn seiner Kooperation mit der Polizei war der pfiffige junge Mann ein Musterbeispiel für die Schulabbrecher und Raufbolde gewesen, die gelegentlich für Probleme in den ärmeren Wohnvierteln sorgen. Er hatte nicht lange gebraucht, um sich bei den Straßengangs der Nachbarschaft einen Namen zu machen. An seinem achtzehnten Geburtstag hatte Deng nach ein paar Gläsern zu viel auf ein anderes Gangmitglied eingestochen und war verhaftet worden. Seine Aussichten auf Umgehung einer Gefängnisstrafe hatten sehr schlecht gestanden, bis ein Mann ihn vor diesem Schicksal bewahrt hatte: Xue Dalin, damals noch Leiter der städtischen Straßenpolizei.

Xue veränderte Dengs Leben. Er änderte die Aufzeichnungen der Fahrdienstleitung, sodass Dengs Angriff offiziell nicht um sechs Minuten nach Mitternacht am Vierundzwanzigsten, sondern um vier Minuten vor Mitternacht am Dreiundzwanzigsten des Monats stattgefunden hatte. Ein Unterschied von nur zehn Minuten, der aber dazu führte, dass Deng als Jugendlicher verurteilt werden konnte. So fiel die Strafe ungleich sanfter aus, und Deng wurde lediglich zu zwei Jahren auf Bewährung verurteilt.

Natürlich hatte die Sache einen Haken. Sobald Dong auf freiem Fuß war, nahm er dem Anschein nach sein Leben als unverbesserlicher Kleinkrimineller wieder auf. Tatsächlich aber war er von diesem Zeitpunkt an Informant für die Polizei; Xue Dalins Informant, um genau zu sein.

Dank einer Mischung aus Naturtalent und frühzeitiger Erfahrung war Deng für diesen neuen Job mehr als qualifiziert, sodass seine enge Zusammenarbeit mit Xue für beide Seiten Früchte trug. Die Zahl der rechtskräftigen Verurteilungen in Xues Zuständigkeitsbereich ging durch die Decke, seine Karriereaussichten schienen mit jedem Tag vielversprechender. Auf der anderen Seite gab Xue dem ambitionierten Deng durch rechtzeitige Hinweise auf Razzien und sonstige Einsätze alle Mittel in die Hand, seinen Ruhm in der Unterwelt von Chengdu zu mehren und gute Beziehungen zu den wichtigsten Bossen aufzubauen.

Besonders ein örtlicher Verbrecherboss namens Liu Hong nutzte den rasanten Wirtschaftsaufschwung der Stadt mit scharfem Verstand und nackter Brutalität aus, um rasch zu einem der wichtigsten Akteure der Region aufzusteigen. Liu Hong hatte mit Erpressung und Schutzgeld ein beachtliches Vermögen angehäuft. Er war hungrig und machte sich daran, zum Ausbau seines Imperiums fähige Akteure anzuwerben.

Zu dieser Zeit fiel ihm auch Deng auf. Er war auf der Suche nach einem Assistenten aus dem Milieu des organisierten Verbrechens und nahm Deng unter seine Fittiche. Dengs Aufstieg in Hongs Führungszirkel war ein großer Glücksfall für die Polizei, die schon länger nach einem Weg gesucht hatte, seine Organisation zu infiltrieren. Und es sollten noch bessere Neuigkeiten folgen.

Als die Drogenkartelle aus Südostasien ihre Distributionskanäle in die Provinz Sichuan erweitern wollten, mussten sie den Weg über Liu Hong nehmen. Von den Verlockungen massiver Profite angezogen, erweiterte Liu Hong sein Portfolio um Rauschgiftschmuggel und hatte sich in Windeseile das Monopol des Opiathandels in Chengdu gesichert. Nachdem sie mehrere kleine Transaktionen erfolgreich gemeinsam abgewickelt hatten, setzten beide Parteien den Termin für die erste wirklich umfangreiche Kollaboration fest: den sechzehnten März 1984.

Die Polizei war begeistert. Jetzt, da sie einen fähigen Informanten in Liu Hongs innerem Kreis wussten, hatte sich die Aussicht auf einen erfolgreichen Einsatz gegen seine Organisation gewaltig erhöht – Deng hatte Liu Hong zu diesem Zeitpunkt bereits ein Jahr lang hervorragend gedient und war zu einem seiner engsten Vertrauten geworden. Er würde zweifellos an jedwedem Deal, der mit Syndikaten aus Übersee geschlossen werden sollte, persönlich teilnehmen.

Am sechzehnten März traf sich Liu Hong – begleitet von Deng – mit drei hochrangigen ausländischen Rauschgifthändlern und deren Stellvertretern an einem streng geheimen Ort. Xue und seine Beamten in Zivil lagen längst auf der Lauer. Sobald Deng das vereinbarte Zeichen gab, würden sie sich zu erkennen geben und die Verbrecher umzingeln.

Dann versank alles in Chaos.

Einer der südostasiatischen Gangster durchschaute die Verkleidung eines Zivilbeamten ganz in der Nähe. Alle sechs Verdächtigen flüchteten. Als sie feststellten, dass ihr Fluchtweg von weiteren Zivilbeamten versperrt war, eröffneten sie das Feuer.

Es war das erste Mal, dass die Polizei von Chengdu sich direkt mit der Brutalität einer fremden Drogenorganisation konfrontiert sah, aber sie hatten sich vorbereitet. Binnen einer Minute waren die Verdächtigen eingekesselt. Die Gangster wussten allerdings, wie schlecht es um ihre Überlebenschancen stand, und kämpften mit der Wildheit eines in die Enge getriebenen Wolfsrudels.

Zwei Beamte wurden bei diesem Feuergefecht getötet, bis der junge Informant Deng Yulong die entscheidende Wende brachte. Aus dem Nichts stellte er sich gegen Liu Hong und traf beide Verbrechergruppen empfindlich. Schließlich lagen Liu Hong und vier weitere Verdächtige tot am Boden.

Der Einsatz resultierte in der Beschlagnahmung von 500 Kilogramm Heroin und Bargeld im Wert von über 2,5 Millionen Dollar. Liu Hongs Verbrecherorganisation war an einem einzigen Tag zerschlagen worden.

Für die erfolgreiche Beendigung des Falls erhielten die Mitglieder der Einsatzgruppe 16/3 einen kollektiven Verdienstorden zweiter und Xue Dalin als deren Leiter einen Verdienstorden erster Klasse. Seiner steilen Karriere bei der Polizei stand nichts mehr im Wege.

Einen Monat später wurde die Polizeigemeinschaft von dem brutalen Mord an Xue erschüttert ... und auch von den Korruptionsvorwürfen, die postum langsam aus den Reihen nach oben durchsickerten.

*

Mu schob die Dokumente an den Rand der Tischplatte und legte den Kopf in die Hände. Bis auf Xue Dalin ließ nichts darauf schließen, dass dieser Fall irgendetwas mit den Eumenides-Morden zu tun hatte. Wo lag die Verbindung?

Die Türklingel riss sie aus ihren Gedanken. Sie schaute auf die Uhr. Es war weit nach Mitternacht. »Wer ist da?«, rief sie.

»Ich«, sagte Zeng. *Was wollte der um diese Uhrzeit hier?* Zögernd stand sie auf und öffnete die Tür.

»Ich habe mir schon gedacht, dass Sie noch nicht schlafen.« Zeng stand im Türrahmen und umklammerte seine Ellbogen.

Sie atmete langsam und hörbar aus. »Wollten Sie mich aus einem bestimmten Grund sprechen?« Trotz ihres freundlichen Lächelns gab Mu ihm nicht das Gefühl, willkommen zu sein. Falls er nur hier war, um Witze zu reißen, war sie dafür eindeutig nicht in Stimmung.

Als hätte er ihre Gedanken gelesen, lachte Zeng und sagte: »Wie ich sehe, hat mein kleines Präsent an der Rezeption Sie mitnichten aufgeheitert. Keine Sorge. Ich bin hier, um das Puzzle zu lösen, das Ihnen keine Ruhe lässt.«

»Welches Puzzle bitte?«

»Mir gegenüber brauchen Sie sich nicht so zu zieren.« Er schlenderte zur Tür herein und machte es sich auf ihrem Sofa gemütlich. »Oder wollen Sie mich allen Ernstes glauben machen, dass Sie aus purer Neugier ein derartiges Gewese um eine Razzia von vor zwei Jahrzehnten machen? Sehe ich aus wie ein Idiot?«

»Warum besuchen Sie mich so spät noch? Was gibt es Dringendes mitzuteilen?«

Zeng streckte zwei Finger aus und klopfte vergnügt auf ihren Beistelltisch. »Ich weiß, worin die Verbindung zwischen der Razzia und der Explosion im Lagerhaus besteht.«

Mu versuchte, seine Miene zu entschlüsseln, aber sein Pokerface war undurchdringlich.

»Es gibt einen Zusammenhang zwischen den beiden Fällen?«

Zeng verdrehte gereizt die Augen. »Wenn Sie mich wirklich weiter für dumm verkaufen wollen, gehe ich!« Er stand auf, ging zur Tür, drehte sich um und winkte ihr halbherzig zu.

Plötzlich schlug ihr das Herz bis zum Hals. Sie trat vor und packte ihn am Arm.

»Schon gut, schon gut. Setzen Sie sich und reden Sie. Sie haben recht. Ich habe eine Verbindung gefunden, aber ich weiß nicht, was sie zu bedeuten hat. Ich weiß nur, dass Xue

Dalin in beide Ermittlungen involviert war.« Sie setzte sich aufs Sofa.

»Das war kaum anders zu erwarten. Die Verbindung, nach der Sie suchen, findet sich in keiner der Unterlagen, die ich für Sie ausgedruckt habe.« Zeng beugte sich zu ihr herüber, sichtlich bemüht, sich in ein gutes Licht zu rücken. »Nachdem Sie gegangen sind, habe ich die Unterlagen sofort selbst durchgesehen und bin zum selben Schluss gekommen. Nur zwei Worte in der gesamten Akte haben etwas zu sagen: Xue Dalin. Erst als ich nach Querverweisen zu dem Namen gesucht habe, wurde die Sache interessant.«

Mu saß gebannt da und hörte zu. Sie hatte nicht vorgehabt, jemanden in die Untersuchung von Huangs Fährte einzubeziehen, aber da Zeng von sich aus aktiv geworden war, konnte sie ihn nicht einfach wegschicken.

»Was haben Sie gefunden?«

»Eine Frau.« Er senkte seine Stimme zu einem geheimnisvollen Raunen.

Mu verdrehte die Augen.

»Sie erinnern sich noch an die Todesanzeige für Yuan Zhibang? Was stand da als erstes Verbrechen?«

»Untreue.«

»Als ich das Archiv nach Unterlagen über die Studenten durchforstet habe, die 1984 die Akademie besucht haben, fand ich eine Datei über eine junge Frau, die von ihrem Freund im Stich gelassen wurde, nachdem sie schwanger geworden war. Sie hat sich später das Leben genommen. Ist in einen Fluss gesprungen. Sie hieß Bai Feifei.«

Der Name schlug Wellen in Mus Vorstellungskraft. Stück für Stück entstand der Umriss einer zierlichen jungen Frau vor ihrem geistigen Auge.

»Bai war dabei, sich auf die Masterprüfung in Verwaltungsmanagement vorzubereiten«, fuhr Zeng fort. »Bis kurz vor ihrem Selbstmord hat sie ein Praktikum bei der städtischen Polizei absolviert. Als Verwaltungssekretärin für Vizechef Xue Dalin.«

Mu konnte ihre Überraschung nicht verbergen. Bai Feifei, ihrer Meinung nach bloß eine unwichtige Nebenfigur am Rand eines Falls, war soeben zum einzigen Bindeglied zwischen den Morden an Xue Dalin und Yuan Zhibang geworden. Mus Gedanken überschlugen sich.

»Wann ist sie gestorben?«

»Am zwanzigsten März«, antwortete Zeng wie aus der Pistole geschossen.

Xues Einsatzgruppe hatte Liu Hongs Drogenkartell am sechzehnten März das Handwerk gelegt. Vier Tage später hatte man seine Verwaltungssekretärin Bai Feifei tot aufgefunden. Xue selbst war am achtzehnten April ermordet worden. Am gleichen Tag war Bais Ex-Freund Yuan Zhibang zusammen mit Meng Yun bei der Explosion im Lagerhaus ums Leben gekommen.

Das musste es sein, was Huang ihr hatte zeigen wollen – Bai Feifei war die Verbindung zwischen der 16/3er-Razzia und den 18/4er-Morden. Was hatte das zu bedeuten? Woher hatte Huang von dem 16/3er-Fall gewusst? Und was hatte ihn dazu bewogen, sich achtzehn Jahre lang in Schweigen zu hüllen?

All diese Fragen bohrten sich wie kriechende Ranken durch ihr Hirn. In ihrem Kopf herrschte ein derartiges Durcheinander, dass sie sich kein klares Gesamtbild machen konnte.

Wieder klingelte es an der Tür. Zeng erhob sich und öffnete.

Draußen stand Pei.

»Hauptmann Pei?«, fragte Zeng hörbar überrascht.

Der Hauptmann sah sie nacheinander an. Seine Stimme war leise und klang halb erstickt. »Es ist etwas schiefgegangen.«

*

Nachdem sie sich einen Weg durch die vielen nächtlichen Patienten und ihre sorgenvollen Familienangehörigen gebahnt hatten, erreichten Pei, Mu und Zeng endlich die Notaufnahme. Auch der Rest der Einsatzgruppe war vor Ort, schien die Neuankömmlinge aber nicht zu bemerken.

Xiongs Tod hatte selbst mitten in der Nacht den gesamten Polizeiapparat erschüttert. Polizeichef Song und alle Mitglieder von Xiongs Spezialeinheit SEP waren umgehend zum Krankenhaus geeilt, sowie sie vom Schicksal des Hauptmanns erfahren hatten.

Lius Augen waren blutunterlaufen. Er saß stumm und allein auf einem Stuhl in einer Ecke der Notaufnahme. Die Aura von schwelender Trauer und Zorn, die ihn umhüllte, war so abschreckend, dass niemand sich traute, ihn anzusprechen.

Hauptmann Han, Teamleiter und Koordinator des Einsatzes, hatte seine Belastungsgrenze erreicht. Als er seinen Situationsbericht für Polizeichef Song beendete, war seine Stimme kaum mehr als ein Krächzen. Er sah vollkommen erledigt aus.

Dem Polizeichef schien beinahe mulmig zu werden beim Anblick des Schmerzes, den Han, einer seiner besten und treuesten Beamten, durchleiden musste. Schnell wandte er sich ab. »Gehen Sie nach Hause und ruhen Sie sich aus, Han.«

Han nickte stumm. Polizeichef Song hatte recht – er war total am Ende. Die Ereignisse der vergangenen Stunden verfolgten ihn unerbittlich wie ein Albtraum, aus dem er nicht erwachen konnte. Der Schmerz schien in jede Zelle seines Körpers zu sickern.

Da ihm keine Antwort mehr über die Lippen kommen wollte, schlurfte Han davon und verschwand wie in Trance in der Menge. Kurz erblickte er Pei, Mu und Zeng, die aschfahl in der Nähe standen, aber auch an ihnen ging er wortlos vorbei.

Der Polizeichef holte tief Luft und rief hinter ihm her. »Hauptmann Han!«

Alles sah sich nach diesem Schrei um. Auch Han blieb stehen und schaute verblüfft zurück.

»Die Einsatzgruppe zählt weiterhin auf Sie!«, dröhnte Songs Stimme durch den Gang. »Vergessen Sie das nicht!«

Han wusste, dass er die ganze Sache neu angehen musste. Und da gab es nur einen Weg: *Diesen Bastard Eumenides aufspüren und vernichten.* Seine Wut verwandelte sich zu neuer Entschlossenheit. Er biss sich auf die Zähne, drückte den schmerzenden Rücken durch und ließ die Fäuste spielen.

Der Polizeichef musterte ihn wohlwollend. »Schlafen Sie sich aus. Morgen wartet Ihre Einsatzgruppe auf Sie.«

Nicht nur die, auch Eumenides. Mit diesem Gedanken drehte Han sich um und marschierte zur Tür.

Yin Jian sah dem Hauptmann hinterher. Anders als Liu und Han, die beide ihrer Wut und Erschöpfung erlegen waren, hatte er nach dem Vorfall in der Mine nicht mit extremen Emotionen zu kämpfen gehabt. Ganz im Gegenteil – die Zahnräder in seinem Kopf kreisten in rasendem Tempo.

Pei tauchte an seiner Seite auf und klopfte ihm auf die Schulter.

»Hauptmann Pei …«, sagte Yin fast träumerisch. Peis Berührung schien seinen Gedankengang unterbrochen zu haben.

»Was zum Teufel ist da draußen passiert?«, fragte Pei und wies auf Xiongs leblosen Körper.

Yin stählte sich innerlich und erzählte, wie er und der Rest des Teams die Mine betreten und Peng gefunden hatten, wie sie gezwungen gewesen waren, sich aufzuteilen, sodass Eumenides Peng und Xiong unbehelligt hatte ermorden können, wie sie dank der Bombe selbst nur knapp mit dem Leben davongekommen waren. Pei lauschte andächtig und stellte sich jede Szene detailliert vor.

Weiter erzählte Yin, wie Hauptmann Xiong Yuan im Kofferraum des SUV zu atmen aufgehört hatte, Liu Song aber darauf bestand, nicht direkt zur Forensik, sondern erst ins Krankenhaus zu fahren. Immerhin hatte es den Überlebenden ein wenig Trost verschafft. Der diensthabende Arzt hatte nur einen knappen Blick auf den klaffenden Schnitt in Xiongs Kehle werfen müssen, um den Hauptmann der SEP für tot zu erklären.

Ganz wie Pei von Anfang an befürchtet hatte, war dieses »Spiel« nicht mehr als eine weitere minutiös ausgetüftelte Falle gewesen. Indem sie sich an Eumenides' Vorgaben hielten, hatten sich die Polizisten zu Schachfiguren im perfiden Plan des Mörders gemacht. Trotzdem war Xiongs Tod ein gewaltiger Schock. In Anbetracht der Tatsache, dass sie vier der besten Beamten der Stadt losgeschickt hatten, war Pei davon ausgegangen, es könne kaum zu einer direkten Konfrontation kommen. Er hatte nicht im Traum daran gedacht, dass der Mörder den kampferprobtesten Mann des Teams würde umbringen können.

Was führt Eumenides wirklich im Schilde?, fragte sich Pei. Diente all das nur dem Zweck, die Polizei so kompliziert wie möglich zu provozieren? Eumenides hatte eindeutig geplant, dass sein heutiger Plan mit einem Desaster für die Einsatzgruppe enden würde, aber worin bestand sein geheimes Endziel? Das gegnerische Team um seinen besten Spieler zu bringen? Warum dann aber ein derart umständliches Katz-und-Maus-Spiel arrangieren, statt Xiong einfach umzubringen wie zuvor schon Kommissar Zheng?

Noch immer fehlte ihnen der Schlüssel zum Verständnis von Eumenides' Motivation. Pei hatte lange darüber gegrübelt, was sie übersehen haben könnten. Als Yin mit seinem Bericht fertig war, hatte sich eine neue Hypothese in seinen Kopf geschlichen. Aber es war zu früh und die Idee zu gewagt, um seine Gedanken schon mit jemandem zu teilen.

Er brauchte mehr Beweise. Und mehr Zeit.

Leise wandte er sich an Yin. »Was dagegen, wenn wir mal eine Minute rausgehen? Es gibt da ein paar Sachen, die wir unter vier Augen besprechen müssen.«

Yin stockte, konnte Pei die Bitte aber nicht abschlagen.

Die beiden Beamten verließen das Krankenhaus und zogen sich in eine geschützte Ecke zurück.

»Was wollten Sie mich fragen, Pei?«

»Während Sie in der Mine waren, habe ich die Akte zu

der Schießerei im *Berg-der-zwei-Hirsche*-Park gelesen. Da stand, dass Sie für die Untersuchung des Tatorts zuständig waren.«

»Und was wollen Sie darüber wissen?«

»Ich würde gern ein paar Dinge klären. Laut der Beschreibung des Tathergangs hat Han bei dem Schusswechsel dreimal gefeuert. Zwei Schüsse haben ihr Ziel verfehlt, der dritte traf Zhou Ming tödlich in die Brust. Davor hatte Zhou Ming vier Schüsse abgegeben – von denen einer Han traf, einer Zou Xu tötete und zwei danebengingen. Zhou Mings Komplize Peng Guangfu hat nur eine Kugel abgefeuert, und die ging ihrerseits daneben. Hans Partner war am Boden, bevor er Gelegenheit hatte, selbst einen Schuss abzugeben. Alles richtig so weit?«

Yin nickte. Er hatte die Akte selbst getippt. Obwohl der Fall schon ein Jahr zurücklag, war ihm jedes Detail deutlich im Gedächtnis.

Pei grunzte zufrieden. »Alle Patronenhülsen wurden vor Ort gefunden. Drei von ihnen bildeten entscheidende Beweismittel – nämlich die, deren Geschosse Hauptmann Han, seinen Kollegen Zou Xu und den Verbrecher Zhou Ming getroffen haben. Die Blutspuren an den Projektilen bestätigen die zeitliche Abfolge aus Hans Aussage.«

Er griff in die Tasche und zog die Kopie eines Fotos aus der Akte heraus.

»Das hier ist das Projektil mit Zou Xus Blutspuren. Laut Ballistik stammt es aus Zhou Mings Waffe. Können Sie das bestätigen?«

Yin betrachtete das Foto. »Laut Bericht kam es aus Zhous Waffe. Worauf wollen Sie hinaus?«

»Ein paar Dinge sehe ich hier auch, aber mir fehlt das

Gesamtbild. Können Sie bitte versuchen, sich so gut wie möglich daran zu erinnern, wie das Projektil wirklich aussah, als Sie es vor einem Jahr untersucht haben? Waren am Geschosskopf irgendwelche Anzeichen für Verkrümmung oder Abrieb zu erkennen?«

»Wenn, dann steht das alles im Bericht.«

Pei verzog innerlich das Gesicht. Er fragte sich, ob Yin ihm die Sache absichtlich schwer machte. Andererseits lag eine alles andere als einfache Nacht hinter ihm. »Nicht weit vom Schauplatz der Schießerei liegt ein Reflexionsbecken. Hat das Blutmuster vor Ort darauf schließen lassen, dass Han den Pool betreten hat?«

Yin seufzte und ließ die Schultern durchhängen. »Ja. Han hat Peng Guangfu verfolgt, trotz seiner Verletzung. Als er in das Becken gewatet ist, war er allerdings mit den Kräften am Ende und musste aufgeben.«

»Verstehe. Danke, dass Sie diese Details für mich geklärt haben«, sagte Pei und ging davon.

Yin sah ihm über den Parkplatz hinterher. Erst in dem Augenblick, da der Umriss des Hauptmanns zwischen den Autos verschwand, atmete er leise aus.

*

25. OKTOBER, 04 : 20 UHR
ZENGS ZIMMER

»Sinnt jemand aus Liu Hongs alter Truppe auf Rache?«, fragte Mu sehr direkt.

Zeng kratzte sich den Kopf und überlegte. Mu hatte ihm zwei überzeugende Argumente geliefert. Erstens schien sich jede Handlung von Eumenides direkt gegen die Polizei zu richten. Und nachdem sie jetzt die Akten durchgegangen war, sah es ganz danach aus, als hätten die Opfer von vor achtzehn Jahren auch mit der 16/3er-Razzia in Verbindung gestanden.

»Die Möglichkeit können wir nicht ausschließen. Warum bringen wir das nicht morgen bei der Besprechung vor und leiten eine offizielle Untersuchung ein?«

»Das geht nicht«, sagte Mu.

Zeng riss die Augenbrauen hoch. »Wieso nicht?«

Mu hatte ihr Versprechen gegenüber Huang nicht vergessen. »Ich habe ... einen Informanten mit gewissen Bedenken. Wenn zu viele Leute an diese Informationen kommen, könnte es ihn ernsthaft in Gefahr bringen. Ich muss ihm beweisen, dass mir wirklich daran gelegen ist, ihn zu beschützen. Nur so kann ich ihn vielleicht dazu bringen, mir noch mehr zu erzählen.«

»Wie Sie meinen.« Zeng zuckte mit den Schultern. Dann arbeitete er eben als Einziger mit Mu zusammen, und dagegen hatte er nichts einzuwenden. »Wie machen wir weiter?«

»Ich muss Deng Yulong finden. Er stellt unsere einzige verlässliche Informationsquelle für diesen Fall dar.«

»Deng Yulong.« Zeng spuckte die drei Silben aus. Er flitzte zum Schreibtisch, schlüpfte durch das Netz aus Kabeln, das den Fußboden bedeckte, und klappte den Laptop auf. Seine Finger huschten über die Tastatur, durchforsteten die Datenbanken der Polizei. »Schauen wir mal, was wir über den Kerl finden.« Wenige Sekunden später erschien eine Datei auf dem Bildschirm.

Mu stand bereits neben ihm. Ihr Blick konzentrierte sich

auf das Foto eines Mannes mittleren Alters am rechten Bildschirmrand. Sein Blick wirkte durchtrieben und überaus selbstsicher. Neben dem Bild stand *Deng Hua*. »Der ist es!«, rief Zeng.

»Inwiefern? Der Name stimmt nicht.« Mu wirkte ein wenig überrumpelt von Zengs plötzlicher Begeisterung.

»Wollen Sie mir sagen, Sie erkennen ihn nicht?« Zeng klopfte mit dem Finger auf die Tischplatte. »Er muss seinen Namen geändert haben!«

Mu schüttelte den Kopf.

»Sie haben sich eindeutig zu lange in der Akademie verkrochen«, sagte Zeng. »Auch wenn Sie ihn noch nie gesehen haben, sagt Ihnen Bürgermeister Deng doch sicher etwas?«

Bei ihr klingelte es. Bürgermeister Deng hatte nie ein politisches Amt im eigentlichen Sinne innegehabt, trotzdem war sein Beiname passend gewählt. Wahrscheinlich war er sogar mächtiger als Chengdus eigentlicher Bürgermeister.

Der Stadtbevölkerung war Deng in erster Linie als Geschäftsmann geläufig. Sein Unternehmen umspannte eine ganze Reihe verschiedener Geschäftsfelder: Immobilien, Investment, internationaler Handel, Gastronomie und sogar Musikproduktion. Über seine Hintergründe war nichts bekannt, doch mit seinem Reichtum konnte sich in der ganzen Provinz Sichuan niemand messen.

Dem Durchschnittsbürger weniger vertraut – in eingeweihten Kreisen aber schon lange gerüchteweise in Umlauf – war die Vermutung, dass Deng ein weites Netz sowohl legaler als auch illegaler Unternehmungen geflochten hatte. Es gab bei den Ortsansässigen in der Provinz sogar ein Sprichwort: »Wenn Bürgermeister Deng brüllt, zittert das Rathaus!«

Niemals wäre Mu darauf gekommen, dass eine derart imposante Figur aus solch schäbigen Verhältnissen stammen könnte. Ebenso wenig, dass dieser Mann jahrelang als Informant für die örtliche Polizei gearbeitet hatte. Kein Wunder, dass er seinen Namen von *Deng Yulong* zu *Deng Hua* geändert hatte, um seine wenig glanzvolle Vergangenheit zu vertuschen.

Eine so mächtige und hervorragend vernetzte Person wie Bürgermeister Deng dazu zu bewegen, die Details eines berüchtigten, achtzehn Jahre zurückliegenden Falls auszugraben, würde nicht einfach werden. Sie mussten sich etwas einfallen lassen.

KAPITEL NEUN

DEM KOKON ENTSCHLÜPFEN

25. OKTOBER, 08 : 00 UHR
LONGYU- KOMPLEX

Einen kurzen Fußweg vom riesigen Tianfu-Platz in der Stadtmitte entfernt ragte der Longyu-Komplex wie ein Mammutbaum im Schilf aus der Umgebung empor. Das Gebäude stach nicht nur durch seine Höhe von siebenundzwanzig Stockwerken heraus; die abgerundeten Kanten und die spiegelnd schwarze Oberfläche ließen es wie einen gewaltigen dunklen Kristall erscheinen. Der beeindruckende Bau war im Besitz der Longyu-Gesellschaft, jenes großen Unternehmens, geführt von dem Mann, der allseits als Bürgermeister Deng bekannt war. Die verheißungsvolle Adresse in der Shuncheng-Straße 888 war nicht ohne Grund gewählt worden, denn die Zahl 8 war in der chinesischen Kultur von besonderer Bedeutung. Offiziell hatte sich die Longyu-Gesellschaft diese Adresse in einem erbitterten Bieterwettstreit gesichert. Die Gerüchteküche ließ etwas anderes verlauten.

Mu stand auf dem Platz vor dem Longyu-Komplex. Die Ähnlichkeit mit dem ursprünglichen Namen des Besitzers war nicht zu übersehen. Deng Yulong mochte die Welt davon überzeugt haben, nunmehr Deng Hua zu sein, seine Vergangenheit hatte er aber offenbar doch nicht vollkommen aufgeben wollen.

In den wenigen Minuten seit ihrer Ankunft vor Ort hatte sie bereits Zeugin von Dengs berühmter Maßlosigkeit werden dürfen. Als sie aus dem Taxi stieg, sah sie eine Flotte von fünf Luxuslimousinen über den Platz herfallen. In der Mitte des Platzes hielten sie an, und mehr als ein Dutzend junge Männer in schwarzen Uniformen entstiegen den vier Mercedes-Benz-Karossen, die dem zentralen Bentley als Geleitschutz gedient hatten. Jeder einzelne dieser Männer war von beeindruckend athletischer Statur. Sie trabten in Richtung Eingang und stellten sich in zwei Reihen auf, die ein Spalier vom Bentley bis zur Tür bildeten. Ein besonders großer und breitschultriger Mann stieg vom Beifahrersitz und öffnete die Hintertür. Als ihr geschätzter Dienstherr seinen Wagen verließ, nahm das Spalier der Sicherheitsleute Haltung an.

Der Körperbau des Mannes ließ darauf schließen, dass er in früheren Tagen muskulös gewesen sein musste. Und obwohl sich der Großteil seiner Masse seitdem in Fett verwandelt hatte, bewegte er sich doch mit einer gewissen Grazie. Flankiert von seinem Kader schnittiger Leibwächter, verschwand er mit kraftvollen Schritten im Eingang.

Das war Deng Hua, Direktor der Longyu-Gesellschaft. Der Mann, den zu befragen sie gekommen war.

Der Dienstausweis verschaffte ihr raschen Zutritt zum Gebäude, doch sehr bald fand Mu ihren Weg versperrt, als sie die Rezeption in der ausladenden Lobby im ersten Stock erreichte. Die Empfangsdame und die Sicherheitsleute verlangten zu erfahren, mit wem sie bitte sprechen wolle, und erklärten, sie dürfe das Gebäude selbst nur betreten, nachdem eine Erlaubnis via Telefon erfolgt war.

Mu hatte keine Wahl, als geradeheraus die Wahrheit zu sagen. »Ich bin hier, um Ihren Vorsitzenden Deng Hua zu sprechen.«

Die Empfangsdame musterte sie skeptisch. »Haben Sie einen Termin?«

Abermals streckte Mu ihren Dienstausweis vor. »Ich muss Herrn Deng unverzüglich zu einer laufenden Ermittlung befragen.«

Die Empfangsdame schaute ernst drein und schien darauf zu hoffen, Mu mit ihrem Imponiergehabe abzuwimmeln. Aber Mu ließ sich nicht abwimmeln. Schließlich griff die Empfangsdame nach ihrem Headset und wählte eine interne Nummer.

»Bruder Hua, hier steht eine Polizistin, die Herrn Deng sprechen möchte ... Ja, sie sagt, sie ist wegen einer Ermittlung hier. Sie will Herrn Deng ein paar Fragen stellen ... Alles klar. Verstanden.«

Mit einem mitleidigen Lächeln wandte sie sich wieder an Mu. »Tut mir leid. Herr Deng benötigt vorab ein Empfehlungsschreiben. Sie dürfen gern wiederkommen, nachdem er mit dem Polizeichef gesprochen und einen passenden Termin für Ihr Treffen vereinbart hat.«

Ein Empfehlungsschreiben mochte noch im Rahmen sein, aber zu verlangen, der Polizeichef solle das Treffen persönlich arrangieren? Deng schien sein Beiname als »Bürgermeister« eindeutig zu Kopf gestiegen zu sein. Entsprechend ungläubig starrte Mu die Frau an, die trotz ihres fröhlichen Lächelns kaum nachgeben würde.

Wäre Mu von Han hergeschickt worden, hätte sie wahrscheinlich protestiert. Aber sie war nur aufgrund des Hinweises eines Mannes hier, von dem sie nicht einmal wusste, ob sie ihm wirklich vertrauen konnte. Eine falsche Entscheidung konnte sich heftig auf ihre Karriere auswirken. Sie beschloss, zwecks Schadensbegrenzung fürs Erste ins Hauptquartier zurückzukehren.

Auf dem Weg zum Ausgang sprang ihr etwas Seltsames an der Lobby ins Auge. Wo auch immer sie hinschaute, konnte sie sich selbst sehen. Erst blieb sie wie angewurzelt stehen, bis ihr aufging, dass sämtliche Innenwände von fugenlosen Spiegeln bedeckt waren. Die Lobby wirkte viel geräumiger, als sie eigentlich war, und gab jedem Besucher das ungute Gefühl, beobachtet zu werden.

Sie schob ihre Beklommenheit beiseite und fragte sich, wie sie ein Treffen mit dem Polizeichef in die Wege leiten konnte. Vielleicht über den Präsidenten der Akademie? Oder sollte sie diesen ganzen Ansatz begraben und mit leeren Händen zu Huang zurückkehren?

Hinter ihr klapperten Schritte.

»Entschuldigen Sie?«

Mu drehte sich um und sah einen der Sicherheitsleute vor sich. »Ja?«

»Herr Deng hat beschlossen, Sie zu empfangen. Hier entlang bitte.« Der Wachmann machte kehrt und deutete hinter die Rezeption.

Mu versuchte, ihre Überraschung zu verbergen. Die Empfangsdame stand da und drückte sich das Headset ans Ohr. Als sie Mus Blick bemerkte, legte sie hastig auf.

Mu fragte sich, woher der plötzliche Sinneswandel von Deng – beziehungsweise »Bruder Hua« – gekommen war.

Viel Bedenkzeit blieb ihr nicht, bevor sie in Begleitung des Wachmanns den Aufzug erreichte.

»Fahren Sie bitte in den achtzehnten Stock. Sobald Sie oben ankommen, wird sich jemand um Sie kümmern«, sagte er höflich.

Der Aufzug hielt im achtzehnten Stock, und die Tür glitt zur Seite. Tatsächlich erwartete sie dort ein weiterer athletischer Mann im Maßanzug.

Er stand kerzengerade und überragte sie deutlich. Er musste um die dreißig sein, hatte ein kantiges Gesicht und große Augen unter buschigen Brauen. Es war der Mann, der dem Beifahrersitz des Bentleys entstiegen war. Höchstwahrscheinlich Dengs persönlicher Leibwächter.

Mu streckte die rechte Hand aus. »Mu Jianyun. Ich bin Dozentin an der Provinzakademie der Polizei und Mitglied einer städtischen Sondereinsatzgruppe.«

»Angenehm.« Der Mann schüttelte ihre Hand und musterte sie von Kopf bis Fuß. »Bitte, nennen Sie mich Hua.«

Mu grinste. »Bruder Hua passt besser zu Ihnen.«

Hua verzog keine Miene. »Folgen Sie mir bitte. Herr Deng erwartet Sie.«

Der achtzehnte Stock wirkte ruhig und unberührt. Obwohl die Wände hier nicht von Spiegelpaneelen bedeckt waren, sah Mu in jeder Biegung des Gangs gebogene Spiegel über Kopfhöhe montiert, sodass man um die Ecken schauen konnte. Nicht ein einziger Firmenangestellter war zu sehen – bis auf Dengs durchtrainierte Leibwächter, die an mehreren Stellen paarweise postiert standen. Der gesamte Stock musste Deng als persönliches Privatbüro dienen. Bruder Hua brachte sie um die letzte Biegung zu einer brünierten Stahltür, die ebenfalls von Wächtern flankiert wurde.

Hua ging vor. Sobald Mu ihm folgte, piepte ein Alarm-signal, und die beiden Wächter hoben die Arme, um ihr den Weg zu versperren.

Hua drehte sich zu ihr. »Bitte um Vergebung. Bitte händigen Sie unseren beiden Mitarbeitern jegliche metallischen Gegenstände aus, die Sie bei sich führen. Man wird gut auf alles aufpassen, bis Sie uns verlassen.«

Im Türrahmen musste ein Metalldetektor verbaut sein. Da sie sich im Herzen der Domäne ihres Gastgebers befand, musste sie sich an seine Regeln halten. Mit einem resignierten Kopfschütteln reichte sie einem der beiden Männer ihre Handtasche.

Der Alarm verstummte. Hua nickte zufrieden, drehte sich um und zeigte voran. »Herr Deng ist in seinem Büro am Ende des Gangs. Wenn Sie Ihr Gespräch beendet haben, werde ich Sie wieder hier erwarten.«

Endlich schritt Mu auf Dengs Büro zu. Die Tür war unverschlossen. Sie klopfte vorsichtig, und eine tiefe Stimme antwortete.

»Herein.«

Mu drückte die Tür auf und sah einen riesigen Raum vor sich. Er war mindestens zwanzig Meter tief und erinnerte eher an einen Hörsaal der Akademie als an ein Büro. Der rote Teppich zu ihren Füßen war makellos sauber und zu beiden Seiten akkurat von Tischen, Stühlen und Kommoden gesäumt. Alle Möbelstücke waren schwarz mit kleinen roten Akzenten. Unter der Decke hing ein luxuriöser Kronleuchter europäischer Machart. Das extravaganteste Detail des ganzen Raums aber bildete die Schicht aus Kristallglas, die sämtliche Wände bedeckte und den Raum in die Unendlichkeit spiegelte. Der Effekt war schwindelerregend.

»Bitte nehmen Sie Platz.«

Eine schneidende, befehlsgewohnte Stimme. Am anderen Ende des Raums saß an einem gewaltigen Schreibtisch ein würdevoller Mann mit den Augen eines Tigers. Sie erkannte Bürgermeister Deng sofort.

Selbst für sie als studierte Psychologin war die Umgebung irritierend. Aber sie konnte nicht ewig so stehen bleiben, weshalb sie schließlich auf den Stuhl an der Stirnseite des Schreibtischs zuschritt. Sie nahm sich zusammen, ließ sich nieder und betrachtete den Mann, der ihr gegenübersaß.

»Ihr Büro ist wahrlich einzigartig«, sagte sie.

»In meinem Raum ist kein Platz für Schatten«, gab Deng gelassen zurück. Tatsächlich sorgten die kristallklaren Wände dafür, dass er den ganzen Raum mit einem Augenaufschlag im Blick hatte.

»Aus psychologischer Sicht ließe das darauf schließen, dass Sie sich vor etwas fürchten. Dass Sie Angst haben, die Menschen und Dinge in Ihrer Umgebung aus den Augen zu lassen, und besonders davor, die Kontrolle zu verlieren.«

»Wie heißen Sie, Madame?«

»Mu Jianyun. Ich bin Dozentin an der Provinzakademie und Mitglied der Einsatzgruppe 18/4.«

»Ah, die berühmte ›Einsatzgruppe 18/4‹«, sagte Deng und nickte. Dann kicherte er leise. »Achtzehn Jahre später, und ihr hängt immer noch an dieser Untersuchung fest. Aber das nennt sich wohl polizeiliche Effizienz.«

Dieser offene Schuss vor den Bug traf Mu unvorbereitet. Sie blinzelte ihr Zögern fort und entschloss sich, ebenso unverblümt zu reagieren.

»Wir haben mehrere neue Spuren, die uns zu einem

wichtigen Durchbruch in diesem Fall verhelfen könnten. Aber dafür brauchen wir Ihre Hilfe.«

Deng beugte sich vor. »Schießen Sie los.«

»Wir haben Grund zu der Annahme, dass es eine Verbindung zwischen der Razzia vom sechzehnten März 1984, der Lagerhausexplosion einen Monat später und dem Mord an Xue Dalin gibt.« Besonders bei der Erwähnung dieses Namens achtete Mu auf Dengs Gesichtszüge. Sie hatte auf eine Reaktion gehofft, sah aber keine. Dieser Mann war härter zu deuten als eine Statue. »Von daher würde ich Ihnen gern ein paar Fragen zu dem Fall stellen, in den Sie persönlich involviert waren.«

Deng erbebte vor höhnischem Gelächter. »Angesichts meines Rufs dürfte es Sie kaum überraschen, dass mir die Details beider Fälle ziemlich gut bekannt sind. Wahrscheinlich sogar besser als Ihnen. Ich kann Ihnen versichern, da gibt es keine Verbindung. Die Razzia 16/3 war der erfolgreichste Einsatz dieser Art in der Geschichte der Polizei von Chengdu. Ein stolzer Augenblick für die ganze Abteilung. Die 18/4er-Morde hingegen waren die irre Aktion eines abnormalen, aufgeblasenen Egos. Die Tatsache, dass dieser Fall bis heute nicht aufgeklärt wurde, ist eine Schande für die Polizei unserer Stadt. Wie können Sie auch nur auf den Gedanken kommen, die beiden Fälle hätten etwas miteinander zu tun?«

Mu ging aufs Ganze. »Eines der Opfer der Explosion vom achtzehnten April hieß Yuan Zhibang. Der Exfreund von Bai Feifei, die damals Xue Dalins Verwaltungssekretärin war. Kurz nach der Beschlagnahmung der Rauschgiftbestände am sechzehnten März hat sie Selbstmord begangen, indem sie in einen Fluss gesprungen ist. Finden Sie nicht, dass das genug Verbindung ist, um genauer nachzuforschen? Was, wenn Frau Bais Tod kein Selbstmord, sondern der Auftakt zu den 18/4er-Morden war?«

Eine Zeit lang schwieg ihr Gegenüber. Mu betrachtete ihn aufmerksam. Obwohl ihn die Erfahrung vieler Jahre gelehrt hatte, seine Emotionen verborgen zu halten, sickerte doch ein unterschwelliges Gefühl der Verblüffung durch den Filter, der Geist und Körper trennt.

»Was haben Sie sonst noch herausgefunden?«

»Ich hatte gehofft, Sie könnten uns mehr erzählen. Was immer Sie an Details zu der Rauschgiftoperation vom sechzehnten März beisteuern können, würde uns bei den Ermittlungen immens weiterhelfen.«

Deng grinste sie spöttisch an. »Ich sehe keinen Grund, weshalb ich damit meine Zeit verschwenden sollte. Weder habe ich es nötig, noch bin ich verpflichtet, Ihnen zu helfen.«

»Und trotzdem sitze ich hier. Sie haben längst beschlossen, Ihre Zeit darauf zu verschwenden«, sagte Mu und lächelte zurück. »Warum hätten Sie mich sonst in Ihr Büro gebeten?«

Deng schüttelte mehrfach energisch den Kopf, als müsste er ein Kind zurechtweisen. »Nein, nein, nein. Das stimmt nicht.«

Mu fühlte sich erröten.

»Ich habe Sie nicht reingelassen, um Ihnen zu helfen. Sondern deswegen.«

Deng warf ein Stück Papier auf seinen Schreibtisch. Mu beugte sich vor und las:

TODESANZEIGE

DER ANGEKLAGTE: Deng Yulong
VERBRECHEN: Vorsätzlicher Mord, organisierte
Kriminalität, Drogenhandel, Erpressung
DATUM DER URTEILSVOLLSTRECKUNG: 25. Oktober
HENKER: Eumenides

»Während Sie in meiner Lobby herumspaziert sind, hat mein Assistent dieses Fax erhalten. Daher habe ich meine Meinung geändert.«

Mus Lächeln löste sich in Luft auf. »Der fünfundzwanzigste – das ist heute!«

Deng betrachtete sie stumm und lächelte tiefsinnig.

»Herr Deng, ich muss einen Anruf tätigen«, sagte sie, zückte ihr Telefon und wählte Hans Direktverbindung.

»Mu?«, sagte der Hauptmann sofort. »Warum melden Sie sich erst jetzt? Ich brauche Sie auf der Stelle im Hauptquartier. Wir haben in wenigen Minuten eine Krisensitzung.«

»Ich weiß, Sir. Eumenides hat den Namen seines nächsten Opfers enthüllt. Deng Hua, der Direktor der Longyu-Gesellschaft.«

»Woher wissen Sie das?«, rief Han. »Wir haben die Todesanzeige erst vor ein paar Minuten bekommen.«

»Ich sitze im Moment bei einem Treffen mit Deng Hua in seiner Firmenzentrale.«

Mu konnte seine Verblüffung fast körperlich spüren. »Sie sind gerade bei Deng Hua? Was machen Sie da?«

Sie konnte ihn anlügen. Aber was hätte das bringen sollen?

»Ich gehe einem Hinweis nach. Ich musste ihm einige Fragen stellen«, gab sie zu.

Mu hörte seinen scharfen Atemzug direkt im Ohr und stählte sich für eine Salve aus Tadel von ihrem Vorgesetzten. Auf jeden Fall würde sie einiges zu hören kriegen, sobald sie wieder im Hauptquartier war. Aber Hans Antwort war ruhig, sein Tonfall sachlich.

»Sie und Deng bleiben erst mal wo sie sind. Und sagen Sie ihm, er soll sein Gebäude nicht verlassen. Auf keinen Fall einen Fuß vor die Tür setzen, verstanden? Wir sind in Kürze vor Ort.«

»Verstanden«, sagte Mu und legte auf.

Zu wissen, dass ihre Kollegen unterwegs waren, beruhigte ihre Nerven ein wenig. Erst jetzt konnte sie anfangen, darüber nachzudenken, welche Konsequenzen diese neue Todesanzeige hatte. Sie war fast zeitgleich mit ihrer Entdeckung eingetroffen, dass Deng etwas mit der Razzia 16/3 zu tun hatte. Und die Hinrichtung war für heute angesetzt. Das konnte kein Zufall sein.

Deng fokussierte sie mit einem durchdringenden Blick. »Falls mich mein Gehör nicht im Stich lässt, hat es ganz den Anschein, als sei Ihr Besuch hier doch nicht von Ihrer Einsatzgruppe autorisiert worden.«

»So ist es«, sagte Mu. »Ich habe einen persönlichen Informanten und eigene Hinweise. Und die Befugnis, eigenständig Nachforschungen anzustellen.«

»Ein Informant?« Deng kicherte. »Ich bin beinahe beeindruckt.«

Mu war nicht nach Scherzen zumute. »Meine Kollegen werden demnächst hier auftauchen, um Sie zu beschützen. Bevor sie ankommen, haben Sie dieses Gebäude nicht zu verlassen. Sobald unsere Leute hier sind, werden sie Ihnen ein detailliertes Sicherheitskonzept vorlegen.«

Deng wirkte wenig beeindruckt. »Mit anderen Worten: Meine Handlungen haben sich an Ihren Anweisungen zu orientieren?«

»Es ist nur eine Bitte, aber ich empfehle Ihnen *dringend*, sich daran zu halten.« Wieder fiel ihr Blick auf die Todesanzeige auf seinem Schreibtisch und das dort verzeichnete Datum. »Zumindest für heute.«

»Frau Mu, es gibt ein paar Dinge, die Sie verstehen müssen«, sagte Deng. »Erstens lasse ich mich von niemandem herumkommandieren. Mein täglicher Terminplan ist von langer Hand vorbereitet, und jede Änderung kommt künftigen Plänen in die Quere. Das ist inakzeptabel. Ich werde bis heute Abend in meinem Büro bleiben und mich dann zum Flughafen begeben, um die 20:40-Uhr-Maschine nach Peking zu nehmen.«

»Heute ist aber nicht alles wie sonst«, sagte sie und zeigte auf den Zettel. »Sie haben schon verstanden, was das ist? Jemand hat vor, Sie zu ermorden. Wir haben es hier mit einem extrem gefährlichen Killer zu tun.«

»Was mich zu Punkt zwei bringt«, fuhr Deng ungerührt fort. »Dass mich jemand umbringen will, mag Ihnen vielleicht ungewöhnlich vorkommen, mir hingegen keineswegs. Alles, was ich habe, habe ich mir mit Schweiß und Blut eigenhändig verdient. Mit den Namen aller Leute auf dieser Welt, die mich schon tot sehen wollten, könnte ich ein ganzes Lexikon füllen. Haben Sie eine Vorstellung davon, was bestimmte Gruppierungen auf meinen Kopf ausgesetzt haben? Eine Million Dollar! Das ist mehr als genug Geld, um sämtliche erstklassigen internationalen

Attentäter anzulocken. Wenn ich auf die Idee käme, bei jeder Bedrohung für Leib und Leben gleich meinen Terminkalender umzuwerfen, wäre Longyu längst im Chaos versunken.«

Mu schüttelte den Kopf. In gewisser Hinsicht klangen Dengs Ausführungen absolut einleuchtend. Wie viele Bedrohungen hatte er im Lauf seiner Verwandlung vom Kleinkriminellen zu einem der reichsten Männer Chinas schon überlebt?

Die meisten Leute würden auf ein drohendes Attentat panisch reagieren. Deng hingegen hatte Eumenides' Nachricht kaum eines Blicks gewürdigt.

»Trotz all dieser Leute, die mich mit Wonne tot sehen würden, bin ich immer noch gesund und munter. Unabhängig von der Höhe meines Kopfgelds. So leicht bringt man mich nicht um.«

»Eumenides ist ein anderes Kaliber«, hielt Mu dagegen. »Er hat in den letzten Tagen drei Leute vor unseren Augen ermordet. Egal wie wasserdicht die Verteidigungsmaßnahmen der Polizei waren, er ist trotzdem einfach durchgeschlüpft. Er ...«

Deng brachte sie mit einer lässigen Geste zum Schweigen. »Ich weiß genug über diesen Mann. Vor zwei Tagen hat er Ye Shaohong auf dem Platz vor dem Deye-Turm getötet. Heute Morgen, noch vor Sonnenaufgang, hat er Peng Guangfu getötet, den Hauptverdächtigen des Polizistenmords im *Berg-der-zwei-Hirsche*-Park, und zwar in einem Minenschacht außerhalb der Stadt. Zusätzlich hat er Xiong Yuan getötet, den SEP-Hauptmann, der Peng beschützen sollte. Und davor hat er offenbar zwölf Verbrecher getötet, allesamt polizeibekannt.«

Mu war beeindruckt. Soweit sie wusste, war bislang nichts davon an die Medien durchgesickert. Han hatte darauf bestanden, die ganze Operation luftdicht unter Verschluss zu halten – weshalb sie auch so verblüfft war, dass er auf ihren kleinen Alleingang so entspannt reagiert hatte. Und trotzdem schien Deng über alles Bescheid zu wissen. Fast alles.

»Seit Eumenides seinen ersten Eintrag gepostet hat, habe ich diesen Fall verfolgt«, sagte Deng mit hörbarer Selbstgefälligkeit. »Ich bin wesentlich kompetenter, als Sie vielleicht vermuten. Was mich angeht, haben die Exekutivorgane dieser Stadt keine Geheimnisse.«

»Dann wissen Sie sicher auch über den ersten Mord Bescheid?«, fragte Mu. Sie lehnte sich zurück und gestattete sich ein selbstzufriedenes Grinsen.

Deng lupfte skeptisch eine Braue. »Ye Shaohong, meinen Sie?«

Mit sichtlicher Genugtuung erzählte Mu ihm von dem Mord an Zheng Haoming.

»Er war ein hochdekorierter Beamter, beliebt in der ganzen Stadt. Und er wurde in seiner eigenen Wohnung umgebracht.«

Deng kniff leicht die Augen zusammen. Das erste Zeichen von Unsicherheit ihr gegenüber.

»Wir können Sie beschützen. Bis jetzt hat dieser Mörder jede seiner Drohungen in die Tat umgesetzt.«

»Nur deshalb, weil die Polizei viel zu selbstgerecht davon ausgegangen ist, die Öffentlichkeit schützen zu können. Den Fehler werde ich nicht wiederholen. Sie haben gesehen, mit was für fähigen Männern ich mich umgebe – und diese Männer sind auch heute für meine Sicherheit verantwortlich. Falls Ihre Kollegen ihre Nasen mit reinstecken möchten, wird ihnen das nur erlaubt, solange sie sich an meine Regeln halten. Ich nehme keine Befehle entgegen, ich gebe sie. Sobald Ihre Leute hier auftauchen, können sie meinen persönlichen Assistenten Hua kontaktieren, der ihnen sagen wird, was sie zu tun haben.«

Mu dachte an die strengen Sicherheitsvorkehrungen, die sie nach Betreten des Gebäudes beobachtet hatte. Dengs Vertrauen in seinen Apparat war mehr als leere Prahlerei. Selbst wenn die Polizei ihn – trotz der Verluste in jüngster Zeit – beschützen konnte, wie sollten sie es effektiver anstellen als sein persönliches Sicherheitsteam? Die Leibgarde in den schwarzen Maßanzügen war ausdrücklich dafür rekrutiert und ausgebildet worden, Deng zu beschützen. Sie würden Tag und Nacht nicht von seiner Seite weichen – allein das konnte die Polizei unmöglich leisten.

Deng hatte ganz einfach keinen Grund, angesichts einer Morddrohung der Polizei mehr zu vertrauen als seiner eigenen Entourage.

Ein sanftes Klopfen an der Tür brach durch die Stille im Raum.

»Herein«, sagte Deng. Seine Stimme hatte nichts von ihrer Würde verloren.

Bruder Hua betrat den Raum. Er kam mit schnellen, entschlossenen Schritten näher, schien vor Lebenskraft beinahe zu pulsieren. Als er Deng ansah, glänzten seine Augen fast ehrfürchtig.

»Herr, das Fax wurde aus einem Copyshop in der Zhengtai-Straße abgeschickt, wenige Kilometer entfernt. Die Angestellten haben nicht mitbekommen, dass jemand ihr Faxgerät benutzt hat. Wir haben ein bisschen gegraben und einen Trojaner auf ihrem Rechner gefunden, mit dem die Maschine ferngesteuert werden konnte. Wer auch immer den aufgespielt hat, hat ganze Arbeit geleistet. Er lässt sich nicht zurückverfolgen. Wir haben es mit einem Profi zu tun.«

»Ja. Das war zu erwarten.« Deng wandte sich wieder an Mu. »Gut, Frau Polizistin, ich glaube, ich habe mich klar ausgedrückt. Sie können unten im ersten Stock in der Lobby auf die Ankunft Ihrer Kollegen warten. Ich habe noch eine Menge zu tun.«

Hua geleitete sie aus der Halle. Sobald Mu den Gang erreicht hatte, verschwand der Leibwächter wieder in dem gewaltigen, schattenlosen Büro seines Herrn.

*

Deng starrte einen kleinen Bildschirm auf seinem Schreibtisch an. Die Kameras folgten Mu den Gang hinunter, bis sie im Aufzug verschwand.

»Was hältst du von ihr?«, fragte er Bruder Hua.

»Intelligent. Überaus scharfsinnig. Falls sie eine Verbündete ist, sollten wir trotzdem ein paar Details für uns behalten. Falls sie sich als Gegnerin entpuppt, wird sie uns eine Menge Ärger bereiten.«

Deng nickte unverbindlich. »Wir werden sehen. Sie ist Teil der sogenannten ›Einsatzgruppe 18/4‹. Außerdem hat sie einen anderen Fall von vor achtzehn Jahren ausgegraben – die berühmte Razzia vom sechzehnten März. Sie hat herausgefunden, dass Yuan Zhibang, eins der Opfer der Lagerhausexplosion im selben Jahr, eine Ex-Freundin namens Bai Feifei hatte, die ganz zufällig auch als Verwaltungssekretärin für Xue Dalin gearbeitet hat.«

Hua sah ihn argwöhnisch an.

»Sie hält Kontakt zu einem geheimen Informanten. Diese Person könnte auch noch über andere Dinge im Bilde sein.« Dengs Tonfall verfinsterte sich. »Spür ihn auf.«

Hua nickte.

»Mach dich sofort auf die Suche.«

Deng konnte sich jedes weitere Wort sparen. Er wusste um Huas Spürsinn und Kampfkraft, dank derer er jedem Gesetzeshüter des Landes mehr als ebenbürtig war. Und er wusste um Huas Loyalität, wusste, er würde sich für seinen Chef jederzeit opfern. Deng hatte keinen Grund zur Sorge.

*

EIN PAAR MINUTEN FRÜHER
POLIZEIHAUPTQUARTIER, KONFERENZZIMMER

»... und sagen Sie ihm, er soll sein Gebäude nicht verlassen. Auf keinen Fall einen Fuß vor die Tür setzen, verstanden? Wir sind in Kürze vor Ort.« Sobald Mu bestätigte, legte Han auf und wandte sich wieder an den Rest der Einsatzgruppe.

Keine Minute, nachdem Zeng und Han eine Kopie der Todesanzeige erhalten hatten, die Deng Hua geschickt worden war, hatte Han eine Krisensitzung einberufen. Im Vergleich zur vorigen hatte sich die Besetzung des Teams leicht verändert. Zusätzlich zu Mus Abwesenheit, für die das Telefonat eine Erklärung geliefert hatte, war Xiongs Platz als Stellvertreter der SEP von Liu Song übernommen worden.

Das tragische Ende des Einsatzes in der Mine hing wie eine finstere Wolke über der Gruppe. Der Schlafmangel hatte reihum für blutunterlaufene Augen und aufgequollene Wangen gesorgt.

Liu war noch immer schwer erschüttert und kaum in der Lage, dem Bericht mit der nötigen Aufmerksamkeit zu lauschen. Han zeigte ihnen die jüngste Todesanzeige und nahm sich mehrere Minuten Zeit, das Team ausführlich mit Deng Hua vertraut zu machen, Eumenides' nächstem Ziel. Dank Dengs Berühmtheit hatte der Fall die Aufmerksamkeit der obersten Polizeikader der Stadt erregt. Längst hatte der Polizeichef Han persönlich angerufen und befohlen, Dengs körperliche Unversehrtheit mit allen Mitteln sicherzustellen.

Sobald Han mit dem Bericht fertig war, gab er seinen Leuten Gelegenheit, ihre Meinung kundzutun. Liu meldete sich als Erster.

»Ich habe mehrere Fragen an Sie, Yin«, sagte Liu, in einem Tonfall so hart und frostig wie eine Gletscherwand.

Der Rest des Teams sah ihn verwundert an. Mit einem Verhör von Hans Assistenten hatte niemand gerechnet.

»Was für Fragen?« Yin gab sein Bestes, gelassen zu bleiben.

»Diese Nacht im Minenschacht haben Sie, Hauptmann Han und ich je einen Schalter bedient. Wie erklären Sie sich die lange Verzögerung zwischen unserer Bereitschaft und Ihrer?« Liu hielt inne, als wollte er die Anschuldigung noch unterstreichen. »Sie waren schon zum zweiten Mal in den Stollen. Wie kommt es, dass der Hauptmann seinen Schalter schneller gefunden hat als Sie Ihren?«

»Meine Taschenlampe war kaputt«, sagte Yin. »Ich musste mir den Weg mit dem Feuerzeug suchen. Es war da unten zu dunkel, um schnell voranzukommen. Sobald ich wieder oben in dem Tunnel mit den Leichen war, habe ich den Hauptmann getroffen. Er hat mir bereits an Ort und Stelle genau diese Frage gestellt.«

»Eine kaputte Taschenlampe?« Liu verzog höhnisch das Gesicht.

»So ist es«, warf Han ein und nickte. »Unsere Ausrüstungstechniker haben Yins Taschenlampe längst überprüft. Sie war zweifellos defekt.«

»Schön. Dann will ich Sie etwas anderes fragen, Yin. Als wir die Schalter bedient hatten, hat Xiong sich über Funk nicht mehr gemeldet. Der Hauptmann und ich sind auf der Stelle zum Ausgang gerannt. Wir waren fast gleichzeitig oben, konnten Hauptmann Xiong aber nicht mehr retten. Gemeinsam haben wir ihn zum Kofferraum getragen. Währenddessen sind Sie schnurstracks zum Fahrersitz und haben den Motor angelassen. Gehe ich recht in der Annahme, dass Sie Hauptmann Xiong während der ganzen Zeit nicht berührt haben?«

Yin schluckte. Seine Kehle war trocken. Mehrere Sekunden vergingen, in denen alle Anwesenden den Atem anhielten.

»Ja, diese Annahme trifft zu.«

Als Liu seine letzte Frage stellte, setzte Yins Herzschlag beinahe aus. »Wie kommt es dann, dass ich Blut am Schaltknüppel gefunden habe? Außer Ihnen saß niemand am Steuer. Woher stammte das Blut an Ihren Fingern?«

Sowie diese Worte Lius Lippen verlasen hatten, starrten alle Yins Hände an, die auf dem Tisch lagen. Nicht ein Kratzer war an ihnen zu sehen.

»Ich ...« Yin erstarrte.

Hilflos sah er Han an, als könne der Hauptmann ihm helfen.

Han wandte sich an den SEP-Beamten. »Was genau wollen Sie mit Ihren Fragen erreichen, Liu? Freiheraus bitte.«

»Hauptmann Xiong hätte sich niemals so leicht überwältigen lassen!« Liu biss die Zähne zusammen. »Er war vollkommen darauf konzentriert, Peng zu beschützen. Wie hätte Eumenides ihm in so kurzer Zeit die Kehle durchschneiden sollen? Es sei denn ... es sei denn, der Mörder war jemand, dem Xiong vertraute. Jemand, bei dem er nie auf den Gedanken gekommen wäre, sich verteidigen zu müssen.«

So verstörend die Anschuldigung klingen mochte, die kalte Logik dahinter konnte Pei problemlos nachvollziehen. Als Han und Liu ihre Schalter in den Stollen erreicht hatten, war Yin noch auf dem Weg nach unten gewesen. Vielleicht hatte er genug Zeit gehabt, Xiong und Peng Guangfu zu töten. Die blutigen Abdrücke am Schaltknüppel waren ebenfalls zu berücksichtigen.

»Und Peng wäre der einzige Zeuge gewesen«, sagte Pei nachdenklich.

Liu nickte. Seine unausgesprochene Anschuldigung hing deutlich im Raum.

»Wie wollen Sie sicher sein, dass Yin das Blut am Schaltknüppel hinterlassen hat?«, fragte Zeng. »Was, wenn ihn jemand vorher präpariert hat?«

»Auf dem Hinweg bin ich gefahren«, sagte Liu kalt. »Da war kein Blut am Schaltknüppel.«

»Sie bringen die Fakten vollkommen durcheinander!«, kläffte Han.

Der Befehlston ließ den SEP-Beamten zusammenzucken und verstummen. Han fuhr fort.

»Als wir beim Krankenhaus angekommen sind, ist Yin

sofort nach hinten gelaufen, um uns zu helfen, Xiong aus dem Kofferraum zu heben. Er war in solcher Eile, dass er vom Fahrersitz gesprungen ist, ohne auf *Parken* zu schalten. Das ist mir kurz danach aufgefallen, weshalb ich dann selbst den richtigen Gang eingelegt habe. Wenn also irgendwelches Blut am Schaltknüppel klebt, muss es von mir stammen.«

Zeng atmete hörbar aus. »Sehen Sie? Alles nur ein Missverständnis. Machen Sie mal halblang, Liu.«

Liu schnaubte, hielt aber folgsam den Mund.

»Liu«, sagte Han, »wir trauern alle um Xiong. Das gibt Ihnen aber nicht das Recht, einen Kollegen grundlos zu beschuldigen. Niemand hier wird leugnen, dass Hauptmann Xiong ein großartiger Polizist war, aber unser Gegner ist gerissener und tödlicher, als selbst Xiong es sich hätte vorstellen können.« Han schloss die Augen. »Ich habe ihm nicht widersprochen, als er freiwillig anbot, selbst oben bei Peng zu bleiben. Wenn Sie sich über die Verluste auslassen wollen, die wir bei den beiden vergangenen Einsätzen erlitten haben, bin ich derjenige, den Sie beschuldigen sollten.«

Die Trauer in seiner Stimme war ansteckend. Liu ließ stumm den Kopf hängen und unterdrückte seine Tränen.

»Ich habe meine Entscheidung bereits getroffen«, sagte Han. »Sobald wir diesen Fall geknackt haben, werde ich von meinem Posten als Abteilungsleiter zurücktreten und meine Polizeikarriere an den Nagel hängen. Bevor das aber passieren kann, will ich dieses Stück Dreck aufspüren. Wenn es sein muss, bringe ich Eumenides mit bloßen Händen zur Strecke und sorge dafür, dass er seine gerechte Strafe erfährt!«

Während Han die letzten Worte beinahe schrie, hoben Yin und Liu die Köpfe. Zeng grinste sogar. Peis verdrießliche Miene blieb unverändert.

»Die nächste Schlacht wartet auf uns. Ich glaube, das ist unsere Chance, das Blatt zu wenden und diesem Feind ein für alle Mal das Handwerk zu legen.« Nacheinander sah er die Kollegen rings um den Konferenztisch an. »Ihre Aufgaben sind wie folgt: Liu Song, Sie brechen unverzüglich mit einem SEP-Trupp zum Longyu-Komplex auf. Schirmen Sie Deng Hua ab. Er ist unser Hauptziel. Hauptmann Pei, Sie gehen Liu bei der nötigen Planung zur Hand.«

»Zu Befehl!«, rief Liu. Pei hüllte sich in Schweigen.

»Hauptmann Pei, haben Sie uns etwas mitzuteilen?«

Ruckartig wandte Pei seine Aufmerksamkeit wieder dem Raum zu. Er bedachte Yin und Liu mit einem knappen Blick. »Ich werde mein Bestes geben, den Kollegen Liu bei der Ausführung unseres Auftrags zu unterstützen.«

»Hervorragend. Sie sollten auf der Stelle aufbrechen.« Han wandte sich an Zeng. »Sie bleiben bitte hier im Hauptquartier. Sie sind für die Koordinierung aller Informationen und neuen Erkenntnisse verantwortlich.«

»Selbstredend.« Die Entscheidung kam wenig überraschend; Schreibtischtäter wie er wurden selten im Außendienst eingesetzt.

Han wandte sich an das verbleibende Teammitglied. »Yin, Sie weichen nicht von meiner Seite. Wir haben gleich noch eine separate Besprechung mit dem Rest der Polizei, um unsere Sicherheitsvorkehrungen eingehender zu bereden. Sobald wir da fertig sind, begeben wir uns zur Unterstützung ebenfalls vor Ort.«

Yin sah den Hauptmann an. Ein stummer Wortwechsel schien zwischen den beiden Männern zu erfolgen.

*

25. OKTOBER, 09 : 15 UHR
AUF DEM WEG ZUM LONGYU-KOMPLEX

Hauptmann Pei saß neben Liu auf dem Beifahrersitz eines Einsatzwagens. Hinter ihnen saßen sechs der SEP-Beamten, die bereits an der Operation auf dem Bürgerplatz teilgenommen hatten. Ihr Versagen an jenem Tag und der kürzliche Verlust ihres Vorgesetzten Xiong boten mehr als genug Motivation, ihre Aufgabe gewissenhaft zu erfüllen.

Pei hatte während der Einsatzbesprechung erhebliche Bedenken verspürt, sich aber angesichts der hitzigen Stimmung im Raum dazu entschlossen, seine Gedanken für sich zu behalten. Da er jetzt mit Liu allein war, sah er dafür keinen Grund mehr.

»Liu Song – eine Sache lässt mir keine Ruhe.«

»Was?«, fragte Liu und nahm kurz den Blick von der Straße.

»Han hat gesagt, er habe den Schaltknüppel nach der Ankunft beim Krankenhaus verstellt. Da waren Sie noch beim Wagen. Haben Sie davon etwas bemerkt?«

Liu schüttelte den Kopf. »Ich weiß es nicht mehr, aber ich kann es nicht ausschließen. Ich habe an nichts anderes gedacht, als Hauptmann Xiong ins Krankenhaus zu bringen. Ich habe auf nichts sonst geachtet.«

Das leuchtete ein. Liu musste sich in einem Zustand

extremer Verzweiflung befunden haben, was definitiv auf Kosten der Wahrnehmung ging.

Liu schien seine Gedanken zu erraten. »Sie finden auch, dass daran etwas komisch ist, richtig? Hat Han Yin absichtlich in Schutz genommen?«

Mittlerweile wusste Pei, wie ehrlich und unverblümt Liu redete, also gab er sich keine Mühe, vorsichtig zu antworten, sondern sagte ruhig: »Ich halte es für sehr wahrscheinlich. Ich kann mir nur schwer vorstellen, wie es jemandem gelungen sein sollte, Xiong ohne Gegenwehr die Kehle durchzuschneiden. Aber so verdächtig die Umstände wirken, bis jetzt fehlt uns ein Beweis. Deshalb habe ich bei der Krisensitzung nichts gesagt. In einem so entscheidenden Moment könnte ein Missverständnis innerhalb des Teams fatale Folgen haben.«

»Ich will auch nicht, dass die Untersuchung irgendwie gefährdet wird«, pflichtete Liu ihm bei.

Pei klopfte ihm auf die Schulter. »Es gibt einen Weg zu überprüfen, ob Hauptmann Han uns die Wahrheit gesagt hat. Dafür brauche ich allerdings Ihre Hilfe.«

Lius Miene hellte sich auf. »Was haben Sie vor?«

»Wenn Han die Wahrheit gesagt hat, müssten sich im Blut am Schaltknüppel seine Fingerabdrücke finden lassen. Falls er gelogen hat, sind es Yins. Ganz einfach. Niemand könnte das Ergebnis anzweifeln.«

»So weit war ich auch schon.« Enttäuscht schüttelte Liu den Kopf. »Wir können diese Abdrücke unmöglich irgendwelchen Tests unterziehen. Jede Anforderung einer Analyse würde über Hans Schreibtisch laufen. Und Sie scheinen der einzige Mensch in dieser Stadt zu sein, der meinen Verdacht für glaubhaft genug hält, ihm nachgehen zu wollen.«

»Wir müssen überhaupt nichts analysieren. Wir müssen lediglich gemeinsam den Wagen überprüfen.«

»Inwiefern überprüfen?«

»Herausfinden, ob sich noch Fingerabdrücke am Schaltknüppel befinden. Wenn da noch Abdrücke und Blut sind, bedeutet das, niemand macht sich Sorgen, jemand könnte eine Untersuchung starten, womit unser Verdacht unbegründet wäre«, sagte Pei. Er ließ Liu einen Moment Zeit, diesen Gedanken sacken zu lassen. »Ist das Blut aber verschwunden, würde das bedeuten, dass sich irgendjemand aus unserem Team trotz der drohenden Deadline von Eumenides die Zeit genommen hat, zum Wagen zu gehen und die Fingerabdrücke abzuwischen. Wenn das stimmt, haben wir ein ernstes Problem.«

Liu sah Pei voller Bewunderung an. Er zückte sein Handy und rief Wei Tangyuan an, einen alten Schulfreund, der nun Herr über die Parkgarage des Hauptquartiers der Kriminalpolizei war.

*

Zwei Männer saßen einander im Büro des Polizeihauptmanns gegenüber. Die Anspannung im Raum war zum Schneiden dick, als müssten sie bald daran ersticken.

»Sie kennen die Wahrheit, richtig? Sie haben die Blutflecken auch gesehen.«

»So ist es.«

Eine Pause.

»Danke, dass Sie mir geholfen haben, es unter Verschluss zu halten.«

»Was habe ich davon, dass Sie mir danken? Ich helfe

Ihnen, obwohl ich nicht einmal weiß, ob ich das tun sollte.«

»Kommen Sie schon. Ist wirklich alles so schwarz-weiß? Manchmal kann man das nur schwer erkennen.«

»Wieso? Wieso tun Sie das?«

»Ich habe keine Wahl.«

»Zwingt Sie jemand dazu?«

»Könnte man so sagen. Ich habe einen winzigen Fehler gemacht, der einen größeren nach sich gezogen hat ... und der wiederum einen richtig großen. Sobald man den falschen Weg einschlägt, findet man nur noch schwer zurück.«

»Ich will nicht auf dem falschen Weg landen.«

»Nein! Ich kann jetzt nicht aufhören! Ich habe immer noch eine Chance. Ich werde die Sache persönlich beenden.«

»Sie können nicht an diesem Einsatz teilnehmen. Lassen Sie sich eine Ausrede einfallen. Finden Sie einen Ausweg.«

»Was machen wir dann mit alldem, was schon passiert ist?«

»Ich weiß es nicht. Es ist zu viel, um es auf einmal zu überblicken. Soviel ich weiß, wird mich dieses Geheimnis bis an mein Lebensende belasten.«

*

25. OKTOBER, 09 : 30 UHR
LONGYU- KOMPLEX

Als Hauptmann Pei mit Liu Song und der SEP-Truppe ankam, erwartete Mu sie bereits in der Lobby im ersten Stock.

Die Sicherheitskräfte und die Rezeptionistin hinderten die Polizisten daran, weiter als bis zum Empfang zu kommen. Liu zeigte seine Dienstmarke vor, aber Dengs Angestellte ließen sich nicht erweichen.

»Wie gefällt euch der erste Eindruck von Bürgermeister Dengs Führungsstil?«, fragte Mu und verzog das Gesicht. »Den ganzen Zirkus musste ich vorhin auch schon über mich ergehen lassen. Wenn man mit ihm sprechen will, muss von der Rezeption aus erst mal ein gewisser ›Bruder Hua‹ kontaktiert werden.«

»Das ist doch lächerlich«, sagte Liu frustriert. »Wir sind hier, um Deng zu beschützen.«

»Ob Sie es glauben oder nicht«, sagte Pei, »ich halte das für ein gutes Zeichen. Wenn es schon für uns so schwierig ist, an ihn ranzukommen, wird es für Eumenides garantiert nicht einfacher.«

Mu grinste finster. »Sie haben noch nicht gesehen, was er tiefer im Gebäude für Sicherheitsvorkehrungen installiert hat. Er hat sogar einen Metalldetektor im Türrahmen zu seinem Büro. Er könnte wohl den Rest seiner Tage in dieser Anlage verbringen. Nicht mal eine lasergestützte Lenkrakete würde bis zu ihm durchdringen. Leider hat er fest vor, heute Abend noch einen Flieger nach Peking zu nehmen.«

»Wann?«, fragte Liu.

»Planmäßiger Abflug um 20:40 Uhr.«

Pei nickte stumm, während er diese neue Information verarbeitete. *Eumenides muss darüber Bescheid wissen. Warum hätte er sonst ausgerechnet den heutigen Tag als Vollstreckungsdatum gewählt?* Der Flughafen war öffentlich zugänglich und damit einer der wenigen Orte, die Deng nicht ungesehen würde betreten können. Der Entscheidungskampf war unausweichlich, und Peis Intuition sagte deutlich, dass er dort stattfinden würde.

Lius Handy klingelte. Er entfernte sich ein paar Schritte, bevor er abhob.

Pei ergriff die Gelegenheit, Mu auszufragen. »Was tun Sie hier?«

»Ich bin einer Spur gefolgt«, sagte sie nicht ohne Stolz.

Bevor Pei antworten konnte, tauchte Liu wieder auf.

»Pei, das Blut ist verschwunden! Sie haben es wirklich getan. Irgendwer hat die Fingerabdrücke abgewischt!«

Pei fühlte sich sofort verkrampft. Sein Verdacht hatte sich mit einem handfesten Beweis erhärtet, und das bedeutete, dass sie plötzlich ein neues, unerwartet großes Hindernis vor sich hatten.

»Was sollen wir jetzt tun?« Obwohl er den Mann erst seit ein paar Tagen kannte, hatte Liu kameradschaftliche Gefühle für den Kollegen aus Longzhou entwickelt.

Nach einem Moment des Zögerns beschloss Pei, Mu ebenfalls einzuweihen. »Wir müssen an Han vorbei und ihn in der Befehlskette irgendwie überspringen. Hat einer von Ihnen die nötigen Kontakte, das in die Wege zu leiten?«

»Ich kann es versuchen«, sagte Mu, obwohl sie nicht genau wusste, worauf Pei hinauswollte. »Hoffentlich setzen Sie mich vorher aber ins Bild, was eigentlich los ist.«

Ehe einer der beiden antworten konnte, sahen sie Bruder Hua auf sich zukommen. Pei drückte die Schultern durch und nahm instinktiv eine Abwehrhaltung ein.

»Pei Tao?«, sagte Hua.

Der Hauptmann hatte Mühe, sich unter Huas Blick nicht zu winden. »Kennen wir uns?«

»Herr Deng möchte Sie sprechen. Ich muss Sie bitten,

mich nach oben zu begleiten. Was Ihre Freunde angeht«, sagte Hua mit einer knappen Geste in Richtung Mu und Liu, »die können hier in der Lobby warten. Herr Deng hat mich explizit angewiesen, dass er sich gern unter vier Augen mit Hauptmann Pei treffen würde, um zu besprechen, wie sich unsere Sicherheitskonzepte am besten koordinieren lassen.«

Mu hatte bereits mit so etwas gerechnet. Liu hingegen starrte den Leibwächter zornig an. Er schnaubte vor Wut, wusste aber sehr gut, dass er seinen Einsatz auszuführen hatte und sich keinen Gefühlsausbruch leisten konnte.

»Geben Sie mir fünf Minuten. Ich muss vorher noch ein paar Dinge mit meinen Kollegen sortieren«, sagte Pei zu Hua.

»Mein Dienstherr wünscht Sie in einer überaus dringlichen Angelegenheit zu sprechen. Ich glaube, es wäre wohl besser, Sie nähmen sich auf der Stelle die nötige Zeit. Sie können die Diskussion fortsetzen, sobald Sie zurück sind.«

In Huas gewählter Ausdrucksweise schwang ein gebieterischer Unterton mit, der keinen Raum für Widerspruch ließ. Nach kurzer Überlegung entschied Pei, dass es keinen Grund gab, sich nicht sofort mit Deng zu treffen, ehe er sich anderen Dingen zuwandte.

»Ich gehe rauf«, sagte er zu Liu. »Unternehmen Sie erst mal nichts. Wir gehen die Sache durch, sobald ich zurückkomme. Keine übereilten Reaktionen bitte. Die Wahrheit wird kaum so einfach sein, wie Sie glauben.«

Liu nickte. Nach den Ereignissen des vorherigen Tages hatte er keinen Grund, an den Worten des Hauptmanns zu zweifeln.

Auf dem Weg in den achtzehnten Stock setzte Hua seinen

Boss über Funk von Peis bevorstehender Ankunft in Kenntnis. Als Dengs Antwort aus dem kleinen Lautsprecher knisterte, konnte Pei seine Ungeduld deutlich heraushören.

Er wurde in Dengs Büro gebracht, wo er die ausufernde Extravaganz und die funkelnd bedeckten Wände bestaunte. Aber schnell hatte er sich wieder gefangen und setzte sich auf den Stuhl vor Dengs Schreibtisch. Hua nahm seinen gewohnten Platz an Dengs Seite ein.

»Hauptmann Pei.« Nachdem er den Mann ausgiebig gemustert hatte, schenkte ihm Deng ein knappes Nicken, das wohl als höfliche Geste gemeint war. »Freut mich, Sie kennenzulernen.«

»Ganz meinerseits.« Pei erwiderte Dengs Nicken.

»Kommen wir gleich zur Sache. Sie sind ein Beamter aus Longzhou. Was verschlägt Sie nach Chengdu?«

Pei verzog keine Miene. »Ich habe einen Brief von Eumenides bekommen.«

»Noch eine von diesen ›Todesanzeigen‹?«, fragte Deng anscheinend belustigt. »Und wann, wenn ich fragen darf, hat dieser Kerl vor, Sie zur Strecke zu bringen?«

»Es war keine Todesanzeige«, stellte Pei richtig. »Sondern tatsächlich ein Brief.«

»Weshalb sollte sich Eumenides für Sie interessieren?«

»Die Frage könnte ich Ihnen genauso stellen.«

Deng schnaubte leise und schenkte Pei ein Lächeln, das so echt wie eine Plastikblume wirkte. »Mir scheint, wir haben ein paar Dinge gemeinsam. Wir haben beide ein Schreiben von Eumenides bekommen und standen beide Leuten nahe, die vor achtzehn Jahren ihre Todesanzeigen erhielten. Bei Ihnen war es Yuan Zhibang. Und bei mir? Xue Dalin war einer meiner engsten Freunde.«

»Enge Freunde?« Han hatte bei der Krisensitzung kein Wort über Dengs Vorgeschichte verloren. Pei klappte den Mund wieder zu. »Was soll das heißen? Worin genau bestand Ihre Verbindung zu Xue Dalin?«

»Die Rauschgiftrazzia von vor achtzehn Jahren liegt Ihnen nicht vor?«

»Doch, selbstverständlich«, sagte Pei sofort. »Die ist in der ganzen Provinz legendär. Ich war damals noch an der Akademie. Alle, die an ihrem Master in Strafrechtliche Ermittlungen arbeiteten, haben über nichts anderes geredet. Das war ein Musterbeispiel für gute Zusammenarbeit mit einem Informanten.«

Peis Ausführungen hatten Deng ein aufrichtiges Grinsen ins Gesicht gezaubert. Er konnte die Befriedigung darüber nicht verstecken, den Wendepunkt seines Lebens von einem Beamten wie Pei nacherzählt zu bekommen.

»Ich war der Insider. Ich bin Deng Yulong.«

Pei war sprachlos. Niemals wäre er darauf gekommen, dass dieser Mann vor ihm die ›Ein-Mann-Armee‹ verkör perte, die bei der Polizei von Chengdu fast schon zu einer Sagengestalt geworden war. Peis Gedanken überschlugen sich – Xue Dalin hatte vor achtzehn Jahren eine Todesanzeige erhalten, Deng Hua heute. Beide Männer waren damals gemeinsam in die Razzia verstrickt gewesen. Mehr als ein Zufall?

»Haben Sie Bai Feifei gekannt?«, fragte Deng.

»Bai Feifei?« Der Name kam ihm vage bekannt vor. Pei legte die Stirn in Falten und dachte nach. Endlich fiel es ihm wieder ein. »Sie war eine Zeit lang mit Yuan Zhibang zusammen. Bei den Verbrechen auf Yuans Todesanzeige wurde auch Untreue gelistet, wobei es wohl um sie ging.«

Deng hatte ihn die ganze Zeit nicht aus den Augen gelassen. Jetzt mischte sich eine Spur Erleichterung in seinen Blick.

»Ich glaube, damit ist unser Gespräch beendet, Hauptmann. Es war mir eine Freude.«

»Das war alles?« Pei konnte ihm nicht ganz folgen, denn sein Gefühl sagte ihm, dass ein Mann wie Deng kaum einen solchen Aufwand betreiben würde, ihn in sein Büro zu bitten, um dann lediglich ein paar wahllose Fragen zu stellen.

»Ja, das war's.« Deng schaute auf die Uhr. »Ich muss um Punkt zehn einem Treffen der Konzernleitung vorsitzen. Das ist in fünf Minuten. Man erwartet mich im Konferenzraum nebenan.«

Unwillkürlich schaute Pei auf die eigene Armbanduhr. »Ihre Uhr geht vor. Es ist genau 09 : 50 Uhr.«

»Eine alte Angewohnheit. Meine Uhr geht immer fünf Minuten vor. Wenn ich mich verspäte, bin ich trotzdem pünktlich.«

Keine schlechte Angewohnheit, dachte Pei bei sich. Aber als Polizist war seine Uhr stets auf die präzise Zeit getrimmt. *Himmel – aber natürlich.*

»Herr Hauptmann«, sagte Hua und trat einen Schritt vor, »Sie können jetzt wieder nach unten gehen. Haben Sie nicht noch etwas mit Ihren Kollegen in der Lobby zu bereden?«

»Allerdings!« Pei schoss von seinem Stuhl hoch, marschierte zur Tür und verfiel auf dem Gang sogar in Trab.

Hua starrte dem Beamten hinterher. »Was war das denn? Er kann doch nicht Mus Informant sein, oder?«

Deng schüttelte verwirrt den Kopf. »Nein. Bei einer Sache können wir uns ganz sicher sein – er ist nicht der, den wir suchen.«

»Dann bleibt unser Ziel unverändert. Sheng und die anderen sind vor einer halben Stunde aufgebrochen. Wir sollten bald ein paar Informationen haben.«

»Sheng und du habt beide oft genug eure Fähigkeiten bewiesen. Ich bin mir sicher, ihr werdet mich nicht enttäuschen. Außerdem kann der, den wir suchen, sowieso kaum noch laufen. Aber damit brauchst du dich im Moment nicht weiter zu befassen.« Deng erhob sich. »Begleite mich in den Konferenzraum.«

Hua folgte seinem Dienstherrn ins Nebenzimmer.

*

Unten im ersten Stock trat Pei aus dem Aufzug in die Lobby. Sowie sie ihn entdeckten, scharten sich Liu und Mu um ihn.

»Das ging schnell. Worüber haben Sie geredet?«, fragte Mu.

»Hauptmann«, sprudelte es aus Liu heraus, »was sollen wir tun? Rufen wir jetzt die Dienstaufsicht der Stadt oder den Provinzinspektor an?«

Pei ging davon aus, dass Liu sich längst eingeredet hatte, Yin habe etwas mit Xiongs Tod zu tun, und ihn jetzt so schnell wie möglich verhaften wollte. Nur gab es im Moment noch Dringlicheres zu erledigen. »Nein, dafür fehlt uns jetzt die Zeit«, sagte Pei. »Es hat sich etwas Neues ergeben, ich muss sofort los. Sie beide bleiben hier. Unternehmen Sie nichts, ehe ich zurückkehre.«

»Was ist denn los?«, fragte Mu. »Das sieht Ihnen gar nicht ähnlich.«

»Und was machen wir mit Yin?« Liu war vollkommen verwirrt. »Lassen wir ihn einfach gewähren?«

Pei überlegte fieberhaft, zwang sich jedoch dazu, konzentriert zu bleiben. »Dengs Flug geht heute Abend um 20:40 Uhr. Ich bin auf jeden Fall vor fünf Uhr wieder hier, also rechtzeitig, bevor wir zum Flughafen aufbrechen. Solange er dieses Gebäude nicht verlässt, kann ihm nichts passieren. Haben Sie das verstanden?« Die beiden nickten. »Halten Sie sich bitte daran und unternehmen Sie nichts, bevor ich wieder hier bin.«

Pei konnte keine Sekunde länger warten. Er hatte das Paradoxon endlich gelöst. Die zweiminütige Diskrepanz, die achtzehn Jahre Wartezeit. Plötzlich ergab alles einen Sinn.

Es gab nur noch eine Frage, auf die er eine Antwort finden musste. *Warum?*

*

Zwanzig Minuten später betrat Pei das Kakerlakennest. Er bahnte sich den Weg durch die versiffte Gasse, bis die schwach erleuchtete Wohnung vor ihm lag. Der Anblick ließ ihm das Blut in den Adern gefrieren.

Er war zu spät gekommen.

Die Tür stand offen, aber es war niemand zu Hause. Drinnen stellte er fest, dass die Wohnung viel stärker zugemüllt war, als er es von seinem letzten Besuch in Erinnerung hatte. Tisch und Stühle waren umgeworfen und die Bettdecke zerrissen worden. Huangs gut sortierte Schrottsammlung lag überall verstreut.

Irgendwer hatte die Wohnung auf den Kopf gestellt. Pei stocherte mit dem Fuß in den Trümmern, um vielleicht einen Hinweis zu entdecken, wann Huang verschwunden sein könnte. Es war unmöglich einzugrenzen. Noch mehr allerdings interessierte ihn die Tatsache, dass jemand – vielleicht sogar mehrere Leute – offenbar in der Hoffnung hergekommen war, etwas Bestimmtes zu finden.

Wohin waren sie danach verschwunden? Was genau hatten sie gesucht? Hatten sie es gefunden?

Die Fragen wälzten sich durch seinen Kopf wie Aale durch ein schlammiges Flussbett. Sosehr er sich auch den Kopf zerbrach, er konnte die einzelnen Teile nicht zu einer stimmigen Geschichte zusammensetzen.

Huang musste gewusst haben, dass Pei kommen würde. Er hatte es gewusst, seit Pei bei seinem letzten Besuch die zweiminütige Diskrepanz erwähnt hatte.

Vielleicht verbarg er sich in einer dunklen Ecke und kicherte süffisant vor sich hin. Pei trat vor die Tür und ließ den Blick durch die Nachbarschaft schweifen. Er ballte die Fäuste, holte tief Luft und brüllte in die finstre Gasse hinaus.

Im Wohnblock gegenüber steckte eine greise Frau den Kopf aus dem Fenster und starrte ihn entgeistert an. Pei sah sich um und entdeckte zwei weitere Männer, die ihn ebenfalls anstarrten. Sie schienen Ende fünfzig, Anfang sechzig zu sein und trugen beide dunkle Jacken aus Kunstleder.

»Wo bist du? Komm raus und stell dich!«, schrie Pei.

*

Der verbrannte Mann betrachtete die Wohnung von seinem unauffindbaren Versteck aus. Jenseits der Gasse brach Sonnenlicht durch die Fenster eines Wohnturms, der freie

Sicht auf die Hinterhöfe bot. Gleichzeitig war der Mann hinter der Scheibe durch das Sonnenlicht unsichtbar für alle, die dort unten nach ihm suchen mochten.

Vor nicht einmal einer Stunde hatte er beobachtet, wie eine Gruppe von Männern in schwarzen Uniformen seine Wohnung betrat. Er wusste, wer diese Männer waren, und er wusste auch, warum sie gekommen waren.

Der Plan, sein großer Schachzug, hatte nach wie vor gute Aussichten auf Erfolg.

Ursprünglich hätte er diesen Schachzug gar nicht ausführen müssen. Aber sein Gegner war überaus lästig und hatte ihm keine Wahl gelassen.

Als die Männer seine Wohnung betraten, bestätigten sie damit seine Hypothese.

»Nicht, dass ich mich dir nicht stellen würde. Aber das hier ist ganz einfach der falsche Ort«, murmelte er jetzt mit geisterhafter Stimme. Eine Stufe nach der anderen humpelte er, auf seinen Stock gestützt, die Treppe hinab.

Zeit, der Sache ein Ende zu bereiten. Wollen wir den letzten Takt gemeinsam anstimmen, dachte er. *So elegant die vorherigen Sätze gewesen sein mögen, das Stück funktioniert nur dann als Ganzes, wenn es mit genau der richtigen Note endet.*

KAPITEL ZEHN

DIE GEBURT DES EUMENIDES

25. OKTOBER, 11 : 03 UHR
IM JADE-GARTEN

Das Restaurant Jade-Garten lag am südlichen Ende der Xingcheng-Straße mitten im Zentrum eines florierenden Gewerbegebiets. Es wimmelte von Start-ups und anderen aufstrebenden Unternehmen. Das Restaurant war relativ klein, hatte sich dank der eleganten Inneneinrichtung aber trotzdem zu einem Lieblingsplatz der örtlichen Büroangestellten gemausert. Auch um elf Uhr morgens strömten bereits Kunden durch die Flügeltüren. Die Angestellten gingen ihrer täglichen Arbeit nach, dem gut organisierten Chaos jedes belebten Restaurants.

Draußen näherte sich ein Mann. Er trug einen langen Trenchcoat mit breiter Kapuze, welche die obere Hälfte seines Gesichts verbarg. Der Rest wurde von einer weißen Atemschutzmaske bedeckt. Obwohl solche Masken besonders in Chinas Großstädten ein alltäglicher Anblick waren, gab sein Outfit in dieser Kombination ein zumindest fragwürdiges Bild ab. Er hielt den Kopf gesenkt, und sein ganzer Körper schien in dem Trenchcoat zu verschwinden wie ein verletztes Tier, das Schutz vor dem Sturm sucht.

Bei jedem Schritt stützte er sich schwer auf seinen Gehstock, denn das rechte Bein schleppte sich schlaff hinterher. Einen behutsamen Schritt nach dem anderen schlurfte der Mann ins Restaurant.

Trotz seines Aussehens begrüßte ihn die Empfangsdame mit einem warmen, einladenden Lächeln. »Wie viele Plätze, der Herr?«

Der Mann ignorierte sie und ging geradewegs auf einen Tisch im hintersten Winkel zu. Es gab keine Fenster in der Nähe, und nur wenige Leute hatten beschlossen, sich hier niederzulassen.

Zielsicher setzte er sich an den Tisch ganz in der Ecke. Trotz der beengten Position konnte er von dort aus den gesamten Innenraum des Restaurants im Blick behalten.

Eine Kellnerin wollte ihm die Speisekarte reichen, aber er schob sie sanft von sich. »Ich habe keinen Hunger«, sagte er mit einer Stimme, die klang, als müsste sie sich den Weg aus seiner Lunge erst freikämpfen. »Ich würde gern mit Frau Guo sprechen.«

»Gibt es ein bestimmtes Thema, über das Sie mit ihr zu reden wünschen?«, fragte die Kellnerin, die sich sehr über diese Bitte wunderte. Sie versuchte, einen genaueren Blick auf diesen Kunden zu erhaschen, aber er hielt den Kopf gesenkt. Die Atemmaske verdeckte den Großteil seines Gesichts.

»Ich bin hier, um einen Gefallen einzufordern«, sagte er.

»Und Ihr Name?«

»Sagen Sie ihr, ein alter Freund schickt mich.«

Verdattert ging die Kellnerin davon, um ihre Chefin zu suchen.

Die Besitzerin des Jade-Garten war eine siebenundzwanzig Jahre alte Frau namens Guo Meiran. Ihr attraktives Äußeres wurde durch eine temperamentvolle Persönlichkeit abgerundet. Jeden Tag schaute sie in ihrem Restaurant vorbei, um in der Küche und am Empfang nach dem Rechten zu sehen. Nachdem die Kellnerin sie über den seltsamen Gast informiert hatte, tauchte sie aus der Küche auf und betrachtete ihn aus der Ferne. Sosehr sie auch nachdachte, sie konnte sich an keinen ausstehenden Gefallen erinnern, ganz sicher nicht einem Mann gegenüber, der ausgesehen hatte wie jener, den sie dort in der Ecke sitzen sah. Nach kurzem Zögern trat sie an seinen Tisch. Falls das Aussehen und die Nachricht des Mannes sie aus der Ruhe gebracht hatten, ließ sie es sich nicht anmerken.

»Wie kann ich Ihnen behilflich sein, mein Herr?«

Der Mann hob ein wenig den Kopf und sah sie an. »Ich bin hier, um einen Gefallen einzufordern.«

»Das sagte man mir bereits. Und was genau bin ich Ihnen Ihrer Meinung nach schuldig?«, fragte sie mit einem Lächeln.

Endlich hob der Mann zur Gänze den Kopf. Seine Augen waren derart blutunterlaufen, dass Guo einen Schrei herunterwürgen musste.

»Mir schulden Sie gar nichts. Ich bin im Namen von Xu Yunhua hier.«

Sofort gefror ihr freundlicher Tonfall zu Eis. »Wer sind Sie?«

Statt zu antworten, holte der Mann aus und packte ihr linkes Handgelenk. Sie fühlte etwas Kaltes auf der Haut.

Aus dem Nichts hatte er sein Handgelenk mit Handschellen an ihres gekettet.

»Lassen Sie mich los!« Sie versuchte, sich zu lösen, aber der Mann hielt sie mit fast übermenschlicher Kraft an Ort und Stelle. Guo verlor das Gleichgewicht und stolperte nach vorn. Mit einem Ruck bugsierte er sie auf den nächsten Stuhl.

»Was um alles in der Welt stimmt nicht mit Ihnen?« Guos Angst überlagerte alle anderen Gedanken, sie nahm keine Notiz mehr von den Kunden ringsum. »Ruft die Polizei!«, schrie sie aus Leibeskräften.

Guos Schrei schreckte die Kellnerin auf, die sofort in die Küche rannte. Die Gäste hingegen reckten sämtlich die Hälse, um die Quelle des Tumults auszumachen.

Ohne den Druck auf ihre rechte Hand zu lockern, nahm der Mann die Kapuze ab. Dann zog er langsam die Atemmaske vom Gesicht. Ein Chor aus entsetztem Zischen erfüllte das Restaurant.

Sie hatten ein schrecklich entstelltes Antlitz vor sich, gebrochen und zuckend und mit Narben übersät. Seine Mundwinkel waren zerfetzt und offenbarten grellweiße Zähne. Ein groteskes, immerwährendes Grinsen.

Guo stieß einen spitzen Schrei aus. »Wer ... wer sind Sie? Was wollen Sie?«

Im selben Moment brachen mehrere Angestellte aus der Küche in den Speisesaal, zuvorderst ein dicklicher Mann mit finsterer Miene und einem breiten Fleischerbeil in der Hand. Während seine Begleiter stocksteif neben den nachschwingenden Flügeltüren stehen blieben, drückte er die Schultern durch, stampfte auf den Tisch zu und fuchtelte mit dem Beil in der Luft herum.

»He! Sie haben gehört, was sie gesagt hat. Lassen Sie Frau Guo los!«

Statt zu antworten, schob der Mann am Tisch die linke Hand in die Manteltasche.

Der untersetzte Koch blieb stehen und hielt sich das Fleischerbeil quer vor die Brust. Sein Tonfall klang ernst und fordernd. »Was suchen Sie da in der Tasche? Legen Sie es sofort auf den Tisch!« Er drehte sich um und brüllte: »Irgendwer soll gefälligst die Polizei rufen!«

»Ich fürchte, ich kann das hier nicht so einfach ablegen.« Der Mann hob die freie Hand mit dem Gegenstand.

»Was zum Teufel ist das?« Der Koch schluckte. Seine Kehle war trocken wie Sägemehl.

»Ein Zünder. Der Zünder einer Bombe, um genau zu sein.« Noch beim Sprechen schlug er den Trenchcoat beiseite. Um die Taille war eine kleine Plastikkiste geschnallt, die per Kabel mit dem Gerät in seiner Hand verbunden war. »Sobald ich auch nur ein bisschen weniger fest zudrücke, geht sie hoch.«

Wellen aus panischem Geschrei brandeten durch das Restaurant, während sich die Gäste vor lauter Eile, als Erste den Ausgang zu erreichen, gegenseitig über den Haufen rannten. Der Möchtegernheld mit dem Fleischerbeil zögerte nur wenige Sekunden, bevor er sich der fliehenden Menge anschloss.

In kaum einer halben Minute war das Restaurant leer. Einzig Guo und der entstellte Fremde blieben in ihrer hinteren Ecke zurück. Sie hatte solche Angst, dass sie keinen Satz mehr herausbrachte und ihr sogar die Kraft fehlte, sich weiter gegen die Handschellen zu wehren. Sie konnte nicht mehr tun, als zwischen heftigen Schluchzern immer wieder zu wimmern: »Hilfe ... Hilf mir doch jemand.«

*

Während Guo Meiran vor Furcht zitterte, betrat Hauptmann Han an der Spitze der Einsatzgruppe den Longyu-Komplex. Ein Mitglied ihrer Gruppe fehlte allerdings.

Liu Song, der neue Kopf der SEP-Truppe, überflog die Neuankömmlinge. »Wo ist Yin?« Was ihn anging, war Yins Festnahme genauso wichtig wie die erfolgreiche Durchführung ihres derzeitigen Einsatzes.

»Keine Ahnung«, sagte Han, »ich habe ihn seit der Krisensitzung nicht mehr gesehen, und er geht nicht ans Telefon.«

»Er ist auf der Flucht«, sagte Liu und platzte fast vor Erregung. »Das beweist endgültig, dass er etwas mit Xiongs Tod zu tun hat. Warum haben Sie ihn noch nicht festnehmen lassen?«

»Es liegt nicht in Ihrem Ermessen zu beschließen, dass einer meiner Beamten auf der Flucht ist!«, schrie Han ihn an. »Unser einziges Ziel besteht darin, Deng Hua zu schützen. Dieser Befehl kommt direkt von ganz oben. Wenn Sie das nicht in Ihren Schädel kriegen, habe ich volle Befugnis, Sie aus der Einsatzgruppe zu entfernen.«

Mu ging zu Liu und zog ihn beiseite. »Nehmen Sie sich zusammen«, flüsterte sie. Auch wenn sie nicht genau wusste, was Lius Nerven derart zusetzte, war jetzt sicher nicht der richtige Zeitpunkt, das gemeinsame Ziel aus den Augen zu verlieren.

Liu Song holte sehr tief Luft. Er war davon überzeugt,

dass Han Yin deckte, aber er musste sich auf das besinnen, was Pei vor seinem Verschwinden gesagt hatte: *Unternehmen Sie nichts, bevor ich wieder hier bin.*

In gewisser Hinsicht hatte Han recht – es war und blieb ihr wichtigstes Anliegen, Deng davor zu bewahren, als Eumenides' nächstes Opfer zu enden. Liu konzentrierte sich abermals auf die Aufgabe, die vor ihnen lag. Sie mussten Eumenides heute das Handwerk legen.

Mittlerweile war Bruder Hua in der Lobby erschienen. Er leitete Dengs Anweisungen an Han weiter – der Hauptmann sollte sich in sein Büro begeben, damit sie ihre Sicherheitskonzepte angleichen konnten.

Als Han gerade den Fahrstuhl betreten wollte, klingelte sein Telefon. Laut Display ein Anruf aus dem Hauptquartier. Er hob ab.

»Hauptmann«, sagte Zeng hastig, »es gibt einen Vorfall.«

»Nur zu, ich höre.«

»Eine Geiselnahme in einem Restaurant namens Jade-Garten in der Xingehong Straße. Der Verdächtige trägt eine Bombe am Leib und hat sich mit Handschellen an die Besitzerin gekettet.«

»Soll sich die Bezirkspolizei darum kümmern«, fauchte Han. »Mit so was kommen Sie mir zu diesem Zeitpunkt? Ich will nichts hören, was nicht direkt etwas mit unserem Fall zu tun hat!«

»Aber es *hat* damit zu tun!«, rief Zeng. »Die Bezirkspolizei im Gewerbegebiet ist bereits vor Ort und hat mit dem Verdächtigen Kontakt aufgenommen. Er stellt Forderungen. Vor allem will er drei Personen vor Ort sehen.«

»Raus damit, Zeng. Wen will er sehen?«

»Mu, Pei und Deng Hua. Und es kommt noch dicker. Der

Verdächtige – ist der einzige Überlebende der Explosion im Lagerhaus vor achtzehn Jahren. Huang Shaoping.«

Han dachte ein paar Sekunden angestrengt nach und erließ dann neue Befehle. »Sofort Mu und Pei kontaktieren. Sie sollen sich so schnell wie möglich zum Restaurant begeben.«

»Was ist mit Deng?«

»Ausgeschlossen«, sagte Han sofort. »Wir sind hier, um mit allem, was wir zur Verfügung haben, für seine persönliche Sicherheit zu sorgen. Wie könnten wir auch nur daran denken, ihn in eine derart gefährliche Situation zu schicken?«

»Ich gehe hin«, schaltete sich Bruder Hua ein. Er hatte die ganze Zeit dicht neben dem Hauptmann gewartet. »Ich kann Herrn Deng in dieser Angelegenheit vertreten.«

Han war zwar leicht genervt von dem guten Gehör dieses Mannes, betrachtete den Leibwächter aber aufmerksam. Er hatte nichts dagegen einzuwenden, ihn statt Deng zu dem Restaurant zu schicken, schließlich war sein Vorgesetzter offenbar der Schlüssel zu diesem ganzen Fall. Was für Schwierigkeiten der Einsatz auch links und rechts aufwerfen mochte, sie mussten Deng unbedingt beschützen. Hans Zukunft hing davon ab.

✳

Pei rutschte auf dem Ledersitz des Einsatzwagens herum. Mu saß neben ihm und hielt den Blick starr auf die vorbeijagenden Schaufenster gerichtet. Hinter ihnen saß Dengs oberster Leibwächter; seine Miene war vollkommen unergründlich.

Es war nicht gerade die angenehmste Fahrt seines Lebens.

Als der Einsatzwagen vor dem Jade-Garten hielt, hatte die Bezirkspolizei das Gelände bereits geräumt und eingedenk der Bombendrohung einen Radius von einhundert Metern um das Restaurant abgesperrt. Was sie nicht verhindern konnten, waren die Trauben der Schaulustigen, die sich jenseits der Barrikade versammelten, und auch die energischen Warnungen der Beamten hatten nur wenige Passanten beeindruckt. Zusätzlich tauchten immer mehr Reporter auf, die alle unbedingt den besten Platz ergattern wollten.

Sobald sie zu dritt aus dem Wagen stiegen, kam ein Kollege mittleren Alters auf sie zu. Er stellte sich ihnen als Kommissar Chen vor und teilte mit, er sei der zuständige Einsatzleiter.

»Von mir aus gehen wir sofort rein«, sagte Pei grimmig.

Chen schüttelte den Kopf. »Nicht so schnell. Der Verdächtige hat verlangt, dass Frau Mu als Erste hineingeht. Danach Bruder Hua, danach Pei.«

Einer der Kollegen reichte Mu eine kugelsichere Weste. Sie schlüpfte so gekonnt in die schwere Ausrüstung, als bestünde sie aus Pappe. Die Weste hob und senkte sich mit jedem Atemzug, und ihre Atemzüge beschleunigten sich, wie Pei auffiel.

»Sie müssen das nicht machen, Mu«, sagte er.

»Doch, muss ich. Abgesehen davon mache ich mir um mich auch keine Sorgen. Von uns dreien droht eindeutig Ihnen die größte Gefahr. Sie will er am Schluss sehen.«

Darauf fand Pei keine Antwort. Mu ging auf das Restaurant zu. Sie erreichte die Tür und betrat den Speisesaal.

Der entstellte Mann hatte seinen Posten am Tisch in der hintersten Ecke nicht verlassen. Für die draußen versammelten Polizisten war er nicht direkt einzusehen. Um ihn im Auge zu behalten, musste man das Restaurant betreten.

Guo kauerte an seiner Seite und zitterte wie Herbstlaub. Als sie Mu eintreten hörte, hob sie in leiser Hoffnung den Kopf.

Der Mann winkte kurz mit der Hand. »Hallo, Mu.« Er klang entspannt und durchaus nicht unfreundlich.

Mu näherte sich den beiden und setzte sich ihnen gegenüber. »Huang, was haben Sie bloß angestellt?«

»Ich hatte keine Wahl«, sagte er und sah sie verkniffen an. »Außer Ihnen kann mir keiner mehr helfen.«

»Was soll das heißen?«

»Ich bin aufgeflogen. Mein Leben ist in Gefahr«, krächzte er. »Ich stehe einem mächtigen Feind im Weg. Zu mächtig, als dass ich bei einer ehrlichen Auseinandersetzung eine Chance hätte. Ich kann nur am Leben bleiben, wenn ich mich hier verschanze und so viel Aufmerksamkeit wie möglich auf mich lenke.«

Mu konnte es kaum fassen. Selbst wenn alles stimmte, was er da sagte, hätte er nicht doch einen weniger drastischen Weg einschlagen können? »Wir werden nicht zulassen, dass Sie Unschuldige in Mitleidenschaft ziehen.« Sie zeigte auf Guo Meiran. »Lassen Sie sie gehen, bevor es zu spät ist. Ich bin mir sicher, Sie können all die Polizisten draußen hören – glauben Sie wirklich, die können Sie nicht beschützen?«

Auf diese Worte hin drehte Guo leicht den Kopf in seine Richtung. »Bitte ...« Ihre Stimme bebte.

Mit einem energischen Kopfschütteln zerstörte er ihren zarten Hoffnungsschimmer. »Nein.« Er wandte sich wieder an Mu. »Außer Ihnen kann ich niemandem trauen.«

Mu war sich nicht sicher, ob sie sein Vertrauen als Ehre oder als Schmach werten sollte. Nach einer kurzen Bedenkzeit sagte sie: »Wenn das so ist, können Sie sie doch gehen lassen. Nehmen Sie mich als Geisel. Ich bleibe bei Ihnen.«

»Das geht nicht. Ich brauche Sie noch, um ein paar wichtige Dinge für mich zu erledigen. Sie müssen so viel wie möglich über die Person in Erfahrung bringen, die sämtliche Fäden zieht, und zwar so schnell es geht. Wenn Ihnen das gelingt, können Sie mich vielleicht auch außer Gefahr bringen. Ich habe Ihnen schon gesagt, dass die Razzia 16/3 der Schlüssel ist.«

»Ich habe Wort gehalten – ich habe mit niemandem über Sie geredet. Sie machen sich zu viel Sorgen. Ich habe bereits ein paar Anhaltspunkte gefunden; ich brauche nur noch etwas mehr Zeit.«

»Nein, ich kann Ihnen nicht mehr Zeit geben. Obwohl ...« Seine Stimme war kaum mehr als ein Flüstern. »Einen letzten Hinweis hätte ich noch für Sie.«

Mu horchte auf. »Welchen?«

Er sah Guo an. »Greifen Sie in meine Tasche und holen Sie raus, was Sie da finden.« Obwohl ihre rechte Hand vor Furcht zitterte, schob die Geisel sie folgsam in seine Manteltasche. Kurz darauf zog sie einen versiegelten Umschlag hervor und dazu eine blickdichte Plastiktüte, die straff aufgerollt und mit breitem Paketband zugeklebt war. »Reichen Sie der Polizistin die Tüte«, sagte er. Sie tat wie geheißen.

Mu erfühlte einen dünnen, rechteckigen Gegenstand im

Inneren der Tüte. Sie wollte das Klebeband abreißen und hineinschauen, aber Huang hielt sie davon ab.

»Nein«, sagte er scharf. »Sie dürfen das Päckchen erst aufmachen, wenn Sie hier raus und absolut allein sind. Entscheidend ist, dass niemand sonst sieht, was darin ist.«

Was für ein Geheimnis er wohl verbergen mochte? »Heißt das, ich soll jetzt gehen?«

»Ja. Sagen Sie Dengs Mann, er soll als Nächster kommen.« Er schaute ihr mit nachdrücklichem Ernst in die Augen. »Vergessen Sie nicht – am Ende liegt es an Ihnen, wie dieses Spiel ausgeht.«

Beim Anblick seines Gesichts, das sie so intensiv anstarrte, musste Mu ein Schaudern unterdrücken. Sie schüttelte ihr Unbehagen ab und ging, wie er gebeten hatte. Sie hatte eine neue Spur, und zuallererst musste sie endlich herausfinden, worum es bei der ganzen Nummer tatsächlich ging.

Als Kommissar Chen sie das Restaurant verlassen sah, rannte er sofort zu ihr.

»Was ist da drin passiert? Hat er irgendwelche neuen Forderungen gestellt?«

»Er wollte die Geisel nicht gehen lassen. Und er will Bruder Hua sehen.«

Mu nahm die Weste ab und entfernte sich von der Menge. Sie suchte nach einer ruhigen Ecke, aber überall wimmelte es von Polizisten und Reportern. Also lief sie die Straße hinunter und hielt ein Taxi an, um endlich der Horde der Presseleute zu entgehen.

Mit dem präzisen Blick eines geübten Scharfschützen sah Hua zu, wie sie sich absetzte.

»Was zur Hölle war das denn?«, fragte Chen und versuchte, die Kränkung hinter einem verwirrten Gesichtsausdruck zu verstecken.

Auch Pei war sichtlich verblüfft. »Nicht die leiseste Ahnung.«

Genau wie die Psychologin vor ihm bekam auch Hua eine schusssichere Weste gereicht. Er streifte sie über und machte sich auf den Weg.

Eine Minute später saß er Huang und Guo am Tisch in der Ecke gegenüber. »Herr Deng wird leider nicht persönlich herkommen, um mit Ihnen zu sprechen. Deshalb bin ich als sein Stellvertreter hier.« Hua klang gleichmäßig und selbstsicher trotz der Bombe, die sich keinen Meter von ihm entfernt befand.

»Ich habe nie damit gerechnet, dass er selbst kommt. Wir reden schließlich von einem wichtigen Mann, der mit Gold nicht aufzuwiegen ist.« Ein listiges Funkeln lag in seinem Blick. »Dass Sie, Bruder Hua, persönlich gekommen sind, ist schmeichelhaft genug.«

»Sie wissen, wer ich bin?«, fragte Hua mit regloser Miene.

»Sie wurden als Rao Donghua geboren. Ihre Eltern sind sehr früh gestorben, weshalb man Sie im Alter von fünf Jahren in ein Waisenhaus gab. Bürgermeister Deng hat sich Ihrer angenommen und Ihre Ausbildung finanziert. Außerdem hat er dafür bezahlt, dass Sie im Nahkampf unterrichtet wurden – und im Umgang mit Fahrzeugen und Handfeuerwaffen, um nur ein paar Fachgebiete herauszupicken. Als sein persönlicher Leibwächter müssen Sie es schließlich mit den besten Polizisten aufnehmen können. Ihre Dankbarkeit diesem Mann gegenüber ist so tief verwurzelt, dass Sie für ihn durch die Hölle gehen würden.«

»Sieh an«, sagte Hua und kicherte leise, »ich hätte nie

erwartet, jemand könne sich für ein solch miserables Leben wie das meine erwärmen. Eine Änderung habe ich allerdings vorzubringen. Ich bin besser als jeder Polizist.«

Huang seufzte. »In gewisser Hinsicht sind Sie und Deng einander recht ähnlich.«

Hua hatte das Interesse an netter Plauderei verloren. »Wer sind Sie?«

»Ich bin jemand, der Dinge weiß.« Huang fletschte die Zähne. Ein Hauch Selbstgefälligkeit mischte sich in seinen Tonfall. »Zum Beispiel sämtliche Geheimnisse rund um einen gewissen Rauschgifteinsatz vor achtzehn Jahren.«

»Das ist alles?« Hua sah ihn spöttisch an. »Längst verjährt. Deng ist einer der mächtigsten Männer der Provinz. Ihre sogenannten Geheimnisse interessieren mich nicht im Geringsten. Sie sind nichts weiter als ein Krüppel. Ein Schwächling.«

»Deng hat großen Einfluss, das ist unbestritten. Verglichen mit Ihnen bin ich kaum mehr als ein Staubkorn«, sagte Huang. Bruder Hua zuckte mit den Schultern. »Trotzdem hat er Ihnen aufgetragen, etwas zu finden. Etwas, das Sie einfach nicht aufspüren können, nicht wahr?«

Huas Augen zuckten, seine Pupillen weiteten sich.

Zwischen all den schrecklichen Narben war es kaum zu erkennen, aber Huang lächelte. »Ja. Wie wäre es mit der Kassette? Sie wissen, welche ich meine, nicht wahr? Würden Sie nicht zustimmen, dass diese Kassette Macht hat? Zum Beispiel die Macht, gewisse hervorragend vernetzte Personen das Fürchten zu lehren ...?«

»Reden Sie.«

»Ich besitze eine Kopie.«

»Mit anderen Worten: Sie wollen Ihr erbärmliches Leben

endgültig wegwerfen.« Huas Worte waren kälter als der arktische Winter.

Huang zuckte nicht einmal. Stattdessen zischte Gelächter aus seiner vernarbten Brust. »Ich bin jetzt schon sehr lange ein Krüppel. Der Tod wäre ein wesentlich gnädigeres Schicksal gewesen als das, was ich die letzten achtzehn Jahre durchgemacht habe. Der einzige Grund, weshalb ich mich an meine miserable Existenz geklammert habe, besteht in der Sehnsucht, den Tag noch erleben zu dürfen, an dem alle die Wahrheit über die berühmte Razzia 16/3 erfahren. Bis vor Kurzem hatte ich die Hoffnung beinahe aufgegeben. Aber sehen Sie, jetzt habe ich jemanden gefunden, dem ich vertrauen kann. Sie ist kompetent und entschlossen und hat den nötigen Mumm, die Geheimnisse zu lüften, die all die Jahre verborgen geblieben sind. Ich vertraue ihr. Selbst wenn ich sterbe, wird es ihr gelingen, meinen Traum Wirklichkeit werden zu lassen.«

»Haben Sie ihr die Kassette gegeben?« Hua sah ihn streng an und dachte an Mus Verhalten beim Verlassen des Restaurants – er erinnerte sich an die Plastiktüte, die sie in der Hand gehalten hatte.

Huang kicherte, erwiderte jedoch nichts. *Manchmal sagt Schweigen mehr als tausend Worte*, dachte er.

Hua sprang auf, starrte den Mann an und sagte barsch: »Damit unterzeichnen Sie nicht nur Ihr eigenes Todesurteil, sondern ihres gleich mit.«

Ohne ein weiteres Wort stürmte der Leibwächter aus dem Restaurant und vorbei an dem Polizeikordon, ohne Chens Fragen auch nur zur Kenntnis zu nehmen. Hilflos sah ihm der Kommissar hinterher. Zum zweiten Mal an diesem Tag spürte er brennende Scham.

Als Hua den abgesperrten Bereich verließ, setzten sich mehrere Männer in schwarzen Uniformen von der Menge der Schaulustigen ab. Binnen Sekunden hatten sie sich um ihn geschart. Hua wandte sich an zwei besonders bedrohlich aussehende Mitglieder der Leibgarde und zeigte auf die Kreuzung, an der er Mu zuletzt gesehen hatte. Die beiden nickten stumm und verschwanden in einem der drei schwarzen Mercedes-Benz, die in der Nähe parkten. Mit quietschenden Reifen jagte der Wagen davon. Kurz darauf bestiegen Hua und die restlichen Leibwächter die anderen beiden Fahrzeuge.

*

Pei sah den Luxuskarossen hinterher und holte tief Luft. Jetzt war es an ihm, dem Mann gegenüberzutreten. Er lehnte die angebotene Schussweste ab. Mit exzessiven Sicherheitsvorkehrungen musste er sich wohl kaum abplagen. Welchen Schutz hätte ihm die Weste vor einer Bombe geboten, die direkt in seinem Gesicht hochging?

Er betrat das Restaurant.

Auf dem Weg in die hintere Ecke heftete er den Blick auf die zerstörten Gesichtszüge des Mannes, der dort saß. Er durchkämmte sein Gedächtnis in dem Versuch, dieses Gesicht mit Bildern aus seiner Vergangenheit abzugleichen, aber es war unmöglich. Die Explosion hatte ihn vollkommen entstellt und einen stattlichen jungen Mann in das lebendige Abbild eines grotesken Wasserspeiers verwandelt.

Ohne das Geheimnis, das sich hinter der zeitlichen Diskrepanz zwischen der Polizeiakte und seiner eigenen Erinnerung verbarg, hätte Pei die wahre Identität dieses Manns niemals erkannt.

Noch einmal ging er die Kette logischer Schlüsse durch, die ihn zu diesem unausweichlichen Ergebnis geführt hatte.

Trotz aller Skepsis, mit der Mu seiner Theorie über die zwei Minuten begegnet war, die angeblich in einem achtzehn Jahre alten Polizeibericht fehlten, war Pei mehr denn je davon überzeugt, dass dieser Fehler den Blick auf ein viel größeres Rätsel verstellt hatte. Die gleiche Ahnung hatte ihn bereits hoffen lassen, Meng könnte die Explosion doch überlebt haben. Der Kieferabdruck im Forensikzentrum hatte diese Hoffnung zunichtegemacht.

Unablässig musste Pei an dieses Rätsel denken. Letzte Nacht hatte er sich stundenlang in seinem Zimmer eingeschlossen, aber von welcher Seite er den Widerspruch auch analysierte – er war noch immer nicht in der Lage gewesen, den Knoten zu entwirren. Ohne sichtbare Lösung hatte er langsam angefangen, an seinem eigenen Zeitgefühl zu zweifeln, und sich zunehmend gefragt, ob es die Diskrepanz überhaupt gab. Bis in die Morgenstunden hatte er sich mit diesen Zweifeln geplagt, aber das Gespräch mit Deng öffnete ihm jetzt plötzlich die Augen.

Vor all den Jahren hatte er laut der Uhr in seinem Zimmer die Funkverbindung mit Meng um exakt 16:15 Uhr verloren. Im Polizeibericht stand allerdings, die Explosion habe um 16:13 Uhr stattgefunden.

Es gab eine einfache Lösung, die alles erklärte.

Jemand hatte seine Uhr verstellt.

Wer auch immer das getan hatte, war sicher gewesen, dass die Aktion niemandem auffallen würde – er oder sie konnte davon ausgehen, dass die Polizei Peis Zimmer für eine gründliche Untersuchung abriegelte, sobald man Mengs Nachricht an ihn und die Todesanzeige an Yuan entdeckte. Außerdem musste diese Person damit gerechnet haben, dass man Pei als direkt Involvierten für eine ausgiebige Vernehmung ins Hauptquartier mitnehmen würde. Da in seiner Abwesenheit niemand die Uhr aufziehen konnte, wäre das Gerät bereits stehen geblieben, bevor Pei in sein Zimmer zurückkehrte, und jede Manipulation bliebe unbemerkt.

Was unverzüglich weitere Fragen aufwarf.

Warum hätte jemand seine Uhr vorstellen sollen?

Wer hatte Gelegenheit, dies zu tun?

Je mehr Pei nachdachte, desto schwerer fiel es ihm, den einen Namen zu ignorieren, den seine Gedanken immer wieder an die Oberfläche spülten.

Yuan Zhibang.

Als sein Mitbewohner hätte Yuan eine Menge Gelegenheiten gehabt, die Uhr zu verstellen. Auch war ihm Peis penible Fixierung auf eine genaue Uhrzeit bekannt. Nur er und Pei wussten, wie präzise diese Uhr wirklich ging – und dass schon eine Diskrepanz von wenigen Minuten ausreichen würde, um Peis Zeitgefühl empfindlich zu stören.

Was aber hätte Yuan mit dieser Täuschung erreichen können?

Im Licht dieser Theorie rollte Pei den achtzehnten April neu auf. Er gelangte zu zwei Schlussfolgerungen. Erstens, dass Yuan die Explosion höchstwahrscheinlich überlebt hatte, und zweitens, dass der abrupte Abbruch seiner Verbindung mit Meng inszeniert gewesen war. Mengs letzten Aussagen zufolge war Yuan keinen Meter von ihr entfernt gewesen, mit einer Bombe um den Leib. Wäre das die ganze

Wahrheit gewesen, hätte keiner der beiden die Explosion überleben können.

Folglich hatte es zwei Explosionen geben müssen: eine echte und eine vorgetäuschte. Die vorgetäuschte musste in dem Moment erfolgt sein, als Pei die Verbindung verloren hatte. Sie hatte ihn fälschlicherweise annehmen lassen, Meng und Yuan seien beide ums Leben gekommen. Tatsächlich aber hatte Yuan danach noch ein Zeitfenster von zwei Minuten vor der eigentlichen Explosion gehabt, innerhalb dessen er Meng überwältigen und selbst fliehen konnte.

Daraus folgte für Pei, dass Yuan die Uhr aus genau diesem Grund verstellt hatte – um die vorgetäuschte Explosion zu vertuschen und sich genug Zeit für die Flucht zu verschaffen.

Trotzdem warf die bloße Existenz der zeitlichen Diskrepanz abermals neue Fragen auf. Yuan musste versucht haben, jeden Zweifel an der zeitlichen Abfolge zu zerstreuen. Wie hatte er seinen Plan dann so unsauber umsetzen können?

In dem Moment, als die vorgetäuschte Explosion sein Gespräch mit Meng beendete, hatte seine Uhr 16:15 Uhr angezeigt. Yuan musste geplant haben, Pei glauben zu lassen, die Explosion hätte sich in genau jenem Augenblick ereignet. Tatsächlich war sie aber um 16:13 Uhr passiert.

Niemand hatte Yuan besser gekannt als Pei, und niemand wusste besser als er, was für ein sorgfältiger Denker und Planer er gewesen war. Wenn er die Explosion geplant hatte, konnte die verfrühte Zündung unmöglich das Ergebnis eines Flüchtigkeitsfehlers in dieser Planung gewesen sein.

Irgendetwas musste also im Lagerhaus schiefgelaufen sein. Etwas, das Yuan nicht hatte verhindern können. Was immer es gewesen war, es hatte dafür gesorgt, dass die eigentliche Bombe zu früh zündete. Pei ging fest davon aus, dass Yuan vorgehabt hatte, dem Inferno seines inszenierten Todes unbeschadet zu entkommen. Irgendetwas hatte dazu geführt, dass er nicht rechtzeitig aus dem Lagerhaus gekommen war. Stattdessen war er bis zur Unkenntlichkeit verbrannt worden.

Pei schritt durch das leere Restaurant und starrte das verwandelte Wesen an, das dort in der Ecke saß. Schritt für Schritt näherte er sich dem Mann, der einst sein engster Freund gewesen war. Vor zwei Jahrzehnten hatten sie in gegenseitigem Respekt und Bewunderung füreinander zusammengelebt. Und trotz ihrer Freundschaft hatte dieser Mann einen Plan ersonnen, die Frau umzubringen, die Pei liebte.

Pei setzte sich, hielt den Blick aber starr auf die vernarbten Gesichtszüge gerichtet, als versuchte er, die hässliche Maske zu durchdringen und dahinter die Antworten auf alle Fragen zu finden, die ihm im Herzen brannten. Aber er sah nichts. Die blutunterlaufenen Augen bohrten sich in seine. Die schroffe Miene blieb starr, als bestünde sie lediglich aus einer dünnen Schicht gehärteter toter Haut.

Es verging eine lange Zeit, bis sein Gegenüber endlich sprach.

»Hasst du mich, Pei?«

Pei wusste nicht, ob er diese Frage überhaupt beantworten konnte. Ja, früher einmal hatte er den Mörder gehasst, der für die Explosion verantwortlich war. Aus tiefstem Herzen. Jetzt aber, da er die Wahrheit begriffen hatte, war Hass ein viel zu schlichtes Wort, um seine Gefühle zu beschreiben.

Sein Geist wankte noch immer unter der Erkenntnis. Er hatte keine Ahnung, wie er die Emotionen verarbeiten sollte, die sich in ihm vermengten – wie sollte er vier Jahre Brüderlichkeit mit achtzehn Jahren Schmerz aufwiegen? Nach all dem Nachdenken kam ihm nur ein Wort über die Lippen.

»Zhibang ...«

»Du kennst mich besser als jeder andere auf der Welt. Du musst begreifen, dass ich keinesfalls das Monster bin, das du dir ausgemalt hast.«

»Kein Monster?« Pei biss die Zähne zusammen. »Nur ein Monster hätte tun können, was du getan hast.«

Huang – Yuan – schüttelte den Kopf, als sei er von dieser Anschuldigung enttäuscht. »Du bist seit achtzehn Jahren Polizist. Du hast mehr Verbrecher hinter Gitter gebracht, als ich zählen kann. Ich bin mir sicher, du hast in all der Zeit auch eingesehen, dass viele Verbrecher eigentlich gar keine schlechten Menschen sind. Sie brechen das Gesetz, weil sie ganz einfach keinen besseren Weg sehen.«

»Aber du hast sie genommen«, sagte Pei mit bebender Stimme. »Warum?«

»Ich brauchte eine Zeugin, um zu beweisen, dass ich tot bin. Das war der einzige Weg, wie ich meinen Plan in die Tat umsetzen konnte. Sobald ich gesehen habe, wie unglaublich gut meine Feinde vernetzt sind und wie schwach im Vergleich ich bin, habe ich beschlossen, den Kampf bis zum bitteren Ende zu führen. Mir ist klar geworden, dass es nichts mehr gibt, was mich noch hält. Nicht einmal mein eigenes Leben. Ich wusste, was Meng dir bedeutet, aber nachdem ich einen Schritt zurückgetreten bin und die Dinge aus einem objektiveren Blickwinkel betrachtet habe, sah alles anders aus.«

»Dein Plan ... alles nur für deinen Plan ...« Pei starrte ihn an und schüttelte fassungslos den Kopf. »Alles nur, damit du zu diesem sogenannten Eumenides werden konntest?«

»Du glaubst, ich bin Eumenides?« Yuan lachte grimmig. »Du irrst dich, Pei. Du und Meng, ihr habt Eumenides überhaupt erst erfunden. Du bist Eumenides. Sie war Eumenides. In vielen von uns steckt ein Eumenides. Die Menschen brauchen immer einen Eumenides.«

Pei schlug mit der Faust auf den Tisch. »Nein. Die Menschen brauchen Gesetze.«

»Das Gesetz schafft keine Gerechtigkeit. Die Mächtigen und Einflussreichen können die Regeln brechen, wie es ihnen passt, und das Gesetz ist hilflos gegenüber Leuten, die sich im Schatten verbergen.« Eisige Grausamkeit war in seine Stimme gekrochen. »Das ist die Wahrheit, der ich mir vor achtzehn Jahren bewusst geworden bin. Und du willst mir nach achtzehn Jahren im Polizeidienst sagen, dass du es immer noch nicht begriffen hast? Oder willst du die Gerechtigkeit opfern, nur um meine Behauptung anzufechten? Und all das nur, weil du dein Mädchen verloren hast?«

Pei war sprachlos.

Mittlerweile hatte die permanente Belastung Guo Meirans Nervenkostüm zerrissen. Sie war in eine Art katatonischen Zustand verfallen. Yuan hob die rechte Hand und zog die starre Frau mit einem Ruck näher an sich heran, was ihr nur ein leises Wimmern entlockte.

»Sieh dir zum Beispiel die hier an. Irgendwann einmal war sie einfache Kellnerin in genau diesem Restaurant. Mithilfe ihrer Jugend und ihrer Attraktivität hat sie den Besitzer verführt und den Trottel schließlich davon überzeugt, seine Frau im Stich zu lassen und sich stattdessen ihr in die Arme zu werfen. Im Handumdrehen wurde die kleine Kellnerin zur Frau des Chefs. Jetzt schmeißt sie den Laden.«

Pei richtete den Blick auf Guo. Die junge Frau wirkte gleichermaßen verängstigt und verwirrt.

»Ich habe durchaus eine Schwäche für gute ›Vom Tellerwäscher zum Millionär‹-Geschichten«, fuhr Yuan fort. »Aber die liebe Guo konnte einfach nicht ertragen, dass die Ex-Frau ihres neuen Gemahls mit der Scheidung auch die Hälfte des Vermögens bekam. Jeden Tag hat sie sie angerufen und terrorisiert. Sie äußerte immer nur ein paar ausgewählte Worte – zum Beispiel darüber, wie prächtig sie sich mit ihrem Mann im Schlafzimmer vergnügt. Die arme Frau konnte die Demütigung nicht ertragen und litt an immer schwereren Depressionen. Bis sie irgendwann eine ganze Flasche Pillen geschluckt hat. Mausetot, einfach so.«

Pei schaute weiter stumm Guo an.

»Das macht einen schon wütend, oder? Und Überraschung – das Gesetz krümmt Leuten wie ihr kein Haar. Sie hat jede abscheuliche Tat begangen, die sie sich vorstellen konnte, und trotzdem führt sie ein bequemes Leben, wird von ihrem reichen Ehemann verwöhnt und verprasst das rechtmäßige Vermögen einer Toten. Kannst du mir versichern, dass du dir bei der Betrachtung eines solchen Verbrechens nicht auch ein klein bisschen wünschst, Eumenides möge auftauchen?«

Yuan wandte sich direkt an Guo. Die junge Frau war aschfahl geworden.

»Öffnen Sie den Brief«, befahl er.

Sie wagte es nicht, sich ihm zu widersetzen. Demütig und folgsam öffnete sie mit kleinen Bewegungen den Umschlag, den sie kurz zuvor eigenhändig aus seiner Manteltasche gezogen hatte. Darin befand sich ein Stück Papier, auf dem in gestochen scharfer Handschrift fünf Zeilen standen:

TODESANZEIGE

DIE ANGEKLAGTE: Guo Meiran
VERBRECHEN: Mord mit bedingtem Vorsatz
DATUM DER URTEILSVOLLSTRECKUNG: 25. Oktober
HENKER: Eumenides

Trotz der Wolke aus Grauen, die sie zu umhüllen schien, war Guo die Bedeutung dieser Worte klar.

»Nein«, flehte sie von Schluchzern unterbrochen, »es tut mir so leid! Ich tue so etwas nie wieder. Bitte, ich flehe Sie an, Sie beide – vergeben Sie mir, nur dieses eine Mal ...«

Yuan zog Guo noch näher an sich heran und deutete auf Pei. »Fragen Sie diesen Polizeibeamten. Kann das Gesetz jemandem vergeben, der nach einem bereits verübten Mord verspricht, sich zu bessern?«

Guo zitterte am ganzen Leib. Pei stieg ein beißend säuerlicher Geruch in die Nase. Er hörte es leise auf den Boden tröpfeln.

Pei rümpfte die Nase und zwang sich, seine Gedanken von dem Weg abzubringen, den Yuan für sie eingeschlagen hatte.

»Eumenides ... Jemand, der jenseits der Grenzen von Recht und Gesetz operieren und all jene bestrafen kann, die Verbrechen begehen. Klar, jeder von uns hat schon mal davon geträumt, wie es wäre, eine Art Superheld oder Rächer zu sein, aber ...« Pei schüttelte frustriert den Kopf. »Aber niemand, der bei Verstand ist, würde je versuchen, solche Träumereien tatsächlich in die Tat umzusetzen. Meng und ich haben diese Figur nur erschaffen, um uns im Rahmen einiger Streiche zu messen. Nichts hätte uns ferner liegen können als der Gedanke, jemanden umzubringen.«

»Aber nur, weil keiner von euch je vor der Wahl stand, die mir aufgezwungen wurde!«, schrie Yuan. Seine Stimme klang wie über Beton kratzende Stahlnägel. »Verrückte Gedanken kommen jedem hin und wieder, aber nur ganz wenige Menschen werden tatsächlich verrückt. Was nicht daran liegt, dass sie besser wären als die anderen, sondern nur daran, dass ihnen die Erlebnisse fehlen, die sie verrückt werden lassen! Ich habe Dinge erdulden müssen, die niemand je begreifen könnte!«

Der Zorn verfinsterte seine Tonlage. Langsam machte er sich daran, die schmerzhafte Geschichte seiner Reise in den Wahnsinn zu erzählen, die vor fast zwei Jahrzehnten ihren Anfang genommen hatte ...

*

Sie begann am sechzehnten März 1984 mit der großen Rauschgift-Beschlagnahmungsaktion, deren Kunde sich wie ein Lauffeuer unter den Gesetzeshütern der gesamten Provinz verbreitete. Tatsächlich aber hatte es mit diesem Fall mehr auf sich, als die meisten Leute je erfahren würden.

Deng Hua – damals noch als Deng Yulong bekannt – war zu jenem Zeitpunkt gerade mal fünfundzwanzig Jahre alt, hatte aber bereits außergewöhnlichen Einfallsreichtum und einen scharfen Verstand bewiesen. Diese Eigenschaften waren es dann auch, die ihn zu einem entscheidenden Faktor beim Erfolg der Razzia machten. Am Ende der Operation war er weitaus reicher und mächtiger, als irgendwer hätte voraussehen können.

Deng war es, der das Feuergefecht mit den Bandenmitgliedern anzettelte, nachdem sie von der Polizei umstellt worden waren. Indem er beiden Seiten in den Rücken fiel, gab er der Polizei die Möglichkeit, sowohl Liu Hongs Hintermänner als auch die Südostasiaten festzunehmen. Still und heimlich wanderte die Hälfte der Drogen und des Geldes in seinen Besitz.

Trotz seines minutiös ausgearbeiteten Plans hatte Xue Dalin ihn sofort durchschaut. Am Tag nach der Schießerei rief er Deng in sein Büro, um ihn zu vernehmen. Ob nun aus Unwillen, die Geheimwaffe aufzugeben, die er sich mit so viel Zeit und Aufwand gezüchtet hatte, oder aus Unwillen, seinen eigenen glänzenden Ruhm zu beschmutzen – der Konflikt zwischen den beiden endete jedenfalls in gegenseitigem Einvernehmen. Der eloquente Deng versprach, den gesamten Drogenvorrat zu vernichten, solange Vizepolizeichef Xue die Untersuchung offiziell für beendet erklärte. Und der ausgleichenden Gerechtigkeit halber steckte sich Xue die Hälfte des Schwarzgelds ein, das Deng gebunkert hatte.

Aber mit diesem Treffen war die Sache noch nicht erledigt. Die Lage verkomplizierte sich, als eine weitere Person auf den Plan trat: Xues Sekretärin Bai Feifei.

Kurz zuvor hatte die Abteilung eine Ladung hochmoderner japanischer Überwachungsausrüstung gekauft. Auch Xue hatte einen Satz erhalten, ihn allerdings in die Obhut seiner Sekretärin gegeben. Das Mädchen interessierte sich sehr für neue technische Spielereien, und oft amüsierte sie sich damit, in Xues Büro allerhand aufzubauen. Obwohl sie bei Xues geheimer Unterredung mit Deng nicht anwesend war, hatte Bai alles auf Band, was von einem der neuen versteckten Mikrofone aufgezeichnet worden war.

Bai war eine junge Referendarin und ihre Erfahrung mit der Härte des Alltags eher dürftig. Als sie begriff, dass der Mann, der nicht nur ihr Vorgesetzter, sondern für sie persönlich auch ein Held war, sich dazu herabgelassen hatte, mit einem Kriminellen finstere Geschäfte zu betreiben, drehte sie fast durch. Sie stellte Xue zur Rede und gab offen zu, sein Gespräch mit Deng zur Gänze belauscht zu haben. Sie flehte ihn an, sein Handeln zu überdenken. Das Abkommen, das er mit Deng geschlossen hatte, würde nicht nur seine Karriere, sondern vielleicht sogar sein Leben ruinieren.

Xue war verblüfft über den aufrichtigen Appell der jungen Frau, nutzte aber ihre Naivität aus, um sie zu überlisten. Bai war die einzige Person, die dieses Gespräch mitangehört hatte; sie war direkt zu ihm gekommen, statt sich vorher Zeit zu nehmen, das belastende Material mit jemandem zu teilen. Xue gab sich reuevoll und tat so, als habe sie ihn überzeugt. Er versprach seiner Sekretärin, er wolle all das Schwarzgeld und die Drogen seinen Vorgesetzten übergeben. Und er schwor, er würde Deng nicht ungeschoren davonkommen lassen. Bai war wie berauscht von ihrem Erfolg – so sehr, dass sie Xue das verfängliche Band aushändigte.

Zwei Nächte später ertrank Bai in einem der Vororte im Fluss, nur wenige Meter von ihrem gewohnten Heimweg entfernt.

Als ihr Vorgesetzter gab Xue schriftlich zu Protokoll, die junge Frau habe nach einem jüngst erfolgten romantischen Schicksalsschlag leider zunehmend labil gewirkt. Seinem Bericht nach hatte sie ihm gegenüber sogar mehrfach angedeutet, dass sie darüber nachdenke, sich das Leben zu nehmen. Bais Kommilitonen bestätigten die Probleme in ihrem Liebesleben, und kurz darauf wurde die Untersuchung zum Tod der jungen Sekretärin abgeschlossen. Die Polizei stellte ganz offiziell fest, sie habe aufgrund der gewaltigen psychischen Belastung Selbstmord begangen.

Die Schuld wurde Yuan Zhibang zugeschrieben, Bais Ex-Freund. Aber Yuan kannte die Wahrheit. Man hatte es ihm nur angehängt.

Yuan war in der Tat ein Freund junger Damen gewesen. Und obwohl seine serienmäßigen, wenn auch ehrlichen Romanzen im einundzwanzigsten Jahrhundert für viel weniger Stirnrunzeln gesorgt hätten, hatte er sich in den Achtzigern einen geradezu skandalträchtigen Ruf erworben.

Zu Beginn war die Beziehung von Yuan und Bai sehr zärtlich gewesen, aber mit der Zeit stellte sich zunehmend heraus, dass ihre Persönlichkeiten unvereinbar waren. Die Abtreibung hatte die Belastungsgrenze endgültig überschritten, wenngleich die Entscheidung für diese Prozedur gemeinsam getroffen worden war. Nach ihrer Trennung waren die beiden Freunde geblieben und hatten sich mindestens einmal pro Woche getroffen.

Der abschließende Untersuchungsbericht, demnach Bai Feifeis emotionale Probleme zu ihrem Suizid geführt hätten, mochte also alle anderen überzeugt haben, Yuan allerdings mitnichten. Am Ende musste er nur geringen Aufwand betreiben, um die Wahrheit in Erfahrung zu bringen.

Nachdem sie Xue zur Rede gestellt hatte, war Bai so begeistert von seinem offenkundigen Sinneswandel gewesen, dass sie sich unbedingt jemandem anvertrauen musste, und Yuan kam ihr als Erster in den Sinn. Sie erzählte ihm die ganze Geschichte von Anfang bis Ende. Für ihn schien sich die Sache damit erledigt zu haben. Alle Studenten der Akademie bewunderten Xue, also war Yuan ganz einfach stolz auf Bai, dass sie ihn, den von allen verehrten Helden, vor dem Abgrund bewahrt hatte.

Nie hätte Yuan voraussehen können, was danach geschah – Bai ertrank unter rätselhaften Umständen im Fluss, und Xue schob ihren angeblichen Selbstmord ihm in die Schuhe. Yuan musste kein Genie im Fach Strafrechtliche Ermittlungen sein, um sofort zu erkennen, dass die Sache gewaltig stank.

Wie sollte er mit einer derart abrupten Fügung des Schicksals umgehen?

Dass er und Bai die Beziehung lange vor ihrem Ertrinken einvernehmlich beendet hatten, spielte für ihn keine Rolle. Er schwor sich, ihren Tod zu rächen.

Einst hatte er Bai versprochen, er würde sie immer beschützen. Sollte sie jemals jemand ausnutzen, würde er die Person aufspüren, die ihr übel mitspielte, und sie dafür bezahlen lassen.

Als nur noch wenige Wochen von seiner Abschlussprüfung entfernter Polizeischüler war sein erster Gedanke, Gerechtigkeit im Rahmen der Gesetze zu suchen. Nur befand sich das einzige Beweisstück, das seine Geschichte untermauert hätte – das Band mit dem Gespräch zwischen Xue und Deng –, in Xues Besitz. Außerdem hatten Xue und seine Verbündeten mehr als genug Macht und Einfluss, um Yuan mundtot zu machen, sollte er irgendwelche rechtlichen Schritte einleiten. Yuan begriff: Wollte er Xue Dalin seiner gerechten Strafe zuführen, würde er jenseits der Legalität operieren müssen.

Zerrissen zwischen Trauer und Wut, begann der junge Mann, der viele Jahre dafür studiert hatte, Recht und Gesetz zu wahren, eine tiefe Abneigung gegen jenes System zu entwickeln, das er beschützen sollte. Er sah deutlich, dass sich Menschen, die gewisse böse Taten begingen, der Strafverfolgung schlicht entziehen konnten und es dunkle Ecken innerhalb der Gesellschaft gab, in die kein Gesetz vorzudringen vermochte.

Professor Yang, Inhaber des Lehrstuhls für Strafrechtliche Ermittlungen und einer der beliebtesten Dozenten der Akademie, hatte oft gesagt, Polizeibeamte und Verbrecher seien im Prinzip zwei Seiten derselben Medaille. Schließlich kam Yuan zu einem Entschluss, den er sich nie im Leben zugetraut hätte.

Er wollte seine Fähigkeiten und sein Wissen einsetzen, um Xue und Deng zur Rechenschaft zu ziehen.

Er wusste, dass das, was er plante, seine Karriere ruinieren würde, seinen lebenslangen Traum, Polizeibeamter zu werden. Bis ihn zwei Kommilitonen auf eine Idee brachten – sein lieber Freund Pei und dessen Freundin Meng.

Eumenides, dieser den Tiefen von Mengs Vorstellungskraft entsprungene Rachegeist, hatte an der Akademie eine Menge Unruhe gestiftet. Pei und Meng mochten alle anderen mit ihrem Spielchen hinters Licht führen, ihn jedoch nicht. Er war ebenso listig wie die beiden und wohnte sogar mit Pei zusammen. Für Yuan nahm Eumenides eine gänzlich andere Bedeutung an, eine viel gewagtere und tiefere, als Meng je geplant hatte. In Yuans Vorstellung verwandelte sich Eumenides vom Schelm in einen echten Rächer – in ein Symbol, das all jene zur Rechenschaft ziehen konnte, deren Verbrechen ungesühnt blieben.

Um seinen Plan in die Tat umzusetzen, musste Yuan einen Weg einschlagen, von dem es kein Zurück geben würde. Seine oberste Priorität: Xue Dalin und Deng Yulong zu töten.

Die vier Jahre an der Akademie hatten ihm umfangreiches Wissen in allen Bereichen beschert, die man als Polizeibeamter beherrschen musste: Sprengstoffe, Schlösserknacken, Nahkampf sowie die Techniken und Methoden, die jeder polizeilichen Ermittlung zugrunde liegen.

Yuan wusste, es würde nicht einfach werden, Xue und Deng zu töten. Deng hatte viele Jahre Erfahrung im kriminellen Milieu auf dem Buckel und war durchtrieben wie ein Wolf. Er war stets auf der Hut und konnte sich auf seinen scharfen Instinkt verlassen, der ihm sein Überleben sicherte. Yuan würde nur eine Chance haben, Deng zur Strecke zu bringen. Schlug dieser Versuch fehl, würde Deng unbarmherzig zurückschlagen.

Yuan war sich durchaus bewusst, dass seine Fähigkeiten zwar unschätzbar wertvoll waren, um sein Ziel zu erreichen, sie ihm aber genauso gut zum Verhängnis werden konnten. Der Polizeiapparat der Provinz war voller erstklassiger Analytiker und Ermittler. Alles, was die Polizei auf seine Fährte bringen konnte, stellte eine Bedrohung für ihn dar. Kein Versteck würde tauglich genug sein, sobald dieses gewaltige Netz einmal für ihn ausgeworfen war.

Nach langen Überlegungen kam Yuan zu dem Schluss,

dass es nur eine Lösung für dieses Problem gab. Yuan Zhibang musste verschwinden. Er musste zu Eumenides werden.

Eumenides musste jemand sein, den es nie gegeben hatte. Ein Individuum ohne Vorgeschichte, ohne Papiere und Urkunden, ein Niemand, dessen bloße Existenz auch mit großem Aufwand nicht zurückzuverfolgen war. Mit wem auch immer er es aufnahm – ob mit der Polizei oder einem mächtigen Verbrecher –, er würde stets unerreichbar bleiben.

Yuan musste seinen eigenen Tod vortäuschen. Dann erst konnte er zu jemandem werden, den es nicht gab.

Er konnte es nicht allein durchziehen. Ebenso wenig konnte er irgendwen in seine Pläne einweihen.

Nur Pei und Meng konnten ihm helfen, diese Aufgabe zu bewältigen.

Als ersten Schritt begann er eine ausgiebige Korrespondenz mit einer frei erfundenen Brieffreundin. Die fingierten Briefe würden seine angebliche Untreue untermauern und die Polizei bei ihrer zukünftigen Suche nach Eumenides in die Irre führen.

Am frühen Morgen des achtzehnten April 1984 verschaffte er sich mit einem Schlosserset Zutritt zu Xue Dalins Wohnung. Der stellvertretende Polizeichef schlummerte noch friedlich. Nachdem Yuan die Rasierklinge durch Xues Hals gezogen und eine Todesanzeige auf dem Esstisch platziert hatte, entdeckte er das Schwarzgeld, das Xue in der Wohnung gebunkert hatte. Aus diesem Bargeldpaket wollte er nach seinem Verschwinden seinen Lebensunterhalt bestreiten.

Am späten Vormittag versteckte Yuan das Geld und traf letzte Vorbereitungen, sein normales Leben zu beenden.

Eine nach der anderen durchtrennte er sämtliche emotionalen Bindungen zu seiner Umwelt.

Er gab vor, sich an diesem Nachmittag mit seiner Brieffreundin zu treffen. Ehe er das Wohnheim verließ, stellte er die Uhr im Zimmer zwei Minuten vor, um mögliche chronologische Löcher in seinem Plan zu stopfen. Nachdem das erledigt war, hinterließ er die nächste Todesanzeige – seine eigene – im Postfach an seiner Schlafzimmertür. Beim Verfassen dieser Nachricht fühlte er sich plötzlich von finsterer Genugtuung erfüllt.

Sobald er all diese Vorbereitungen abgeschlossen hatte, verließ er das Wohnheim. Draußen lief er Meng über den Weg und ließ sie glauben, es handele sich um eine zufällige Begegnung. Er erzählte ihr, wohin er unterwegs sei, und erwähnte beiläufig, dass Pei bald wieder zu Hause sei – er lasse ausrichten, Meng solle, wenn sie wolle, in seinem Zimmer auf ihn warten. Außerdem habe Pei explizit erwähnt, Meng möge ihr Funkgerät mitbringen.

Yuan hatte längst eine ferngesteuerte Störquelle in Mengs Funkgerät eingebaut, damit er die Verbindung zum richtigen Zeitpunkt unterbrechen konnte. Zusätzlich hatte er noch einen weiteren Mechanismus installiert, der eine kleine Menge Schwarzpulver enthielt – im Prinzip eine winzige Bombe. Sie würde ausreichen, um Meng außer Gefecht zu setzen, wenn sie das Funkgerät auf Kopfhöhe hielt, und ihm auf diese Weise genug Zeit verschaffen, den weitaus tödlicheren großen Bruder der Bombe zu zünden.

Sobald sie die Wohnung betrat, entdeckte Meng die Todesanzeige. Natürlich ging sie davon aus, Pei habe die formvollendeten Schriftzeichen zu Papier gebracht. Nachdem sie hastig eine eigene Nachricht auf dem Schreibtisch hinterlassen hatte, eilte sie an den Ort, den Yuan beim Gespräch draußen zufällig erwähnt hatte.

Zu ihrer Überraschung handelte es sich um ein verlassenes Lagerhaus. Trotz großer Vorbehalte betrat sie das Gebäude und fand Yuan an eine Wand gekettet, mit einer um den Leib geschnallten Bombe.

Yuan hatte bereits die Kleidung eines Schrottsammlers angelegt, aber Mengs Panik angesichts der Bombe wischte jeden Verdacht hinfort, der sonst vielleicht in ihr aufgekeimt wäre. Ihre erste Reaktion bestand darin, sich unverzüglich mit Pei in Verbindung zu setzen, was Yuans Plan exakt entsprach. Während 16:13 Uhr langsam näher rückte, bereitete er sich darauf vor, die Störquelle in Mengs Funkgerät zu aktivieren.

Meng bemühte sich fieberhaft, die Bombe nach Peis verzweifelten Anweisungen zu entschärfen, als Yuan den Daumen auf den Auslöser legte, der in seiner Tasche steckte. Die Funkverbindung riss ab, und die winzige Bombe explodierte Meng in der Hand. Wiederum ganz nach Plan kippte Meng bewusstlos zur Seite.

Pei hörte in seinem Zimmer ein gewaltiges Rauschen aus seinem Funkgerät ... und dann nichts mehr. Im selben Moment schaute er auf die Uhr. Obwohl er vor Entsetzen wie versteinert war, registrierte er die Ziffern der Anzeige. 16:15 Uhr.

Yuan sprang auf. Er zerrte Huang Shaoping, einen Bettler, mit dem er sich zur Vorbereitung des heutigen Tages angefreundet hatte, aus dem Betontunnel, den er sein Zuhause nannte. Er kettete Meng und Huang mit Handschellen aneinander. Er schaute auf die Uhr und stellte den Zünder der Bombe auf 16:15 Uhr – noch zwei Minuten. Dies würde sicherstellen, dass Peis Zeugenaussage den Zeitpunkt der Explosion bestätigte, sowie Yuan gerade genug Zeit lassen, außer Reichweite zu gelangen.

In 120 Sekunden würde der Mann namens Yuan Zhibang in einem Flammenmeer umkommen. Aus der Asche der zerstörten Lagerhalle würde sich Eumenides erheben, eine Person ohne jegliche Personalakte oder sonstige Unterlagen.

*

Es *war* ein brillanter Plan gewesen, wie Pei zugeben musste. Gleichzeitig wusste er allerdings, dass irgendetwas furchtbar schiefgelaufen war.

Yuan starrte mit leerem Blick achtzehn Jahre in die Ferne.

»Es war Meng. Ich habe sie unterschätzt. Und sie war der letzte Mensch, den ich hätte unterschätzen sollen.« Pei hörte den bewundernden Unterton in Yuans ernsten Worten. »Wir haben uns beide intellektuell mit ihr gemessen. Und am Ende haben wir beide den Kürzeren gezogen.«

»Was hat sie getan?«, fragte Pei und war nicht in der Lage, das Zittern aus seiner Stimme zu verbannen.

Yuan kniff die Augen zusammen und setzte seine Erzählung fort.

*

16:13 Uhr. Noch zwei Minuten bis zur Explosion.

Meng schwebte langsam aus der Bewusstlosigkeit zurück an die Oberfläche. Ihr Gesicht war warm von Blut, es dröhnte in ihren Ohren, aber im Nu hatte sie sich gefangen und war wieder aufmerksam.

Yuan war fort, sie selbst mit Handschellen an einen Fremden gefesselt. Der Mann hielt die Augen geschlossen und rührte sich nicht. Meng konnte nicht erkennen, ob er tot war oder nur bewusstlos. Dann sah sie die Bombe, die er um die Hüfte geschnallt trug. Sekunde um Sekunde verstrich auf der kleinen Anzeige.

Schnell überprüfte sie die Bombe, aber noch immer hatte sie keine Ahnung, wie sie zu entschärfen war. Noch eine Minute.

Meng sah sich um und suchte fieberhaft die Umgebung ab. Sie entdeckte eine Gestalt, die sich immer weiter zurückzog. Endlich dämmerte ihr die Wahrheit. Sie war ihm in die Falle gegangen.

»Yuan Zhibang!«

Yuan erstarrte. Er drehte sich um und suchte ihren Blick. Während Schuld und Trauer seine Gesichtszüge verzerrten, schien die Zeit stillzustehen.

»Es tut mir leid«, sagte er leise, ehe er sich umdrehte und zur Tür ging.

»Du mieses Schwein! Bleib stehen und schau mich an!«

Eine unwiderstehliche Kraft schien von ihr auszugehen. Yuan hatte die Tür beinahe erreicht, war aber plötzlich vor Entsetzen wie gelähmt. Wieder drehte er sich zu ihr um. Selbst in diesem Moment war er noch immer davon überzeugt, alles unter Kontrolle zu haben. Sie konnte nichts tun, was seinen Plan beeinträchtigt hätte.

In weniger als einer Minute würde die Bombe hochgehen, aber er brauchte nur Sekunden, um es ins Freie zu schaffen. Gerade genug Zeit für ihn, um zu entkommen, aber unmöglich genug Zeit für Meng, um sich zu befreien.

Es konnte also kaum schaden, seine Flucht noch ein paar Sekunden aufzuschieben.

Genau das war sein Fehler – er ging davon aus, dass Meng sich befreien wollte.

Sie starrte ihn an, packte das Zündkabel der Bombe und riss daran.

Yuan klappte vor Entsetzen der Mund auf, als er begriff, was sie vorhatte. Sie wollte nicht überleben. Sofort sprang er auf den Ausgang zu, aber es war zu spät. Eine Welle aus glühender Hitze riss ihn von den Beinen, die Welt versank in Feuer und Finsternis.

*

Pei fühlte sich, als schwebe sein Kopf meilenweit über der Erde. Tränen strömten ihm die Wangen hinab. Seltsamerweise empfand er fast so etwas wie Erleichterung.

»Es war nicht meine Schuld«, sagte er.

Mit der Erkenntnis, nicht für Mengs Tod verantwortlich zu sein, hatte sich endlich der Stein gelöst, der achtzehn Jahre lang auf seinem Herzen gelastet hatte. Noch größer war die Bewunderung, die er für seine verstorbene Geliebte empfand. Einen derart heldenhaften Tod hatte er niemals in Betracht gezogen.

Er wischte sich die Augen und starrte wieder Yuan an. »Das war typisch Meng«, krächzte er. »Niemals aufgeben. Sie war unschlagbar.«

»Ja«, sagte Yuan ungerührt. »Ich konnte sie nicht schlagen. Und dich auch nicht. Sie hat mir fast alles genommen. Und dank dir kann ich endlich die Überbleibsel meines Lebens zur Ruhe legen.« Er stockte, als müsste er plötzlich neu abwägen. »Obwohl ... es auch keiner von euch beiden geschafft hat, mich zu schlagen. Das wirst du sehr bald verstehen. Wenn dieses achtzehn Jahre andauernde Ringen endlich endet, sollte es keinen Zweifel darüber geben, wer gewonnen hat.«

Pei schüttelte den Kopf. »Ich habe dich gefunden. Es endet hier und jetzt.«

»Ich wollte, dass du mich findest.« Yuan lachte unter Schmerzen. »Und ich bin nicht Eumenides. Zumindest nicht mehr. Nachdem deine Herzdame mich verbrennen ließ, habe ich aufgehört.«

Pei schloss die Augen und schämte sich für seine Überheblichkeit. Die Explosion im Lagerhaus hatte Yuans Körper verkrüppelt, nicht aber seine Motivation. Deshalb hatte er achtzehn Jahre gewartet. Er hatte es tun müssen.

»Es gibt einen neuen«, sagte Pei, um seine Theorie auf die Probe zu stellen.

Yuan nickte und verstärkte den Griff um Guos Hand. »Ja.«

Pei spannte den Unterkiefer an. Yuan hatte Zeit gebraucht, um einen würdigen Nachfolger auszubilden, jemandem das nötige Handwerkszeug beizubringen, um seinen Feldzug für die Gerechtigkeit wieder aufzunehmen.

»Ich werde ihn finden.«

»Nein, wirst du nicht.« Yuan lächelte. »Es gibt keinerlei Beweise für seine Existenz. Kein einziges Foto. Sag mir, Pei, wie willst du jemanden finden, den es nicht gibt?«

»Deng Hua!«, rief Pei, dessen Eifer nicht nachgelassen hatte. »Auf diesem Weg finde ich ihn. Und ich kenne bereits den Ort, der für deinen Plan von entscheidender Bedeutung ist.«

Yuans zerstörtes Gesicht verzog sich zu einem breiten Grinsen, das Pei zwei Jahrzehnte in die Vergangenheit schleuderte. Er wurde von namenloser Erinnerung heimgesucht.

»Es gefällt mir, wie du dich entwickelt hast, Pei.«

Pei verspannte sich.

»Denk achtzehn Jahre zurück, an die Zeit vor der Explosion. Wir waren Zimmergenossen – fast schon Brüder – und haben darum gekämpft, wer von uns Jahrgangsbester wird. Hast du je damit gerechnet, dass es einmal so endet? Hier sitzen wir uns als Gegner gegenüber, Feuer und Eis. Wir tun immer noch alles, um einander zu schlagen, obwohl keiner von uns auch nur ansatzweise sicher sein kann, am Ende zu gewinnen.«

Pei sagte nichts, wölbte aber vor lauter Konzentration die Augenbrauen.

»Ich weiß, du hast darüber genauso intensiv nachgedacht wie ich«, sagte Yuan. »Wir sehnen uns beide nach Herausforderung und Aufregung, halten einen großartigen Gegner für wichtiger als einen guten Freund. Wir haben uns beide die gleiche Situation ausgemalt, das weiß ich genau – uns auf dem Schlachtfeld von Angesicht zu Angesicht auf Leben und Tod gegenüberzustehen. Entweder tötest du mich, oder ich töte dich.«

Pei zischte durch die Zähne. Yuan lachte, klang aber wie ein verendendes Tier.

»Ich habe unsere Fantasie Wirklichkeit werden lassen. Eigentlich solltest du dich bei mir bedanken. Ich habe den Brief geschrieben, der dich hergebracht hat. Ich habe dich eingeladen, an diesem Spiel teilzunehmen. Und du hast mich nicht enttäuscht. Ehrlich gesagt bin ich neidisch. Du hast immer noch die Chance, einem außergewöhnlichen Gegner gegenüberzutreten.«

Pei starrte ihn lange Zeit an, bis er endlich den Kopf schüttelte. »Du bist wahnsinnig.«

»Wahnsinnig?« Yuan grinste spöttisch. »In deinen Augen vielleicht, aber immerhin bin ich in der Lage, Unrecht zu bestrafen. Ich erledige die Arbeit, die eigentlich du zusammen mit deinen Kollegen erledigen solltest.«

»Wir würden niemals jemanden töten, der unschuldig ist!«, brüllte Pei entrüstet.

»Ich bitte dich. Was heißt das schon? Unschuldig?« Yuan zuckte mit den Schultern. »Ich will dir eine Frage stellen: Wenn ich weder Meng noch Zheng Haoming getötet hätte, sondern tatsächlich nur Menschen, die es verdient haben, für ihre Verbrechen bestraft zu werden – würdest du mich dann verhaften?«

Pei zögerte keine Sekunde. »Natürlich.«

»Schön. Jetzt sieh sie dir noch mal an.« Er zerrte an Guos Arm und rückte die schluchzende Frau wieder in den Mittelpunkt. »Stell dir für einen Moment vor, ich wäre mein Leben lang ein braver, gesetzestreuer Bürger gewesen. Da ich aber die widerwärtigen Taten dieser Frau nicht ertragen kann, will ich sie jetzt umbringen. Würdest du so weit gehen, einen tödlichen Schuss auf mich abzugeben, um sie zu retten?«

»Ja, würde ich«, sagte Pei entschlossen.

»Trotzdem verabscheust du diese Frau ebenfalls. Du findest mein Vorhaben eigentlich nicht verwerflich, musst aber trotzdem alles tun, was in deiner Macht steht, um mich aufzuhalten. Du würdest mich sogar töten, wenn es keinen anderen Ausweg gäbe. Und all das nur aus dem

Bedürfnis heraus, die Regeln aufrechtzuerhalten, weil du glaubst, diese Regeln könnten die Bevölkerung beschützen.«

Pei nickte. »So ist es.«

»Ich habe etwas getan, was du gerne selber getan hättest, aber nicht tun kannst. Trotzdem würdest du mich erschießen. Jetzt sag mir: Würde ich auch als unschuldig gelten?«

Pei schüttelte stumm den Kopf.

»Warum so zögerlich? Dann beantworte ich die Frage: Ich wäre nicht unschuldig. Du siehst also, wir stehen uns bereits auf dem Schlachtfeld gegenüber. Selbst wenn wir einander verstehen können, selbst wenn wir am Ende nach der gleichen Sorte Gerechtigkeit streben, sind wir dazu verdammt, uns bis zum Tod zu bekämpfen. Wir sind beide bereit, im Namen der Verbrechensbekämpfung unser Leben zu opfern – und all das zum Wohl der Menschen. Niemand ist wirklich unschuldig.« Yuan atmete tief aus. »Abgesehen davon hat außer Meng jeder, den ich getötet habe, den Tod verdient. Selbst der Kerl, den ich als Attrappe für meinen eigenen Tod missbraucht habe, hatte unaussprechliche Dinge getan.«

»Aber Zheng war unschuldig. Trotzdem hat dein Nachfolger ihn getötet.«

»Zheng ist zu neugierig geworden. Ich bin bereit, jeden zu töten, der mir in die Quere kommt.«

Pei schaute ihm in die Augen. »Warum lebe ich dann noch?«

»Erinnerst du dich noch an den Wels-Effekt?«

Pei dachte an all die Stunden, die er im Hörsaal zugebracht hatte. Professor Yang zufolge stammte der Begriff ursprünglich aus einer alten norwegischen Fabel. Als norwegische Fischerboote vor langer Zeit viele Tage am Stück aufs Meer hinausfuhren, um Sardinen zu fangen, stellten die Fischer fest, dass der wertvolle Fang die Reise bis in den Hafen nur selten überlebte. Zur Verblüffung seiner Kollegen war ein Kapitän jedoch in der Lage, all seine Sardinen lebend im Hafen abzuliefern. Sein Trick war überraschend einfach: Er setzte einen Wels in den großen Tank. Sobald die Sardinen den Räuber sahen, flitzten sie vor lauter Angst im Tank hin und her. Dadurch wurden die Sardinen stark und gesund und überlebten, bis das Schiff wieder in den Hafen einlief.

»Du bist der Wels«, sagte Yuan. »Deine Anwesenheit hält Eumenides auf Trab. Und deswegen werde ich dich sicher nicht töten. Ich habe ihm nichts mehr beizubringen. Du hingegen wirst in den nächsten Tagen zu seinem größten Widersacher und somit gleichzeitig zu seinem besten Lehrmeister aufsteigen.«

Pei konnte nicht sagen, ob Yuan diese Bezeichnung als Beleidigung oder als Kompliment gemeint hatte. Vielleicht weder noch.

»Du bist völlig durchgedreht, Yuan. Du hast dich so tief in deinen eigenen Lügen verstrickt, dass sie dich für die Wahrheit geblendet haben. Du begreifst nicht einmal, dass deine Tage des Tötens gezählt sind.« Pei gestattete sich ein kaltes Grinsen. »Ich kann es kaum erwarten, meine Zähne in deine kleine Sardine zu schlagen.«

Yuan leckte sich über die zerschundenen Lippen. »Du willst mich ernsthaft davon abhalten, Deng zu töten?«

»Selbstverständlich. Willst du behaupten, ich schaffe es nicht?«

»Ach, keine Frage, dass du das schaffst. Aber du weißt

jetzt nur zu gut, was Deng für ein Mensch ist. Ein Schwerverbrecher. Er handelt mit Rauschgift und steckt bis zum Hals in Blut. Ist das wirklich die Sorte Mensch, für deren Rettung du dein Leben aufs Spiel setzen würdest?«

»Du kannst solche Dinge vor dem Gesetz nicht einfach gegeneinander aufwiegen. Dengs Verbrechen sind eine Sache. Dein Versuch, ihn auf illegale Weise hinzurichten, ist eine andere. Die Gesetze verbieten es dir, deine eigene perverse Art von Selbstjustiz anzuwenden, und ich verbiete es dir auch.«

»Wie einfach dir diese edlen Worte über die Lippen kommen.« Yuan fletschte die Zähne. »So kannst du nur denken, weil du noch nie eine wirklich schwere Entscheidung treffen musstest. Aber du wirst es schon bald verstehen. Auch für dich gibt es keinen Ausweg.«

»Was soll das heißen?«

»Als Mu vorhin das Restaurant verlassen hat«, sagte Yuan lächelnd, »trug sie etwas bei sich, das ich ihr gegeben habe. Du hattest doch immer eine messerscharfe Beobachtungsgabe. Ich bin mir sicher, dieses Detail ist dir nicht entgangen.«

Pei erstarrte und erinnerte sich, wie Mu sich in großer Eile vom Restaurant entfernt und ein Taxi bestiegen hatte. Er knirschte mit den Zähnen. »Was hast du ihr gegeben?«

»Völlig egal, *was* ich ihr gegeben habe.« Yuans Wangen zuckten. »Wichtig ist nur, dass Deng jetzt glaubt, sie trage eine bestimmte Sache bei sich. Nämlich die Aufnahme, die Bai Feifei vor all den Jahren gemacht hat.«

Pei stockte der Atem, als er begriff, was das für Mu bedeutete. Er ließ die Faust auf den Tisch krachen und sprang auf.

»Du mieser Hurensohn. Du bringst sie um!«

»*Ich* werde ihr kein Haar krümmen. Deng will sie tot sehen. Ach, und gib dir keine Mühe, sein Schoßhündchen Hua davon überzeugen zu wollen, das alles sei nur ein Trick. Ich habe ihm schon gesagt, dass du alles tun würdest, um eine Kollegin zu retten.«

»Du Bastard ...« Der Zorn, der in ihm entbrannt war, verbrannte jeden rationalen Gedanken zu Asche. Er packte Yuan am Mantelkragen. Die Adern an seinem Hals traten hervor. »Warum musstest du sie mit reinziehen?«

»Das ist deine Prüfung«, sagte Yuan langsam und betont. »Ich musste dich vor eine schwierige Wahl stellen. Ich musste sehen, wie du reagieren würdest.«

Peis Hände zitterten. Er ließ von Yuan ab, zog sein Handy aus der Tasche und suchte verzweifelt nach Mus Nummer. Sie antwortete nicht. Wütend warf er sein Handy auf den Tisch.

Yuan wirkte noch immer vollkommen entspannt. »Zeit zu gehen, Hauptmann Pei. Wenn du noch länger zögerst, hast du gar keine Wahl mehr.«

Pei steckte sein Telefon ein und ging zur Tür.

Yuan rief hinter ihm her.

»Warte.«

Pei stockte und drehte sich um.

»Kein Abschiedsgruß für mich?«

Die beiden Männer sahen einander an. Ihre komplette gemeinsame Vergangenheit – ihre Freundschaft, die achtzehn Jahre voller Trauer und Sehnen und Reue, selbst die heutige Begegnung, die von Feindschaft und Wut geprägt gewesen war – verschmolz zu diesem einen Augenblick.

»Ich lasse dich lieber in Frieden hier sitzen, bevor du

sowieso zur Hölle fährst«, fauchte Pei, drehte sich um und rannte zur Tür hinaus.

Mit jedem von Peis stampfenden Schritten spürte Yuan, wie seine Lebensenergie langsam versickerte. Er lehnte sich auf dem Stuhl zurück und fühlte sich wie ein Mann auf dem Sterbebett.

»Wir hatten einen guten Lauf, oder, Guo?«

»Der Bulle hat völlig recht. Sie sind wahnsinnig«, zischte sie.

Er legte ihr den Arm um die zitternden Schultern. »Vielleicht bin ich das. Aber darüber müssen wir beide uns nicht mehr lange den Kopf zerbrechen.«

Yuan hatte alles erreicht, was er sich vorgenommen hatte. Er hatte die Mission erfüllt, die seine zweite Lebenshälfte bestimmt hatte. Doch er spürte keine Freude darüber.

Ihm war nichts als Einsamkeit geblieben.

*

Das hier war wirklich der miserabelste Tag seiner gesamten Karriere, dachte Kommissar Chen. Schlimm genug, dass sich in seinem Zuständigkeitsbereich eine Geiselnahme ereignete – aber das war lange nicht so frustrierend wie die Tatsache, dass keine der Personen, die mit dem Geiselnehmer gesprochen hatten, hinterher vor Ort geblieben war, um ihn über die Lage aufzuklären und ihm vielleicht zu sagen, worüber gesprochen worden war oder was als Nächstes zu tun war.

Als schließlich Pei das Restaurant verließ, hatte dieser immerhin den Anstand, den Kollegen zwei Worte zuzurufen: »Sofort zurückziehen!«

»Alle Mann zurückweichen!«, schrie Kommissar Chen seinen Leuten zu. Zwar wusste er nicht, was passiert war, aber Peis Gesichtsausdruck ließ ihn das Schlimmste befürchten.

Die Explosion ließ den Boden erzittern und zerschmetterte in sämtlichen umliegenden Gebäuden die Fensterscheiben. Der Jade-Garten zerfiel unter einer gewaltigen Staubwolke zu einem Haufen Betonbrocken. Chen konnte nichts mehr hören, nur das grauenvolle Klingeln in seinen Ohren.

Der Platz versank im Chaos. Manche Leute standen vor Schreck wie gelähmt und schrien, andere rannten blitzartig in Deckung, einige schlichen sogar auf die Trümmer zu, von einer widerwärtigen Neugier magisch angezogen.

Pei hatte bereits die Absperrung am Ende der Straße passiert. Er schaute nicht zurück. Als er die Kreuzung erreichte, blickte er in die Richtung, in die Mu verschwunden war. Die Straßen in dieser Gegend mochten überall hinführen, er kannte sich in dem Viertel kaum aus.

Während er unschlüssig an der Kreuzung stand, klingelte sein Handy, und er sah Mus Namen auf dem Display. Sofort hob er ab, hörte statt ihrer allerdings Zengs Stimme.

»Hallo? Hauptmann Pei?«

»Zeng?« Da er nicht wusste, ob er gute oder schlechte Nachrichten zu erwarten hatte, fragte er besorgt: »Wo sind Sie? Was ist mit Mu?«

»Wir sind im Ersten Volkskrankenhaus. Mu ist in Schwierigkeiten geraten. Scheiße, zum Glück war ich da, bevor es noch schlimmer kam!« Er kochte vor Wut.

Pei musste endlich los. Er suchte die Menge nach dem jungen Beamten ab, der ihn, Mu und Hua hergefahren hatte. Der Mann war nirgendwo zu sehen. Er rümpfte die Nase und sah Kommissar Chen an, der Salven aus Anweisungen auf die Beamten abfeuerte, die rings um das Restaurant ausschwärmten. Er konnte Chen bitten, ihm ein Transportmittel zum Krankenhaus zur Verfügung zu stellen, aber sein Instinkt sagte eindeutig, dass der Kommissar seine Bitte ohne Zögern ausschlagen würde.

Er drehte sich um und entdeckte ein Dutzend Meter weiter mehrere parkende Taxis. Sofort rannte er zum vordersten und riss die Beifahrertür auf. Der Fahrer, der mit offenem Mund das zerstörte Restaurant angestarrt hatte, schrie bei seinem plötzlichen Auftauchen vor Schreck.

»Was zum Teufel tun Sie da?«

Pei zeigte dem Mann seine Dienstmarke. »Ich muss auf der Stelle zum Ersten Volkskrankenhaus, so schnell wie irgend möglich.«

»Klar, in Ordnung«, sagte der Fahrer und schien sich langsam abzuregen. Er legte den Gang ein. »Was immer Sie wollen.« Er beäugte die Waffe, die aus Peis Holster ragte.

Pei wählte Zengs Nummer. Der jüngere Beamte hob sofort ab, und Pei bat ihn zu erklären, was geschehen war.

»Nachdem Mu in Richtung Jade-Garten aufgebrochen ist, hat mir die Sache einfach keine Ruhe gelassen. Also bin ich selber zur Xingcheng-Straße und gerade rechtzeitig vor der Absperrung angekommen, um zu sehen, wie Mu in ein Taxi gestiegen ist. Sie hatte irgendein Paket dabei. Ich bin in ein anderes Taxi und hinter ihr her. Nach einer Weile hat Mu gehalten und ist in einer ranzigen Seitengasse verschwunden. Ich war mir nicht sicher, was sie da wollte, aber ihre Bewegungen haben mir klargemacht, dass sie unbeobachtet bleiben will. Ich habe in der Nähe vom Eingang zur Gasse gewartet. Kurz darauf sind zwei Männer darin verschwunden. Sie haben irgendwas gesucht. Ich habe Mu schreien hören und bin losgerannt.«

Pei schnaufte erleichtert.

»Ich habe sie tief in der Gasse auf dem Boden gefunden«, fuhr Zeng fort. »Sie war bewusstlos, hat aber noch geatmet. Einer der beiden Typen stand Wache, der andere hat sie durchsucht. Der erste hat mich gesehen und ist auf mich zugestürmt. Sie hätten mich sehen sollen! Ich war drauf und dran, ihm richtig in den Arsch zu treten, aber dann hat der andere gepfiffen, und schon waren die beiden auf und davon. Ich hatte zu große Sorge wegen Mu, um sie zu verfolgen. Ich habe sie mir auf den Rücken gewuchtet und sie zum erstbesten Taxi geschleppt, und jetzt sind wir im Krankenhaus.«

»Ich bin fast da«, sagte Pei. »Wie geht es ihr?«

»Der Arzt sagt, sie hat nur eine leichte Kopfverletzung. Es geht ihr bald wieder gut. Sie ist schon wach. Wir sind in Zimmer 417 im Ostflügel.«

Das Taxi hielt vor dem Krankenhaus, und Pei sprang hinaus. Er rannte zum Eingang des Ostflügels und schnurstracks in den Aufzug. Als er Zimmer 417 erreichte, starrte Mu von ihrer Liege aus dem Fenster. Zeng saß an ihrer Seite und rieb sich eine antiseptische Salbe auf die Schrammen an seinem Arm. Seine Haare waren zerzaust, der Schnitt über dem Auge würde mit ein paar Stichen genäht werden müssen. Er warf Pei ein übertriebenes Grinsen zu.

»Wie ist die Lage?«, fragte Pei.

Beide sahen ihn an. »Nichts Ernstes«, sagte Zeng. »Diese Gauner hatten keine Ahnung, dass sie sich mit dem ungeschlagenen Boxmeister der Akademie anlegen.«

Pei und Mu wechselten einen Blick, mit dem sie sich gegenseitig versicherten, die Wahrheit erkannt zu haben. Diese Gauner waren Dengs Männer.

Um nicht noch mehr Zeit zu verlieren, fragte Pei sie geradeheraus: »Was hat Yuan Zhibang Ihnen gegeben?«

»Wer?« Mu sah ihn verkniffen an.

»Huang Shaoping ist Yuan Zhibang! Ich weiß, es klingt verrückt, aber ich erkläre das später in Ruhe. Sagen Sie mir nur, was er Ihnen gegeben hat!«

Während er redete, war Pei ans Fenster getreten. Er spähte hinaus und entdeckte sofort mehrere junge Männer, die vor dem Krankenhaus verteilt standen. Für Unbeteiligte musste es aussehen, als lungerten sie bloß herum, aber anhand bestimmter Manierismen erkannte Pei sofort, dass sie sämtliche Ein- und Ausgänge sorgfältig überwachten. Dengs Männer waren längst hier.

Pei trat auf den Gang hinaus und rief Liu Song an. Nachdem er kurz und bündig die Situation beschrieben hatte, bat er ihn, so schnell wie möglich einen Sicherheitstrupp zu Mus Schutz zu entsenden. Der SEP-Beamte willigte auf der Stelle ein.

Als er ins Zimmer zurückkam, waren Mu und Zeng noch immer damit beschäftigt, seine Offenbarung zu verarbeiten. Trotz ihrer anfänglichen Vorbehalte war Mu offenbar bereit, den Ernst der Lage zu akzeptieren. Sie zog einen Zettel aus der Tasche.

»Den hat er mir gegeben. Er steckte in einem Umschlag … Aber was hat das zu bedeuten?«

Pei nahm den Zettel entgegen. Darauf standen nur vier Wörter. *Es tut mir leid.*

Er rieb sich die Stirn und atmete langsam aus.

Es tut mir leid.

Vor achtzehn Jahren hatte Yuan diese Worte an Meng gerichtet, kurz bevor sie das Kabel aus der Bombe riss. Jetzt hatte er sie Mu mit auf den Weg gegeben, bevor er sie Dengs Schergen als Jagdbeute preisgab.

Wenn man bedachte, was genau Yuan Deng glauben gemacht hatte, war vollkommen ausgeschlossen, dass der Verbrecherboss von Mu ablassen würde. Er verfügte in dieser Stadt über so viel Macht, dass er jeden Feind unschädlich machen konnte. Irgendwann musste Mu ihm ins Netz gehen. Deng würde sie verhören – wahrscheinlich sogar foltern –, bis sie ihm verriet, wo sie die Aufnahme versteckt hatte. Selbst wenn es diese Aufnahme nicht gab.

Pei überlegte fieberhaft. Dengs Einfluss war schlicht zu groß. Es gab nur einen Weg, Mu wirklich zu retten. Er musste den rechten Weg verlassen und Dengs Leben beenden.

Pei würde alle Prinzipien aufgeben müssen, die er seine ganze Karriere über hochgehalten hatte.

Yuan hatte ihn vor die Wahl gestellt.

Entweder Mu oder Deng. Es war unmöglich, beide zu retten.

KAPITEL ELF

DAS LETZTE GEFECHT

Als Pei die Lobby betrat, sah er die SEP-Beamten, die Teil der Operation waren, bereits vollzählig dort versammelt. Han setzte ihnen soeben die detaillierte Strategie auseinander, mit der sie Dengs Überleben sichern wollten.

Liu Song sah Pei näher kommen, lief ihm sofort entgegen und lenkte ihn in eine andere Richtung.

»Irgendwelche Fortschritte, Hauptmann?«, fragte er besorgt. »Wie fahren wir fort?«

»Gar nicht. Wir können nichts mehr tun.«

»Was?« Liu starrte ihn entgeistert an. »Sie hatten doch gesagt, ich solle Vorbereitungen für heute Abend treffen. Ich habe mich schon mit dem Politkommissar meiner Abteilung kurzgeschlossen – er wartet jederzeit auf meinen Bericht. Was immer wir den hohen Tieren mitzuteilen haben, kann über ihn laufen.«

Pei dachte nach, bevor er antwortete. »Das ist nicht mehr nötig. Lassen Sie uns einfach abwarten, bis wir diese Nacht durchgestanden haben, und danach kümmern wir uns um Han und Yin.« Er betrachtete die versammelten Kollegen. »Wo ist Yin überhaupt?«

»Han sagt, er hat ihn nicht gesehen. Er ist auf jeden Fall auf der Flucht.« Liu senkte die Stimme zu einem Raunen. »Wenn wir jetzt nichts unternehmen, wird es verdammt viel schwieriger, ihn noch zu schnappen.«

Pei hatte dem Kollegen so viel Neues zu berichten, aber jetzt war nicht der richtige Moment dafür. »Ich will ehrlich mit Ihnen sein«, sagte er stattdessen. »Sobald ich kann, werde ich Ihnen eine Erklärung für Xiongs Tod liefern, das verspreche ich. Aber nicht jetzt.«

»Verstehe«, sagte Liu kalt.

Der Hauptmann zeigte in die Menge. »Gehen wir wieder zu den anderen. Das Wichtigste für uns ist im Augenblick, aufmerksam Hans Schlachtplan zu lauschen.«

Als sie sich zu den versammelten Beamten gesellten, bemerkte auch Han endlich, dass Pei eingetroffen war.

»Hauptmann Pei! Was zur Hölle ist passiert?«

»Huang Shaoping ist in Wahrheit Yuan Zhibang«, eröffnete Pei grimmig. »Und jetzt ist er tot.«

Han war sprachlos.

»Huang – Yuan, meine ich – war es, der sich bei den drei Morden vor achtzehn Jahren Eumenides genannt hat«, fuhr Pei fort. »Aber Eumenides' Vermächtnis lebt weiter. Es gibt einen neuen.«

Pei berichtete knapp, was vorgefallen war, von der Geiselnahme bis zur Explosion des Restaurants und den folgenden Aufräumversuchen, achtete allerdings darauf, einige Details auszusparen, die zu unangenehmen Fragen geführt hätten. *Xue Dalin*, dachte er für sich. *Deng Hua. Mu.*

»Scheiße«, sagte Han inbrünstig. »Für die Morde der

letzten Woche ist ein neuer Eumenides verantwortlich –
und Sie haben keine Ahnung, wer es sein könnte?«

Pei nickte. »Es ist jemand ohne Personalakte oder dergleichen. Keine Unterlagen, nichts. Als ob er nicht exis-
tierte.«

»Wir werden auf ihn warten«, sagte Han mit zusammengebissenen Zähnen. »Höchste Zeit, dass Eumenides lernt,
was Gerechtigkeit wirklich bedeutet.«

»Ja«, sagte Pei.

»Wir müssen uns jetzt auf diesen Einsatz konzentrieren«,
befahl Han. »Ich bringe Sie auf den neuesten Stand.«

Han erklärte, Deng habe darauf bestanden, ausschließlich die eigenen Leibwächter seinen persönlichen Sicherheitstrupp bilden zu lassen. Die Polizei habe die sekun-
dären Schutzaufgaben zu erfüllen, vor allem die Kontrolle
aller Ein- und Ausgänge. Um 18:30 Uhr würde Deng den
Longyu-Komplex verlassen und sich zum Flughafen begeben. Dort wollte er so schnell wie möglich seine 20:40-Uhr-
Maschine Richtung Peking besteigen. Wie Han und Deng
vereinbart hatten, würde Liu Song mit seiner SEP-Einheit
das Gebäude als Erster verlassen, um zu gewährleisten,
dass die weitere Route sicher und störungsfrei war. Danach
würde Dengs Limousinenflotte von einem Polizeikon-
voi unter Hans Leitung eskortiert werden. Sobald sie den
Flughafen erreichten, würde Deng in seinem gepanzerten
Wagen warten, bis die Polizei für ihn das Boarding sortiert
hatte. War alles vorbereitet, würde er den Wagen verlassen
und sich auf der Stelle zur Sicherheitsschleuse begeben.
Schließlich sollte er mit doppelter Bewachung durch Polizei und seine Leibgarde in der Abflughalle warten.

Dengs Route zu seinem Flug nach Peking war so gewählt

worden, dass er möglichst wenig Kontakt zur Außenwelt haben würde. Nachdem er seinen Bentley direkt vor dem Haupteingang bestiegen hatte, würde ihn sein Fahrer ohne Pause in die Tiefgarage des Flughafens bringen. Direkt vor dem privaten VIP-Eingang zum Terminal würde er den Wagen wieder verlassen. Von da an würde er nicht nur in Begleitung der Polizei und seiner Leibgarde sein, man wollte auch alle Zivilisten in der Umgebung daran hindern, sich ihm zu nähern.

Die Sicherheitsvorkehrungen waren absolut wasserdicht.

Das einzige kurze Zeitfenster, in dem Deng gezwungen sein würde, sich der Öffentlichkeit zu zeigen, war seine Ankunft in der Abflughalle. Nicht einmal die Polizei hatte die Befugnis, andere Passagiere daran zu hindern, diesen Bereich des Flughafens zu betreten. Da aber sämtliche Reisenden zu dem Zeitpunkt die Sicherheitskontrollen bereits hinter sich hatten, sollte keiner von ihnen in der Lage sein, auch nur einen winzigen Gegenstand wie eine Rasierklinge bei sich zu tragen.

So viel Einfallsreichtum Eumenides bislang bewiesen haben mochte – diese Situation war auch für ihn etwas Neues. Mit dem zusätzlichen Schutz der Leibgarde und den vollen Möglichkeiten polizeilicher Überwachung würde es ihm niemals gelingen, sich Deng zu nähern. Die Abflughalle war ein geschlossener Bereich. Sobald Polizei oder Leibgarde irgendetwas Verdächtiges witterten, saß Eumenides sofort in der Falle.

Im Flughafen war ein Attentat auf Deng Hua also unmöglich. Wenn Eumenides allerdings eins bewiesen hatte, dann seine unheimliche Fähigkeit, auch das Unmögliche zu schaffen.

Jeder kannte seine Aufgabe. Liu verließ mit seiner SEP-Truppe das Gebäude, Pei wartete mit Han und den anderen in der Lobby. Er hegte keinen Zweifel, wo der Schlüssel zu diesem Einsatz lag. Eumenides würde es trotz allem im Flughafen versuchen.

Pei schaute Han an und sah deutlich, wie verspannt der Hauptmann war. An den Schläfen des Einsatzleiters traten die Adern hervor.

Auch Han wartete auf den entscheidenden Abschnitt der Operation. Er hatte schon viel zu viel verloren – jetzt gab es kein Zurück mehr.

Ich habe einen winzigen Fehler gemacht, der einen größeren nach sich gezogen hat ... und der wiederum einen richtig großen. Sobald man den falschen Weg einschlägt, findet man nur noch schwer zurück.

Das Blut am Schaltknüppel hätte ihn beinahe verraten.

Han dachte daran, wie er ebendiesen Weg in einer Herbstnacht vor einem Jahr eingeschlagen hatte. Seitdem hatte er ihn nicht mehr verlassen.

*

ZWEI NÄCHTE ZUVOR
POLIZEIHAUPTQUARTIER, KONFERENZZIMMER

»Wie heißen Sie?«
»Peng Guangfu.«
Sobald Han sah, dass Peng noch lebte, rutschte ihm das Herz in die Hose. Eumenides wusste Bescheid. Er hatte die Wahrheit über den Vorfall im *Berg-der-zwei-Hirsche*-Park herausgefunden. Die Verbrecher aus den anderen Videos

hatte er samt und sonders getötet; nur Peng hatte er am Leben gelassen. Er hätte seine Absichten nicht deutlicher machen können.

Han widerstand der Versuchung, den Blick von der Leinwand zu nehmen. Was, wenn Mu oder Pei es bemerkten? Sie waren die scharfsinnigsten Mitglieder der Einsatzgruppe. Vor allem Mus psychologisch geschultem Blick wäre schneller als jedem anderen aufgefallen, dass etwas nicht stimmte.

Am Ende des Videos schnitt Eumenides Peng die Zunge ab. »Ich gebe Ihnen diese Gelegenheit«, sagte die schemenhafte Gestalt. »Ich kann nur hoffen, dass Sie es nicht vermasseln.«

Man konnte ohne Weiteres glauben, diese Worte seien an Peng adressiert – oder nur ein neuerlicher spöttischer Seitenhieb in Richtung Polizei.

Auch schienen alle davon auszugehen, Eumenides habe ihm die Zunge aufgeschlitzt, um ihn daran zu hindern, Informationen über den Mörder preiszugeben. Han allein verstand, welche Drohung Eumenides darin eigentlich versteckt hatte.

Auch mit verstümmelter Zunge konnte Pei noch immer schreiben. Sollte die Einsatzgruppe ihn retten und lebendig zurück zum Hauptquartier bringen, würde er alles verraten, daran hegte Han keinerlei Zweifel.

Er wusste also, was auf dem Spiel stand, und sein wachsamer Instinkt begriff, welch finstere Gelegenheit Eumenides ihm auf diese Weise offenbarte.

Ein paar Minuten, nachdem der Hauptmann in sein Büro zurückgekehrt war, klingelte das Telefon. Eine barsche tiefe Stimme meldete sich, deren Sprecher eindeutig versuchte, seine Identität zu verschleiern. Es war die gleiche Stimme wie in den Videos. Eumenides.

»Sie sollten dankbar sein, dass ich Ihr Geheimnis nicht verraten habe.«

Han schloss die Tür ab und lauschte stumm.

»Jetzt sind Sie am Zug. Ich bin sicher, Sie wissen sehr gut, was Sie tun sollten, um das Beste aus dieser Situation zu machen.

Keine Sorge, ich helfe Ihnen. Sobald Sie den Ort erreichen, zu dem Sie der Empfänger bringt, steht Ihr Zeitfenster offen. Es wird allerdings nicht von langer Dauer sein. Sie müssen entschlossen vorgehen. Sie dürfen nicht zögern, nicht mal eine Sekunde.«

Han biss sich auf die Zähne. So fühlte es sich also an, eine Marionette zu sein.

»Was ist los? Hat Ihnen das die Sprache verschlagen? Dann will ich Ihnen erklären, was passiert, falls Sie sich weigern. Ihre Schande kommt ans Licht. Sie werden in Ungnade fallen. Ein Aussätziger. Peng wird trotz seiner Verbrechen weiterleben. Er hat dann keine Zunge mehr, am Ende aber doch gewonnen. Er wird mitansehen, wie tief Sie fallen, und sich diebisch darüber freuen. Das ist Ihr Schicksal, falls Sie nicht handeln. Sie haben nur eine Chance. Sie können Peng töten – oder mit den Konsequenzen Ihrer Verbrechen leben. Haben Sie verstanden?«

Han bekam keine Luft mehr.

»Befolgen Sie meine Anweisungen, und alle werden sagen, Eumenides habe bloß ein weiteres Opfer auf dem Gewissen. Dann sind Sie frei, sofern Sie damit leben können. Ich werde Sie beobachten. Wenn es Ihnen gelingt, vernichte ich sämtliche Beweise.

Das sind die Spielregeln. Wenn Sie nicht mitspielen, wird Ihnen das Ende nicht gefallen.«

Der Anrufer legte auf, ohne dass Han auch nur ein Wort gesagt hatte. Was hätte er sagen sollen? Er hatte keine Wahl.

*

Nicht ein Tag verging, an dem Han nicht abermals durchlebte, was damals im *Berg-der-zwei-Hirsche*-Park passiert war. Die Fehler. Die Geheimnisse. Die Schuldgefühle.

Als er an jenem Abend im Felsengarten auf Zhou Ming und Peng Guangfu getroffen war, hatte der Alkohol seine Sinne vernebelt. Das Adrenalin der Jagd hatte ihn ein wenig nüchterner werden lassen, betrunken war er aber trotzdem. Er reagierte schleppend und musste ein Auge zukneifen, um die Gestalten, die er verfolgte, nicht aus dem Blick zu verlieren. Tief im Inneren wusste Han, dass es allein seine Schuld war, was sich als Nächstes ereignete.

Er hatte die Diebe in einem Abschnitt des dunklen Hohlwegs gestellt. Die beiden Männer ließen ihre Messer fallen, und Han beging den Fehler, sich ein wenig zu entspannen. Deshalb reagierte er zu langsam, als Zhou Ming eine Pistole aus dem Gürtel riss und Han ins Bein schoss. Sofort erwiderte er das Feuer, konnte aber kaum richtig zielen.

Zou Xu sprang hinter einem Felsen zu seiner Linken hervor und warf sich auf den Schützen. Im gleichen Moment legte Han auf Zhou Ming an und drückte ab.

Zou Xu ging sofort zu Boden. Hans Kugel hatte ihn in die Brust getroffen.

Mit seinem letzten Atemzug zerrte Hans Partner Zhou

Ming in die Knie und entriss ihm die Waffe. Peng Guangfu floh vor dem Blutbad in die Nacht.

Han humpelte auf seinem verletzten Bein näher und hielt die Waffe starr auf Zhou Ming gerichtet, während Zou Xu starb. Mit einem letzten Röcheln erschlaffte der Körper des Beamten. Eine grauenhafte Mischung dunkler Gefühle schlug über Han zusammen. Er sah auf seinen toten Partner hinab und brüllte seinen Schmerz wortlos in den Nachthimmel.

Zhou Ming kauerte vor dem Felsen und winselte in einem fort um Gnade. Er hatte die Waffe weggeworfen und beide Hände unterwürfig erhoben. Aber Han war von rasender Wut erfüllt. Er setzte dem Mann den Lauf seiner Waffe auf die Brust und drückte ab.

Zhou Mings Blut spritzte ihm ins Gesicht. Erst da lichtete sich der trunkene Nebel in seinem Kopf allmählich.

Er hatte Fehler begangen. Und er hatte eine Entscheidung zu treffen.

Drei relevante Patronenhülsen mussten irgendwo zu seinen Füßen liegen. Er hatte zwei Schüsse abgegeben und damit seinen Partner Zou Xu sowie den Verbrecher Zhou Ming getötet. Zhou hatte die Kugel abgefeuert, die sein Bein getroffen hatte. Die Sachbeweise allein würden der Polizei reichen, um die Wahrheit hinter dem Chaos zu sehen, das sich hier ereignet hatte.

Daran musste er etwas ändern.

Er rang die Schmerzen nieder und durchsuchte Zous Leiche nach der tödlichen Kugel. Schnell hatte er sie gefunden – das Projektil hatte den Brustkorb seines Partners durchschlagen und ragte knapp unterhalb der Rippen aus seinem Rücken. Han riss es heraus und steckte es in die Tasche.

Der Schusswechsel war nicht unbemerkt geblieben. Minuten später wurden außerhalb des Parks die ersten Sirenen laut. Als die Kollegen im Laufschritt eintrafen, hatte Han gerade die Patronenhülse vom Schuss auf seinen Partner neben jene gelegt, die zu seinem Schuss auf Zhou Ming gehörte. Als die Kollegen ihn befragten, brauchte er sein Entsetzen nicht zu spielen. Nur seine Gedanken rasten fieberhaft in sämtliche Richtungen. Auf dem Weg zurück zum Hauptquartier, wo weitere Fragen auf ihn warteten, legte er sich einen Plan zurecht, wie er die Beweise für seine Tat verschwinden lassen konnte. Es würde nicht einfach werden. Sollte aber die Wahrheit ans Licht kommen, würde es unvergleichlich schlimmer für ihn ausgehen.

Im Lauf der nächsten paar Tage schrieb Han die Geschichte entsprechend um. Außer ihm wusste niemand, dass er seinen Partner erschossen und kaltblütig einen Verbrecher exekutiert hatte. Niemand – bis auf Peng.

Tagelang wurden die Medien von Berichten über das Feuergefecht im Park dominiert. Die Kriminalpolizei von Chengdu ehrte Han für seinen vorbildlichen Einsatz erst mit einer Medaille, später schließlich mit der Beförderung, um die er und Zou Xu so lange gewetteifert hatten.

Han Hao war ein Held.

Aber der Schmerz hatte sich tief in sein Herz gegraben. Jeden Tag durchlebte er aufs Neue, wie Zou Xu zusammenbrach, spürte aufs Neue Zhou Mings heißes Blut, das ihm ins Gesicht spritzte, als er ihn aus nächster Nähe erschoss.

Er musste all das vergessen. Sobald er sich dazu entschlossen hatte, die Wahrheit zu verfälschen, gab es kein Zurück mehr. So rief er seine wilde Hetzjagd auf Peng

Guangfu aus – aber nicht, um den Mann zu fassen und zur Rechenschaft zu ziehen, sondern um ihm eine Kugel zu verpassen und damit den einzigen Menschen zum Schweigen zu bringen, der wusste, was in jener Nacht im *Berg-der-zwei-Hirsche*-Park passiert war.

All seinen Bemühungen zum Trotz blieb Peng unauffindbar, bis seine Vorgesetzten schließlich anordneten, diese offenkundig von persönlicher Rache getriebene Großfahndung einzustellen. Er hatte keine andere Wahl, als aufzugeben. Von diesem Tag an hegte er insgeheim die Hoffnung, Peng würde niemals gefasst werden, damit sein schändliches Geheimnis für immer begraben blieb.

Aber Eumenides war nicht bereit, Hans Verbrechen ungesühnt zu lassen.

*

In den frühen Morgenstunden des 25. Oktober, als Peng hilflos wie ein Opferlamm an die Stützbalken des Stollens gekettet war, tat Han, was er tun musste.

Eumenides' Plan hatte drei der vier Beamten außer Sichtweite gelockt, jeden in seinen eigenen Tunnel. Hätte Xiong bloß seinen Befehl befolgt, mit nach unten zu gehen, alles wäre perfekt gewesen. Aber der SEP-Hauptmann hatte sich hartnäckig weigern müssen.

Schlimmer hätte es nicht laufen können. Aber Han hatte das Schlimmste befürchtet und war trotz allem vorbereitet.

Die Saat seines Schicksals war längst aufgekeimt.

Dem ersten Schritt folgt immer ein zweiter.

Han musste einen Waffenbruder töten. Diesmal jedoch war es kein Unfall. Er ging auf Xiong zu und zog mit der

Rasierklinge einen sauberen Schnitt durch dessen Kehle. Blut spritzte über seine Finger und tropfte an seinem Handgelenk hinunter. Dann gesellte sich auch Pengs Blut dazu. Das Gefühl wurde allmählich vertraut.

Xiong brach zusammen, weigerte sich aber, seiner Verletzung zu erliegen. Der tiefe Kehlenschnitt machte es ihm unmöglich, auch nur eine Silbe herauszubringen. Unfähig zu sprechen, konnte er nur daliegen und Han voller Wut und Entsetzen über den Verrat anstarren.

Han verließ der Mut. Sosehr er sich auch einreden mochte, dass es nötig war, er konnte die Tat nicht vollenden. Er rannte in die Tiefen der Mine, als müsse er aus der Hölle fliehen – oder renne mitten hinein.

Xiongs letzter Blick hatte ihn bis ins Mark erschüttert. Wie gelähmt stolperte er durch den Tunnel. Als Yin vor ihm auftauchte, erkannte er seinen Assistenten zunächst nicht. Instinktiv holte er nach der Gestalt aus, die auf ihn zukam; dadurch benetzte er Yins Hand mit Xiongs Blut, das später am Schaltknüppel auftauchen sollte.

Sobald sie Xiong ins Krankenhaus gebracht hatten, bemerkte auch Yin im Schein der Leuchtstoffröhren das Blut an seiner Hand. Langsam kroch sein Verstand auf die grauenhafte Wahrheit zu. Es war eine Hypothese, an die er sich nicht zu glauben traute, und doch wollte ihm keine andere Erklärung einfallen.

Yin hielt die Unsicherheit tief in seinen Gedanken weggesperrt. Han war für ihn nicht nur ein Anführer – er war sein Mentor und sein Held. Dieses Idealbild vor seinen Augen zerbröckeln zu sehen war mehr, als Yin ertragen konnte. Im Angesicht der entsetzlichen Realität blieb ihm nichts anderes übrig, als sich davor zu verkriechen.

Bis Liu beim nächsten Treffen darauf bestand, das Thema hervorzukramen.

Han trug sein Alibi vor, sagte, er habe das Blut versehentlich dort abgewischt, und Yin schwieg. Han hatte damit gerechnet. Vor drei Jahren hatte er Yin durch einen kräftigen Stoß außer Reichweite des Messers eines Einbrechers gebracht. Seit diesem Tag hatte der junge Beamte ihn wie einen Ersatzvater behandelt. Han konnte nicht länger schweigen. Er musste Yin die Wahrheit sagen.

Später in seinem Büro erzählte er ihm alles. Von dem blutigen Chaos im Park bis zum Drohanruf von Eumenides. Getrieben von seiner tiefen Loyalität, willigte Yin ein, das Geheimnis für sich zu behalten. Er verlangte allerdings, Han müsse auf der Stelle seine Position als Leiter der Einsatzgruppe aufgeben, um von Eumenides nicht noch einmal zum Werkzeug gemacht zu werden.

Und genau das hatte Han vorgehabt. Nur wollte Eumenides ihn nicht so einfach vom Haken lassen.

Zwei Stunden, bevor sich die Einsatzgruppe traf, um in einer Krisensitzung über Deng Huas Todesanzeige zu beraten, erreichte Han ein weiterer Anruf in seinem Büro.

*

»*Sie haben ganze Arbeit geleistet, Han. Ich schaue mir gerade das Video vom Tunneleingang noch einmal an. Sehr fesselnd. Sie zeigen echtes Talent, was das Töten von Polizisten angeht. Aber das Spiel ist noch nicht vorbei, Herr Hauptmann. Ich habe eine letzte Aufgabe für Sie. Wenn Sie die erfüllen, lösche ich dieses Video.*

Deng Hua wird am Flughafen von seiner Leibgarde umge-

ben sein. *Niemand wird sich ihm nähern können, ohne geschnappt zu werden. Aber keine Sorge. Erwarten Sie wirklich von mir, ich würde einen Polizeihauptmann bitten, vor aller Kollegen Augen jemanden zu töten?*

Ich werde heute Abend in der Abflughalle sein. Sobald ich bereit bin, veranstalten Sie ein Ablenkungsmanöver an einer Stelle, die ich Ihnen noch mitteile. Das wird ein Kinderspiel für Sie. Niemand wird auch nur den geringsten Verdacht schöpfen.

Mehr müssen Sie nicht für mich tun. Zur gegebenen Zeit folgen weitere Instruktionen per Textnachricht.

Sobald diese Nummer gelaufen ist, vernichte ich die Aufnahme. Sie wissen, dass ich Wort halte.«

Jeder Satz zerriss Hans Nervenkostüm in immer kleinere Fetzen. Er war unendlich wütend. Wütend auf sich selbst, dass er vor einem Jahr diesen schrecklichen Fehler gemacht hatte. Wütend über seine eigene Hilflosigkeit. Han befand sich schlicht nicht in der Position, Eumenides' Forderung auszuschlagen, das wussten sie beide.

Allerdings war er nicht naiv genug, das Versprechen eines so durchtriebenen Gegners wie Eumenides für bare Münze zu nehmen. Er würde im Spiel bleiben, und er würde es selbst zu Ende bringen. Er hatte bereits einen eigenen Plan geschmiedet.

»Ich gehe«, teilte er Yin mit, als er sich im Büro auf den heutigen Einsatz vorbereitete.

»Nein, Hauptmann. Das können Sie nicht tun.«

»Ich gehe, das ist mein letztes Wort.«

»Überlegen Sie doch, was Sie da tun, Hauptmann. Das muss ein Ende haben!« Yin war derart entschlossen, den Hauptmann davon abzuhalten, diesen Weg weiterzugehen, dass er ihn am Hemdkragen packte.

Hans Gesicht verzog sich vor Zorn. Er schlug nach seinem Assistenten.

Dem ersten Schlag folgten weitere. Schließlich schaltete der weitaus erfahrenere Han den jüngeren Beamten mit einem Hieb gegen die Schläfe aus.

Han sah nur noch eine einzige Möglichkeit. Er musste Yin fesseln, in einem Spind verstecken und hoffen, dass er erst wieder aufwachte, wenn alles vorbei war. Solange er heute Abend Erfolg hatte, konnte alles gut ausgehen. Das redete er sich jedenfalls ein.

*

25. OKTOBER, 18 : 30 UHR
LONGYU-KOMPLEX

Der Finanzmogul Deng Hua saß in der festungsartigen Zentrale seines Imperiums und war überaus aufgewühlt.

Nie hätte er damit gerechnet, dass dieser Fall von vor achtzehn Jahren eine derart ärgerliche Spur hinterlassen hatte. *Wer war dieser tote Krüppel?*, fragte er sich. *Was hatte er mit den fast zwei Jahrzehnte zurückliegenden Morden zu tun?*

Hatte er Bai Feifei nahegestanden? Wie hätte er sonst etwas über die Einzelheiten der Razzia wissen sollen?

Hatten die Morde an Xue Dalin und Yuan Zhibang ihren Tod rächen sollen?

Was hatte er den beiden Polizisten erzählt?

Was zur Hölle ist hier eigentlich los?

Die Fragen wollten ihm keine Ruhe lassen. Aber unabhängig von der jetzigen Situation waren die Antworten nicht von Belang.

Wichtig war nur, dass der Mann bereits tot war.

Deng hatte in seinem Büro gesessen, als seine Männer ihm die Nachricht überbrachten, die Bombe im Jade-Garten sei explodiert und der Krüppel Geschichte. Natürlich hatte er selbst für den Fall, dass die Bombe nicht hochgegangen wäre, entsprechende Vorkehrungen getroffen. Er hatte mit gewissen Beamten vor Ort ausgemacht, dass, sollte der Mann sein Gesicht zeigen – sei es, um sich zu ergeben oder zu fliehen –, die Kugel eines Scharfschützen der Polizei sein Leben beenden würde.

Trotz allem amüsierte sich Deng über den ironischen Umstand, dass er Eumenides für den damaligen Mord an Xue Dalin eigentlich dankbar zu sein hatte. Dieses korrupte Schwein hatte ihm eine Menge beigebracht, war am Ende aber zu gierig geworden.

Niemand hatte Deng so gut verstanden wie Xue. Als der Beamte den jungen Mann aus der Untersuchungshaft geholt und begonnen hatte, ihn zu seinem Informanten aufzubauen, war Deng kaum mehr als ein wildes Tier gewesen. Sein roher, tödlicher Instinkt hatte sich endgültig offenbart, als er Liu Hong bei der Razzia, die Xue solchen Ruhm eingebracht hatte, in den Rücken gefallen war. Xue hatte die Gelegenheit früh erkannt. Er hatte einen Wolf gebraucht, eine Bestie, die allein er kontrollieren konnte. Nur deshalb hatte Xue den Finger vom Abzug genommen und Deng erlaubt weiterzuleben. Während ihrer gesamten Zusammenarbeit hatte Xue seinen eisernen Griff um Dengs Halsband nicht gelockert.

Dann hatte Eumenides Xue umgebracht, und Deng Yulong war in die Wildnis verschwunden, um sich nie wieder einem anderen Meister zu unterwerfen. Schließlich war er als mächtiger Geschäftsmann Deng Hua wieder ans Licht gekommen und hatte angefangen, seine Zukunft in die eigenen Hände zu nehmen.

Als letzter Überlebender des Kartells hatte Deng in Windeseile das wiederauflebende Drogengeschäft in der Provinz unter seine Kontrolle gebracht. Seine Karriere als Informant hatte ihm beste Einsicht in die Vorgehensweisen der Polizei und ein wahres Meer an Kontakten beschert. Mit all diesen Vorteilen wurde das Ausmanövrieren öffentlicher Untersuchungen und rechtlicher Sanktionen nur noch zu einer Frage umsichtiger Planung und Ausführung.

Deng häufte gewaltiges Kapital an, war sich aber ständig der Konsequenzen seines Geschäftsfelds bewusst. Rauschgifthandel sollte bestenfalls eine kurzfristige Unternehmung bleiben. Als die Polizei zur nächsten großen Razzia ausholte, hatte er dieser Betätigung längst den Rücken gekehrt. So laut der Protest seiner Geschäftspartner auch ausgefallen war, so schnell verstummte dieser wieder, als die chinesische Polizei einen landesweiten Feldzug gegen Drogen ausrief und die Rauschgiftdezernate in kürzester Zeit Hunderte von Drogendealern verhaftet hatten. Dengs Imperium wuchs ungehindert weiter.

Beim großen Boom der chinesischen Industrie in den Neunzigern begann Deng, immer stärker in die Freizeit- und Konsumgüterindustrie zu investieren. Mithilfe weitreichender Kontakte auf beiden Seiten des Gesetzes erblühten seine Geschäfte mit jedem Tag mehr. Er beaufsichtigte den Bau des luxuriösesten Unterhaltungszentrums der gesamten Provinz und war auch dank der prächtigen neuen Firmenzentrale in der Lage, seine Macht und seine politischen Verknüpfungen weiter zu mehren.

Im gewerblichen und im kriminellen Milieu, ja sogar in Regierungskreisen wurde er zu einer zunehmend prominenten Persönlichkeit. Niemand verstand es, elegantere Beziehungsnetzwerke zu knüpfen. Niemand war härter, wenn es zu einer Konfrontation kam. Aber je größer sein Einfluss, desto größer die Zahl seiner Feinde.

Ganz wie er Pei gegenüber freimütig erklärt hatte, wollten ihn mehr Leute tot sehen, als er zählen konnte. Die Todesanzeige, die Eumenides ihm hatte zukommen lassen, war ihm kaum einen zweiten Blick wert gewesen. Mit Bruder Hua an seiner Seite und der Hilfe der gesamten Polizei sah er keinen Grund, sich Sorgen zu machen.

Er hatte sein Leben lang in Todesgefahr geschwebt – was sollte an diesem konkreten Fall so besonders sein?

Viel interessanter fand er daher die Frage, was er mit einer gewissen Psychologin anstellen sollte. Falls sie wirklich im Besitz der alten Aufnahme war, hatte er ein ernstes Problem.

Ich habe schon viel schlimmere Stürme durchgestanden, dachte er. *Nach allem, was ich erreicht habe, ist es völlig ausgeschlossen, dass mich dieses winzige Malheur von vor achtzehn Jahren in die Knie zwingt. Ich bin unantastbar. Niemand kann mein Imperium zerstören.*

Allerdings schade um das Mädchen. Sie hat eine Menge bewundernswerter Qualitäten ...

Es klopfte an der Tür.

»Herein«, sagte Deng.

Sheng betrat das Büro. Er vermied es, Deng direkt anzuschauen. Was nur bedeuten konnte, dass es ein Problem gab.

»Herr, die beiden Männer, die wir hinter Mu hergeschickt haben ...«

»Haben die Aufnahme gefunden?«

Endlich schaute Sheng ihn doch an. »Es gab ... Kompli-
kationen.«

*

Pünktlich auf die Minute verließ Deng das sichere Büro, um
sich zum Flughafen aufzumachen.

Hauptmann Han erwartete ihn in der Lobby. Auf einen
knappen Befehl hin setzten sich die Beamten in Bewegung und verbannten alle Unbeteiligten aus der näheren
Umgebung. Dengs Chauffeur fuhr mit dem Bentley in den
Empfangsbereich direkt vor dem Haupteingang. Lius SEP-
Mannschaften standen rings um den Eingang Wache und
koordinierten die Bewegungen der restlichen Kollegen.

Ein Dutzend Leibwächter in schwarzen Uniformen verließ das Gebäude im Gleichschritt. Sie alle waren groß gewachsen und trugen schwarze Sonnenbrillen, als stammten sie aus derselben Gussform.

Die Leibwächter stellten sich in zwei Reihen auf und bildeten einen sicheren Gang von der Tür bis zu Dengs Wagen.
Sobald alles Position bezogen hatte, betrat Deng die Lobby.
Drei Mann begleiteten ihn – zwei weitere Leibwächter und
sein getreuer oberster Diener.

Bruder Hua wich nicht von seiner Seite und glich sogar
seine Schrittlänge an Dengs an. Erst unmittelbar vor dem
Wagen trat er vor und öffnete Deng die Tür. Den Umständen zum Trotz gab Deng ein Bild selbstsicherer Lässigkeit
ab und wirkte vollkommen unbeeindruckt. Alles lief wie
gewohnt. So sollte es wenigstens aussehen.

Pei stand ganz in der Nähe und sah zu, hielt sich aber

ein Stück abseits der Kollegen. Irgendetwas stimmte an der Geschichte zwischen Hauptmann Han und Peng Guangfu nicht. Noch hatte er nicht alle Details erfasst, aber das wenige, was er wusste, war beunruhigend genug.

Bei genauer Betrachtung des Ballistikberichts in den Akten zum Polizistenmord im *Berg-der-zwei-Hirsche*-Park hatte er etwas entdeckt. An dem Projektil, das Hans Partner getötet hatte, waren erhebliche Abnutzungserscheinungen festgestellt worden. Die Geschwindigkeit hätte aber nach Eintritt in Zou Xus Brustkorb so weit verringert werden müssen, dass die Geschossspitze, obwohl sie in seinem Rücken wieder ausgetreten war, den dahinterliegenden Felsen niemals mit so viel Wucht hätte treffen können, wie sie es offenbar getan hatte. Das ließ nur einen Schluss zu: Jemand hatte die Beweismittel verfälscht.

Pei trug sich mit mehreren Theorien, konnte aber bislang keine von ihnen öffentlich kundtun. Nicht nur hätte er damit den Hauptmann der Kriminalpolizei von Chengdu und den Leiter der Einsatzgruppe 18/3 herausgefordert – er hätte die Kompetenz der gesamten Ordnungskräfte der Stadt infrage gestellt.

Die Fakten rund um den Mord an Xiong Yuan hatten eindeutig genug gewirkt – Eumenides hatte ihm aufgelauert. Die Enthüllung der Tatsache, dass Han die Beweise am Tatort im Park manipuliert hatte, kombiniert mit dem Umstand, dass Peng Guangfu ebenfalls in der Mine gewesen war, ließen Pei jedoch ein anderes Bild erkennen. Xiong war für seine Nahkampfkünste berühmt gewesen, und die Wunde an seinem Hals deutete darauf hin, dass sich der Angreifer von vorn genähert hatte. Mittlerweile war Pei überzeugt davon, Xiongs Angreifer müsse jemand gewesen sein, dem gegenüber der SEP-Hauptmann niemals einen Grund gesehen hätte, sich zu verteidigen. Ein Verbündeter.

Liu Song hatte Yin verdächtigt. Pei aber konnte bei ihm kein überzeugendes Motiv erkennen und konzentrierte seine Gedanken daher auf Han. Sofern er damit richtiglag, dass im *Berg-der-zwei-Hirsche*-Park etwas sehr Unschönes passiert war, würde Han alles dafür getan haben, dass Peng Guangfu nicht überlebte.

Um seinen Befürchtungen offiziell nachzugehen, benötigte er die Genehmigung von Hans Vorgesetzten. Er war überzeugt davon, dass dieser Schritt nicht nur Eumenides ausschalten und seine sorgsam vorbereiteten Pläne vereiteln würde, sondern der Polizei darüber hinaus die Möglichkeit eröffnen könnte, dem Mörder endlich zu Leibe zu rücken.

Aber Eumenides hatte zu schnell reagiert und Pei vor ein gewaltiges Dilemma gestellt. Gelang es ihm, Eumenides zu stoppen, würde Deng überleben, Mu aber höchstwahrscheinlich sterben. Wollte er Mu retten, blieb ihm nichts anderes übrig, als Eumenides aus dem Weg zu gehen und Deng Hua sterben zu lassen.

Entweder Deng oder Mu.

Pei sah zu, wie Deng seinen Bentley bestieg. Hauptmann Han, die zentrale Figur in Eumenides' Plan, stand in unmittelbarer Nähe.

Mit sanftem Schnurren zündete der Motor des Wagens. Dengs Leibgarde bestieg die umstehenden Fahrzeuge und bildete eine schützende Phalanx, die das Luxusgefährt nach vorn und hinten abschirmte. Han und seine Beamten bestiegen zwei Polizei-SUVs, eins vor der Kolonne, eins dahinter.

Mittlerweile war es dunkel. Die Straßen der Stadt lagen in Licht gebadet, auf den Bürgersteigen tummelten sich unzählige Passanten. Der Tross setzte sich in Bewegung.

Sie erreichten den Internationalen Flughafen Chengdu um genau 19:17 Uhr. Liu und seine SEP-Beamten kümmerten sich um einen sicheren Empfang. Dengs Fahrer steuerte den Wagen in die Tiefgarage bis direkt vor den VIP-Eingang, der für den Zeitraum dieses Einsatzes exklusiv ihnen gehörte. Sobald sämtliche Leibwächter und Gesetzeshüter Stellung bezogen hatten, stieg Bruder Hua vom Beifahrersitz und öffnete Deng die Tür.

Vor Verlassen seiner Limousine hatte Deng Filzhut, Mundschutz und Sonnenbrille angelegt. Beim Betreten des Parkhauses war er von Kopf bis Fuß maskiert.

Pei stieg aus seinem SUV und verzog angesichts dieser Darbietung das Gesicht. Auffälliger hätte Deng seinen großen Auftritt kaum inszenieren können.

Wieder wich Bruder Hua nicht von Dengs Seite, jetzt umgeben von einer Traube seiner schwarz gewandeten Leibwächter. Aufgabe der Polizei war nun, den Weg voran durchs Gebäude abzusichern und wachsam auf jede mögliche Gefahr zu lauern. Deng folgte den grünen Markierungen, deren Route allein für ihn abgeriegelt worden war und ihn direkt zur nächsten Sicherheitsschleuse und von dort in die Abflughalle brachte. Nachdem die Beamten an der Spitze der Gruppe dem Sicherheitspersonal des Flughafens ihre Dienstmarken gezeigt hatten, betrat auch der Rest das Gebäude.

Der Leiter der Flughafenpolizei war von seinem Vorgesetzten instruiert worden und erschien persönlich, um die umfassenden Sicherheitsvorkehrungen zu unterstützen.

Als Deng und seine Entourage die Sicherheitsschleuse passierten, nahm er Han beiseite. »Sie und Ihre Männer können ganz unbesorgt sein, Hauptmann. Einen sichereren Ort als unsere Abflughalle werden Sie auf der Welt nicht finden. In der ganzen Geschichte des Flughafens ist hier noch kein einziges schweres Verbrechen verübt worden.«

Mittlerweile war es 19:35 Uhr. Dengs Flug nach Peking sollte pünktlich abheben, er würde die Maschine also im Lauf der nächsten Stunde besteigen können. Die Flughafensicherheit hatte die Passagierliste mit dem von Zeng erarbeiteten Profil von Eumenides abgeglichen, aber es hatte keine verdächtigen Übereinstimmungen gegeben – keine Ticketkäufe in letzter Minute, keine Namen von kürzlich gestohlenen Pässen. Bei seiner Ankunft in Peking würde Deng von einem wichtigen Politiker mit dessen privater Limousine abgeholt werden. Die Regierung selbst garantierte für seine Sicherheit in der Hauptstadt.

Deng suchte sich einen ausladenden Sitz in der Halle und machte es sich gemütlich, umgeben von seiner Leibgarde. Die Gruppe war alles andere als unauffällig und zog eine Menge neugieriger Blicke auf sich.

Hauptmann Han verteilte seine Männer in regelmäßigen Abständen überall in der Halle. Eumenides' Drohungen zufolge war ihm klar, dass der Mordversuch nur hier stattfinden konnte. Sollten sich die Sicherheitsvorkehrungen als undurchdringlich erweisen, musste Eumenides ihn kontaktieren und anweisen, den Weg zu Deng freizumachen.

Genau darauf hoffte Han. Er war bereit für Eumenides.

Pei behielt seinerseits sowohl Han als auch Deng Hua im Auge. Als Eumenides' Zielperson würde Deng ihm die beste Möglichkeit bieten, den Mörder zu fassen. Und da er es mittlerweile als erwiesen ansah, dass Han bei diesem Einsatz nicht mehr als eine Schachfigur für Eumenides war, wollte Pei auch den Hauptmann so lange auf jedwede unnormale Reaktion hin beobachten, bis Deng sicher an Bord und die Maschine in der Luft war.

Pei hatte seine Entscheidung getroffen. Blieb nur zu hoffen, dass er mit ihr leben konnte. Wenn er zuließ, dass Eumenides Deng umbrachte, wäre Mu in Sicherheit. Und er konnte die Gelegenheit nutzen, um sowohl Eumenides als auch Hauptmann Han endlich zur Rechenschaft zu ziehen.

Sorgsam überwachte er die Halle, genau wie Han; selbst Deng ließ unablässig den Blick schweifen. Sie alle hielten Ausschau nach demselben Ziel. Eumenides.

*

Eumenides sah zu, wie die Polizei mit Deng und seiner Leibgarde eintraf. Als Hauptmann Han sich sorgenvoll in der Halle umsah, verzog er spöttisch die Lippen. Ohne sein Telefon anzusehen, schickte er die Nachricht ab, die er längst vorbereitet hatte.

»Ich bin vor Ort. Der Zeitpunkt ist gekommen.«

Ein paar Sekunden später spürte Han das Vibrieren in der Hose und zog unauffällig sein Handy heraus, um aufs Display zu schauen.

Sein linkes Auge zuckte. Er ließ den Blick einmal durch die Halle schweifen. Eindeutig konnte er sein Ziel nicht identifizieren. Immerhin entdeckte er einige vielversprechende Kandidaten.

Ein Mann, der gerade von der Toilette kam, sah kurz in

seine Richtung, ehe er sich auf die Suche nach einem Sitzplatz begab. Er hatte zwar eine Zeitung dabei, blätterte sie aber sehr schnell durch – er war mit seinen Gedanken eindeutig ganz woanders.

Im Businessbereich der Halle saß ein Mann an einem der öffentlichen Computer. Mit dem Anzug und den feinen Lederschuhen wirkte er wie ein Regierungsangestellter. Aber wieso trug er in der Halle eine Sonnenbrille?

Dann war da die Reinigungskraft auf der anderen Seite der großen Fensterfront. Han beobachtete schon eine Weile, wie der Mann dort sorgfältig putzte. Oder betrachtete er die Halle durch die Scheibe?

Sosehr er sich auch danach sehnte: Er konnte niemanden ausschicken, um diese Personen zu überprüfen. Eumenides durfte der Polizei nicht in die Hände fallen. Han konnte nur zusehen und die Umgebung in stummer Eile analysieren.

Während er seinerseits beobachtet wurde.

Wieder zuckte sein linkes Auge – das Telefon in seiner Hand hatte vibriert.

»Zehn Meter südlich von Deng stehen zwei Polizisten. Postieren Sie sie woanders.«

Han holte zischend Luft und sah die beiden Beamten an. Warum wollte Eumenides sie aus dem Weg haben? War er ganz in der Nähe? Wollte er seinen Mordversuch aus dieser Richtung angehen?

Er hatte keine Zeit zu verlieren; er musste Eumenides zeigen, dass er seinen Anweisungen aufs Wort gehorchte.

Entschlossen ging er auf die Kollegen zu.

»Sie beide kontrollieren bitte den Mann da hinten am Computer. Er trägt Anzug und Sonnenbrille.«

Die beiden Beamten marschierten davon. Han nahm ihren Platz ein. Kurz darauf erhielt er die nächste Nachricht.

»Ausgezeichnet. Sobald ich in Aktion trete, bleiben Sie dort stehen. Versuchen Sie nicht, mich aufzuhalten.«

Er ist hier, dachte der Hauptmann und biss sich auf die Zähne. *Aber wo?*

Sein Handy vibrierte schon wieder.

»Ich stehe bei den Leibwächtern und trage ein rotes Hemd.«

Natürlich. Eumenides hatte sich längst in Dengs persönliches Umfeld eingeschlichen. Er trug die gleiche schwarze Uniform mit Sonnenbrille wie der Rest der Leibgarde, hatte aber offenbar nicht genug Zeit gehabt, seine ursprüngliche Kleidung komplett abzulegen. Alle anderen trugen weiße Hemden unter ihren Uniformen, er ein rotes ...

Jede Zelle in Hans Körper schien zu prickeln. Er war nur ein paar Schritte von Eumenides entfernt. Er suchte die Ärmel der Leibwächter ab. Auf Höhe der Handgelenke wurde die Farbe der Hemden sichtbar. Sie alle trugen weiße Hemden – bis auf einen.

Der Mann im roten Hemd stand direkt neben Bruder Hua in Dengs unmittelbarer Nähe. Zusätzlich zu dem Unterschied in der Kleidung wich auch seine Haltung von den anderen Leibwächtern ab. Deren Blicke waren nach außen gerichtet und suchten wachsam die Umgebung ab. Er hingegen hielt den Kopf gesenkt und ein wenig zur Seite gedreht, als wollte er seine Züge möglichst unauffällig vor den Menschen in seiner Nähe verbergen.

Hans Herz schlug wie wild. Der Mann hatte seinen Blick noch nicht bemerkt. Noch einmal ging er die letzte Textnachricht durch.

Er musste sich nur sicher sein.

Auf die Nachricht zu antworten hätte der Polizei für die unweigerlich folgende Untersuchung eine Spur geliefert. Die Nummer anzurufen war allerdings eine andere Sache, da wesentlich schwerer nachzuverfolgen. Die Aufzeichnung dieses Anrufs zu löschen würde er sogar selbst hinbekommen.

Eumenides musste sterben. Alle anderen Probleme ließen sich danach irgendwie lösen. Jedes verfängliche Beweisstück konnte vernichtet werden. Selbst wenn ihn jemand verdächtigen sollte, wären die Beweise für seine Unschuld unanfechtbar.

Eumenides – und damit auch Hans persönlicher Albtraum – musste ein Ende finden.

Han gab sich nur aus einem Grund fügsam und kooperativ. Er wollte diesem Mann so bald wie möglich eine Kugel zwischen die Augen verpassen.

Endlich hatte er den Mörder im Blick. Er musste nur noch die letzten Zweifel ausräumen, ehe er zur Tat schritt.

Han drückte die Ruftaste.

Der Anruf kam durch. Der Mann im roten Hemd schob die Hand in die Tasche und zog sein Handy hervor. Eine Sekunde später drückte er einen Knopf und steckte das Gerät wieder zurück.

Das Klingeln in Hans Ohr verstummte. Stattdessen ertönte eine bekannte automatische Ansage.

»Ihr gewünschter Gesprächspartner ist zurzeit nicht erreichbar ...«

Eumenides war endlich ein Fehler unterlaufen.

Han blieben nur noch wenige Sekunden. Keine Zeit zum Nachdenken. Die Leibwächter sahen ihn mit deutlichem Argwohn näher kommen. Bruder Hua drehte sich zu ihm um. »Gibt es ein Problem, Hauptmann?«

Im Unterschied zu den anderen wandte Eumenides sich ab, als spürte er die Schlinge, die sich um seinen Hals langsam enger zog. Han war fest entschlossen. Er hob die rechte Hand und richtete die Mündung seiner Halbautomatischen auf den Mann.

Der Schuss platzte mit der Kraft einer kleinen Explosion durch die Halle. Han hatte aus einer Entfernung von unter zwei Metern abgedrückt. Das Geschoss schlug knapp über dem linken Ohr in den Schädel des Mörders ein. Eumenides fiel flach auf den Boden und rührte sich nicht mehr.

Der Schuss schien alle anderen Geräusche aus der Halle gesaugt zu haben. Es dauerte einen Moment, bis überhaupt jemand reagierte. Die Stille wurde von Schreien ertränkt.

Mit einem wilden Satz landete Bruder Hua auf Han und riss ihn zu Boden. Wie einen Schraubstock legte er beide Hände um die Waffe des Hauptmanns. Mehrere Leibwächter standen verwirrt um den gefallenen Kameraden herum, der Rest umringte Han.

Auch die Polizisten wurden aktiv. Obwohl sie nicht genau wussten, was überhaupt passiert war, übernahm ihr geschulter Instinkt und sorgte dafür, dass sie Ordnung ins Chaos zu bringen versuchten. Einer nach dem anderen zog seine Dienstwaffe und legte auf Bruder Hua an, der noch immer auf dem Hauptmann saß.

»Waffe runter!«

»Sofort auf die Beine!«

»Loslassen!«, brüllte Han. »Das ist Eumenides! Ich habe den Mörder erschossen!«

Zwei Beamte rannten zu ihm und rissen Hua zur Seite, der weiter mit dem Hauptmann rang.

Endlich erhob sich Deng Hua von seinem Sitz. Zitternd

nahm er Sonnenbrille und Mundschutz ab. Sein Blick wanderte von Han zu dem Mann, der dort in einer Blutlache lag. Blankes Entsetzen erfüllte sein Gesicht.

Pei rannte herbei. Als er Han einen Anruf tätigen sah, war er misstrauisch geworden, aber nie hätte er damit gerechnet, der Hauptmann könnte eine solche Tat im Sinn haben. Alles war viel zu schnell gegangen, um Han noch aufzuhalten. Er sah in das Gesicht des Mannes, der gerade Sonnenbrille und Mundschutz entfernt hatte. Und erbleichte.

Das war nicht Deng Hua.

Zwei der Leibwächter hatten den Erschossenen soeben auf den Rücken gedreht. Sie nahmen ihm die Sonnenbrille ab. Obwohl sie ihre Brillen weiterhin trugen, war ihnen der Schock anzusehen. Der von Han erschossene Mann hatte längst seinen letzten Atemzug getan. Trotzdem lag er mit entschlossenem Blick und einem selbstsicheren, würdevollen Gesichtsausdruck da.

Han hatte Deng erschossen.

Bruder Hua verlor endgültig die Fassung. Verzweiflung und Wut verwandelten seine Worte in kaum verständliches Geschrei. »Han, Sie Bastard! Scheiße, ich bringe Sie um!«

Obwohl zwei stämmige Beamte ihn mit aller Kraft auf den Boden drückten, brach Bruder Hua aus ihrer Umklammerung und warf sich wie ein tollwütiges Tier auf Han. Seine Faust sauste herab und traf Han mit einem satten *Knack* an der Schläfe. Der Hauptmann taumelte rückwärts und schüttelte benommen den Kopf. Ein Beamter packte Han und drückte ihn zu Boden.

»Beherrschen Sie sich!«, schrie Pei Bruder Hua an. »Ist Ihnen das Chaos nicht schon groß genug?« Er fuhr herum und wandte sich an die übrigen Polizisten. »Alle Eingänge und Ausgänge abriegeln. Niemand verlässt die Halle! Liu – falls Hauptmann Han sich rührt, erschießen Sie ihn.«

Mehrere Polizisten sahen erst Pei, dann Han an, der ruhiggestellt auf dem Boden lag. Sie schienen den plötzlichen Wandel in der Befehlskette nicht zu begreifen. »Sie haben ihn gehört«, brüllte Liu und trieb die ihn flankierenden SEP-Beamten an. »Den Hauptmann sofort festnehmen!«

Han starrte in Deng Huas leblose Augen. Er hatte verloren. Er war auf Eumenides' Plan hereingefallen. Wieder hatte er sich wie eine Marionette führen lassen und Deng mit seiner eigenen Dienstwaffe erschossen.

Han ließ die Pistole fallen. Er wehrte sich nicht, als ihm ein SEP-Beamter die Arme auf den Rücken drehte. Liu trat hinter ihn und legte ihm Handschellen an. Han konnte nur noch dümmlich lächeln.

Die übrigen Polizisten sahen einander in stummem Entsetzen an.

»Was stehen Sie da rum?«, sagte Han. »Führen Sie Hauptmann Peis Befehle aus!« Er war geschlagen, kein Zweifel, trotzdem durfte er Eumenides nicht entkommen lassen. Vielleicht gab es eine winzige Chance, durch dessen Festnahme das Debakel doch noch zum Guten zu wenden. Seine einzige Hoffnung bestand darin, der Hauptmann aus Longzhou könnte vielleicht erreichen, was ihm nicht gelungen war.

In kürzester Zeit hatten die SEP-Einheiten alle Ein- und Ausgänge gesichert und damit den halben Flughafen lahmgelegt. Die Polizisten eilten hierhin und dorthin, versuchten, Ordnung zu schaffen und den Tatort abzusperren.

»Wo ist er?«, fragte Pei.

Han zuckte die Schultern, verzog das Gesicht und schüttelte den Kopf.

»Wo ist er?«, wiederholte Pei und versetzte Han eine schallende Ohrfeige. »Sie hatten gerade eben noch Kontakt zu ihm. Er muss in der Nähe sein. Wo zur Hölle steckt er?«

Plötzlich riss Han die Augen auf. *Eumenides hat genau gewusst, was in der Halle passiert, als er mich kontaktiert hat. Er muss noch hier sein!*

Angespornt von verzweifelter Zielstrebigkeit, bäumte Han sich auf und suchte die Umgebung ab. Binnen Sekunden hatte er sein Ziel gefunden.

»Da!«, sagte er und reckte das Kinn vor.

Pei, Hua und Liu folgten seiner Blickrichtung.

Der Gebäudereiniger, der zuvor ebenerdig draußen die Fensterfront gewischt hatte, putzte mittlerweile ein kleineres Fenster im ersten Stock. Gelassen schien er zu verfolgen, was in der Halle vor sich ging. Das Flutlicht eines der Flugzeuge, die gerade über das Rollfeld kurvten, schien ihm direkt auf den Rücken. Der grelle Hintergrund warf sein Gesicht in tiefste Schatten. Von seiner Silhouette aber ging eine seltsam machtvolle Aura aus.

»Das ist er! Da steht er!« Hans Stimme zitterte, als wären Zorn und Schmerz dabei, seinen Kehlkopf in Stücke zu reißen.

Pei und Bruder Hua rannten bereits, so schnell sie konnten. Wie ein doppelter Schleier jagten sie quer durch die Halle. Auf einen Befehl von Liu hin liefen ihnen mehrere SEP-Beamte hinterher. Kurz darauf befand sich die ganze Einsatzgruppe auf dem Weg zum Ausgang.

Der Mann draußen vor dem Fenster wirkte vollkommen

entspannt. Nachdem er noch einige Sekunden die Vorgänge in der Halle betrachtet hatte, wandte er sich lässig ab. Die Männer, die ihn verfolgten, hatten bis zum Ausgang aus dem Terminal noch eine gehörige Strecke vor sich.

Als sie die andere Seite der Glasfront erreichten, war Eumenides längst verschwunden.

Dengs Leiche lag noch immer auf dem Hallenboden. Blut sickerte aus der Schusswunde in seinem Kopf. Achtzehn Jahre lang war Deng Yulong seiner Vergangenheit davongelaufen, hatte seinen Namen geändert und sich eins der größten Firmenimperien der ganzen Provinz aufgebaut. Am Ende hatte es nicht gereicht. Seine Vergangenheit hatte ihn doch noch eingeholt.

EPILOG

Der Flughafen war nur noch ein Punkt in der Landschaft weit hinter ihm. Er spazierte durch einen ausgedehnten Streifen menschenleerer Wildnis. Der beißende Herbstwind peitschte ihm um die Nase, aber die Kälte machte ihm nichts aus. Sein Blut kochte noch immer.

Er wusste, dass in diesem Moment zahllose Menschen damit befasst waren, ihn aufzuspüren. Nur wusste keiner von ihnen, wer er eigentlich war. Sie wussten lediglich, was er ihnen willentlich preisgegeben hatte. Er war Eumenides.

Er war ein Mann ohne Identität.

Vor achtzehn Jahren war er ein armes, vereinsamtes Waisenkind gewesen. Er war durch die Straßen geschlichen und um ein Haar vom grausamen, mitleidlosen Maul der Gesellschaft verschlungen worden. Bis er den Mann kennengelernt hatte, der von Narben und Brandwunden bis zur Unkenntlichkeit verstümmelt worden war. Ein Krüppel, ein Aussätziger.

Der verbrannte Mann hatte ihm dabei geholfen zu erreichen, was er sich nie hätte träumen lassen. Bald empfand er nichts als Ehrfurcht und Respekt für den Mann, der sein Lehrmeister wurde.

Je länger er als Lehrling in seinen Diensten stand, desto stärker wuchsen seine Fähigkeiten und sein Geschick.

Er würde den Menschen helfen können.

Vor drei Jahren hatte ihm sein Meister schließlich eine Liste mit den Namen all jener gegeben, deren schwere Verbrechen ungesühnt geblieben waren. Also fing er an, nach diesen Leuten zu suchen. Fand er sie, ließ er ihnen die schlimmstmögliche Strafe zuteilwerden. Er war hervorragend ausgebildet, und all die Diebe, Vergewaltiger und Mörder waren für ihn nicht mehr als Opferlämmer.

Er hielt sich für bereit, seine Lehre zu beenden, aber der Meister wollte davon nichts hören. Erst, wenn er eine ganz bestimmte Person zur Strecke gebracht hatte, sollte er als vollwertiger Vollstrecker der Gerechtigkeit gelten.

Deng Hua.

Es war eine unmögliche Aufgabe, aber der Meister verlangte Dengs Tod.

Fast drei Jahre verbrachte er damit, nach einer Lösung für dieses Problem zu suchen. Aber auch nach all der Zeit hatte er so gut wie nichts vorzuweisen – bis er das nächste Opfer auf der Liste in seine Gewalt bekam. Peng Guangfu.

Peng hatte ihm die Wahrheit über den Polizistenmord im *Berg-der-zwei-Hirsche*-Park verraten. Es war der entscheidende Hinweis, der ihm endlich eröffnete, wie er Deng hinrichten würde.

Sein Meister befand den Plan für gut, nahm jedoch eine wesentliche Änderung vor. Vorher sollte er Zheng Haoming töten, einen alten Polizisten und Teil der ursprünglichen Einsatzgruppe 18/4. So sollte sichergestellt werden, dass sich Han Hao persönlich in die Ermittlung einschaltete.

Diese Anweisung verwirrte ihn sehr. Zheng Haoming

war keiner der Namen auf der Liste seines Lehrers. Es musste wesentlich sinnvollere Wege geben, Han Hao zu involvieren.

»Du sollst ein wahrer Vollstrecker der Gerechtigkeit werden. Deshalb musst du verstehen, dass du es immer mit zwei Feinden zu tun haben wirst. Erstens mit dem Verbrecher, dessen Name auf deiner Todesanzeige steht. Zweitens mit der Polizei. Zweifle niemals an der antagonistischen Beziehung, die dich mit der Polizei verbindet. Sollten sie die Gelegenheit dazu haben, werden sie dich ohne das geringste Zögern töten. Du musst bereit sein, es ihnen gleichzutun. Töte diesen Beamten Zheng Haoming. Erst dann kannst du dir sicher sein, bei deinen künftigen Begegnungen mit dem Gesetz nie mehr zu zögern.«

Es dauerte nicht lange, bis er vom Wert dieser Anweisung überzeugt war. Zheng Haomings Tod stellte den Auftakt zur Symphonie seines großen Plans dar.

Die Einsatzgruppe wurde neu gebildet und Han zu ihrem Leiter bestimmt. Der erste Satz war vollendet.

Der nächste hieß Ye Shaohong. Sie umringt von Polizisten umzubringen stellte eine ziemlich riskante Angelegenheit dar. Dafür hatte sein Erfolg gleich einen doppelten Effekt bewirkt. Erstens dominierte die Tat die gesamte polizeiliche Ermittlung. Als Peng Guangfus Todesanzeige gefunden wurde, dachte niemand an den Vorfall im *Berg-der-zwei-Hirsche*-Park. Zweitens verdeutlichte das Ganze Eumenides' große Macht und Tatkraft. Und das hatte Folgen. Als Han Peng tötete und seine Tat vertuschte, kam zunächst niemandem der Gedanke, der Mörder könne aus den eigenen Reihen stammen.

So nahm der Plan seinen Lauf. Han tötete Peng, Xiong

Yuan kam als Kollateralschaden hinzu. Die Drohung des Videos aus der Mine stellte sicher, dass ihn der Hauptmann mehr denn je fürchtete und aus tiefstem Herzen hasste. Han würde davon getrieben sein, Eumenides um jeden Preis aufzuhalten.

So hatte er es geplant.

Obwohl er im Lauf der letzten Jahre nicht in der Lage gewesen war, Deng zu töten, hatte er doch eine Unmenge Informationen über ihn gesammelt. Man sah ihn nur selten bei öffentlichen Anlässen, und war seine Anwesenheit zwingend erforderlich, umgab er sich stets mit einer kleinen Armee von Leibwächtern. Manchmal setzte er sogar ein Double ein, um seine Sicherheit zu garantieren.

Weshalb Han automatisch davon ausging, dass der Mann, der sich als Leibwächter verkleidet hatte, nur Eumenides sein konnte. Das allerletzte Puzzleteil war zugleich das einfachste. Eumenides nahm eine von allen chinesischen Telekommunikationsfirmen selbstverständlich angebotene Dienstleistung in Anspruch und leitete seine eingehenden Anrufe auf Dengs Handy um.

So hatte Han Deng Hua ermordet. Und er hatte endlich seine unmögliche Aufgabe erfüllt.

Mit der Erfüllung dieses Traums konnte auch sein verstorbener Meister in Frieden ruhen.

Er hatte seine Lehre beendet. Er war ein wahrer Vollstrecker der Gerechtigkeit.

Niemand auf dieser Erde kannte seinen Namen, aber er würde dafür sorgen, dass jeder den Namen Eumenides kannte.

*

Bruder Hua jagte durch die Dunkelheit. Seine Lunge brannte, aber noch konnte er sich nicht geschlagen geben.

Er würde diesen Hund zur Strecke bringen, und wenn er dafür bis ans Ende der Welt laufen musste.

Egal wo, egal wann, er würde alles tun, um den Mörder zu finden.

Das war sein Schwur.

*

Han Hao stand noch immer in der Abflughalle. Die Handschellen lagen wie Ringe aus Eis um seine Gelenke. Ein Gefühl, das er nie zuvor erlebt hatte.

Sobald der anfängliche Schock und die Seelenqual verklungen waren, zwang er sich dazu, seine Gedanken wieder unter Kontrolle zu bringen. Er wusste um die Konsequenzen, denen er sich dank seiner Handlungen bald stellen musste. Aber er würde sich nicht kampflos ergeben.

Er konnte nicht einfach aufgeben und sich mit dem Scheitern abfinden.

Er brauchte einen kleinen Hoffnungsschimmer inmitten all der Verzweiflung.

Er würde das Blatt wenden. Er hatte Verbündete und würde den Bastard aufspüren, der ihn ruiniert hatte. Er würde diesen Mann mit bloßen Händen in Stücke reißen.

Das war sein Schwur.

*

Pei Tao stand im ersten Stock draußen vor der Fensterfront der Abflughalle. An genau dieser Stelle hatte der Mörder noch vor wenigen Minuten gestanden. Längst war er verschwunden.

Aber Pei gab die Hoffnung nicht auf. Immerhin hatte er den Mann endlich mit eigenen Augen gesehen. Was immer als Nächstes kommen mochte, er war überzeugt davon, Eumenides' Fährte wiederzufinden.

Es war an der Zeit, diesen Hund für *seine* Verbrechen bezahlen zu lassen.

Das war sein Schwur.